기독교문서선교회 (Christian Literature Center: 약칭 CLC)는 1941년 영국 콜체스터에서 켄 아담스에 의해 시작되었으며 국제 본부는 미국 필라델피아에 있습니다. 국제 CLC는 59개 나라에서 180개의 본부를 두고, 약 650여 명의 선교사들이 이동도서차량 40대를 이용하여 문서 보급에 힘쓰고 있으며 이메일 주문을 통해 130여 국으로 책을 공급하고 있습니다. 한국 CLC는 청교도적 복음주의 신학과 신앙서적을 출판하는 문서선교기관으로서, 한 영혼이라도 구원되길 소망하면서 주님이 오시는 그날까지 최선을 다할 것입니다.

추천사 1

홍 민 기 목사
라이트하우스무브먼트 대표

과거에도 그랬지만, 교회 개척은 지금도 시급하게 필요한 사역입니다. 새로운 교회의 필요는 항상 있습니다. 사도 바울의 교회 개척은 성경적 가치의 방향을 제시하고 있습니다. 본서는 바로 이런 성경적 가치와 방향을 알 수 있도록 학문적인 관점에서 1세기 초기 교회의 개척 사역을 깊이 있게 다루고 있습니다.

귀한 연구가 한국교회 교회 개척에 구체적인 도움이 되길 바랍니다. 신학은 모든 사역을 올바른 방향으로 이끄는 역할을 합니다. 만약 제대로 된 성경 연구와 신학적 구성이 없다면 모든 사역은 '자기 소견에 옳은 대로'(삿 17:6) 행하는 사람들의 조작적 산물이 되고 말 것입니다. 그러므로 하나님의 뜻을 따라 힘 있고 역동적인 교회 개척을 꿈꾸는 사람이라면 반드시 성경에서 그 원리와 방향성을 찾아야 합니다. 본서는 이런 목적에 꼭 맞는 책입니다. 게다가 이 책은 외국인이 아니라 한국 학자가 쓴 책이기 때문에 정서적으로 우리와 잘 맞습니다.

현장은 쉽지 않습니다. 그러나 비판적인 생각만 할 이유는 없습니다. 모두가 어렵다고 하지만, 그런 중에도 오늘날 한국 사회에 다양한 풀뿌리 교회 개척 운동이 일어나고 있습니다. 성경적 교회, 하나님을 기쁘시게 하는 선교적 교회를 세워 건강하게 성장시키며, 한국교회와 세상을 변화시키기를 원하는 사람들은 바울의 개척을 통해 새로운 힘을 얻으시길 기도합니다. 본서를 통해 그 힘을 얻을 수 있을 것입니다. 꼭 읽어보시기를 권합니다.

추천사 2

박 보 경 박사

장로회신학대학교 선교학 교수, 세계선교학회 회장

  교회 개척의 성경적 근거를 제시하는 이 책, 『바울에게서 배우는 교회 개척의 원리』가 세상에 나와서 참으로 반갑습니다. 저자는 교회성장학과 교회개척학의 전문가로서 지금까지 이 분야에서 학문적으로 우수한 연구 논문과 저서를 많이 집필하였습니다. 그런데 이번에 또 하나의 탁월한 저서가 그의 노력으로 세상에 나온 것입니다.

  그동안 교회 개척 분야에서 출판된 책들을 보면 전략과 방법론에만 집중하는 안내서 또는 사역 지침서가 대부분이었습니다. 물론 사역 현장에서는 당장 해결해야 할 현실적인 문제를 많이 겪기 때문에 쉽게 도움을 얻을 수 있는 책이 인기가 많을 수밖에 없습니다. 하지만 하나님 나라의 관점에서 사역 전체를 놓고 볼 때 정말 필요한 책은 교회 개척 사역을 올바르게 이끌어갈 성경적, 신학적 연구서들입니다. 왜냐하면 그런 책들이 교회 개척 사역을 장기적으로 하나님이 원하시는 방향으로 이끌어가는 데 도움을 주기 때문입니다. 그런데 기다렸던 책이 나왔습니다.

  이 책은 교회 개척에 대한 깊은 성경적 근거를 제시하고 있습니다. 특히 이 책은 교회 개척의 성경적 접근을 위해 사도 바울의 교회 개척 사역에 주목하고 있습니다. 저자는 당시의 시대적, 사회적 상황, 초기 교회의 모습을 세밀하게 다룸으로써 초기 교회 개척의 상황을 치밀하게 살피고 있는데, 그 연구의 깊이가 깊고 광범위합니다.

  요즘 흔히 교회 개척의 시대는 지났다고 말하곤 합니다. 그러나 교회는 항상 새롭게 개척되어야 합니다. 왜냐하면 교회는 하나님의 통치를 이 땅에 구현하기 위해 하나님이 선택한 특별한 기관이기 때문입니다. 따라서 교회는 계속해서 태어나고 자라나야 합니다. 이런 교회의 유기체성을 이해한다면 교회 개척을 특정한 은사가 있는 사람들에게만 해당하는 사역이라고 생각하지 않을 것입니다. 그것은 모든 목회자와 그리스도인에게 해당합니다.

  이 책은 교회 개척을 연구하는 학자들뿐만 아니라 교회 개척을 준비하는 목회자들 그리고 신학교에서 공부하는 학생들에게 유익할 것입니다. 또한 분립하든지 지원하든지 간에 기존 교회가 교회 개척에 참여하는 것이야말로 하나님의 선교에 참여하는 필수 사역의 하나임을 인식하는 기존 교회의 목회자들이라면, 이 책은 그들에게도 좋은 안내서가 될 것입니다. 또한 초기 교회의 교회 개척에 관해 자세하게 알기를 원하는 평신도들에게도 일독(一讀)을 권합니다.

추천사 3

양현표 박사
총신대학교 신학대학원 실천신학 교수

    교회 개척을 강의하는 교수로서 금번에 최동규 교수의 『바울에게서 배우는 교회 개척의 원리』가 출간됨을 진심으로 환영하고 저자에게 깊이 감사하는 바입니다. 이 책은 한마디로 속이 후련해지는 책입니다. 지금까지 교회 개척 분야에서 신학적이고 이론적인 기초를 제공하는 책이 거의 없어서 아쉬워했고, 있다고 해도 서구 문화를 배경으로 한 번역서가 전부였는데, 비로소 한국교회 생태계에 맞는 교회 개척 신학서가 출간되었기에 그 가치를 매우 높이 평가하고 싶습니다.

    많은 사람이 지금은 교회 개척이 어려운 시대라고 평가합니다. 이럴 때 우리가 돌아갈 곳은 1세기의 교회와 목회자들-그들은 모두 교회 개척자들이었습니다!-이라고 믿습니다. 왜냐하면 거기에 이 시대 교회를 위한 답이 있다고 보기 때문입니다. 본서는 바로 21세기 교회가 안고 있는 문제들에 대한 답을 1세기 교회에서 찾아낸, 한 탁월한 실천신학자의 고된 작업의 결실입니다.

    본서는 교회 개척에서 인간의 책임인 전략의 중요성과 가치를 강조하고 있습니다. 본서는 교회 개척이란 측면에서 예수님의 사역, 예루살렘 교회, 사도들 그리고 당시의 평신도들을 고찰하고 그 활약상을 분석하고 있습니다. 본서는 안디옥 교회를 오늘날 일컬어지는 '사도적 교회'의 전형으로 묘사하고, 그 교회가 파송한 바울과 그와 함께하는 팀의 가치를 논하고 있습니다. 본서는 교회 개척자 바울의 성품과 기질, 그리고 그의 치밀한 전략들을 설명하고 있습니다. 무엇보다도 바울이 그의 전략을 위해 사용한 도구들-복음, 문화, 사람, 가르침과 훈련, 상황화, 팀 사역, 네트워크-에 관한 분석은 독자들에게 설득력과 적용력을 주는 본서의 백미라고 할 수 있습니다.

교회 개척을 가르치는 사람, 교회 개척을 배우는 사람, 교회를 개척하려는 사람, 이미 교회를 개척한 사람, 이 모두에게 이 책을 정독할 것을 강력하게 권합니다. 풍부한 자료를 통해 논증하고 있는 본서는 한국교회 교회 개척 사역의 미래에 지대한 영향을 끼칠 것으로 확신합니다.

추천사 4

허 준 박사
한국침례신학대학교 실천신학 교수

　최동규 교수는 선교적 교회론과 교회 개척의 전문가로서 오랫동안 강단과 현장을 오가며 연구하고 가르치신 분입니다. 이번에 연구 결과와 통찰이 집약된, 또 하나의 훌륭한 책이 출간된 것을 기쁘게 생각합니다. 저자는 본서를 통해 신약성경에 나타난 사도 바울의 교회 개척 원리를 이해할 수 있도록 돕고, 개척과 관련된 기초적인 이론과 실제적인 방법을 균형 있게 다루고 있으며, 1세기 기독교 시대에 일어났던 교회 개척 운동을 명확하면서도 체계적으로 정리하고 있습니다.
　지금까지 한국교회가 이만큼 성장한 데에는 수많은 교회가 개척되고 성장한 역사적 사건이 있었습니다. 앞으로도 교회는 계속 세워질 것입니다. 하지만 안타깝게도 교회 개척에 관한 학문적인 연구는 지금까지 제대로 이루어지지 않았습니다. 최근에 우리나라에서 기독교에 대한 사회 인식이 급속하게 나빠지면서 교회 개척 사역도 많이 위축되고 있습니다. 하지만 하나님은 이런 때일수록 창의적으로 불신자들에게 다가가 복음을 전하고, 이를 통해 교회를 세우는 용기 있는 개척자들을 일으키고 계십니다. 불리한 여건 속에서도 교회는 지금도 곳곳에 세워지고 있습니다. 문제는 이런 개척자들을 돕는 학문적 연구가 부족하다는 데 있습니다. 개척자들에게 올바른 신학적 방향성과 목회적 통찰을 제공하는 지침서가 별로 없습니다. 이런 때에 출간되는 최동규 교수의 저서는 개척자들에게 큰 도움이 될 것입니다. 본서는 많은 교회 개척 관계자에게 하나님이 기뻐하시는 성경적 교회 개척의 원리를 발견할 수 있는 지침서가 될 것입니다.

　교회 개척을 꿈꾸는 목회자와 모든 그리스도인에게 본서가 널리 읽히기를 바랍니다. 또한 이 책이 부르심과 은사를 따라 하나님께 생명과 삶을 드리며 살아가는 용기 있는 믿음의 사람들에게 소중한 영적 자산이 되기를 바랍니다. 기독교 내부와 외부에서 교회 개척의 장애물이 증가하고 있는 현실에서 아무쪼록 본서가 개척에 대한 새로운 도전과 희망을 발견하는 촉매제가 되기를 기대하며 이 책을 적극적으로 추천합니다.

추천사 5

곽은광 목사
기독교대한성결교회 교회진흥원장

    교회개척훈련원의 훈련생들에게 교회를 그려보라고 하면 건물을 그리고, 교회를 소개하라고 하면 건물의 위치와 규모 등에 관해 말합니다. 물론 교회를 설명할 때 이렇게 말하는 것이 보편화되어 있기에 이해는 하지만, 교회를 개척하려고 한다면 건물의 교회가 아닌 유기체로서의 교회에 관해 이해하고 있어야 합니다.
    이런 점에서 『바울에게서 배우는 교회 개척의 원리』가 출간된 것은 교회를 개척하려는 목회자들에게 큰 도움이 되리라 생각합니다. 이 책은 메시아적 공동체로부터 시작해서 바울이 교회를 개척하는 과정을 잘 보여주고 있으며, 교회의 본질과 목적만이 아니라 그 문화적 상황에 따라 어떻게 복음을 전하고 교회를 개척했는지 설명하고 있습니다. 또한 바울이 교회를 개척했던 전략과 사역 방법도 잘 짚어주고 있습니다. 종합적으로 말하자면 이 책은 학문적으로 매우 깊이가 있으면서도 사역 현장에서 쉽게 적용할 수 있는 원리들을 잘 제시해 주고 있기에 현장 사역자들에게도 유익한 자료가 될 것입니다.
    이 책은 그저 '잘될 거야'라는 막연한 믿음의 개척이 아니라 세상에 꼭 필요한 교회를 제대로 개척할 수 있게 합니다. 교회를 개척하면서 단순히 '어디에,' '어떻게'를 묻는 개척자들에게 복음을 상황화하여 전하게 하고, 교회 개척의 원리를 가르쳐 복음이 필요한 사람들이 누구이며 효과적인 교회 개척의 전략이 무엇인지를 배우게 할 것입니다. 이 책을 오늘날 교회 개척을 준비하는 개척자들이 꼭 읽어보아야 할 책으로 추천합니다.

바울에게서 배우는 교회 개척의 원리

Church Planting Principle Learnings from Paul
Written by Dongkyu Choi
All rights reserved.
Korean Edition Copyright © 2023 by Christian Literature Center, Seoul, Korea.

바울에게서 배우는 교회 개척의 원리

2023년 12월 29일 초판 발행

지 은 이 | 최동규

편　　집 | 이신영
디 자 인 | 김태우, 서민정
펴 낸 곳 | (사)기독교문서선교회
등　　록 | 제16-25호(1980.1.18.)
주　　소 | 서울특별시 동대문구 천호대로71길 39
전　　화 | 02-586-8761~3(본사) 031-942-8761(영업부)
팩　　스 | 02-523-0131(본사) 031-942-8763(영업부)
이 메 일 | clckor@gmail.com
홈페이지 | www.clcbook.com
송금계좌 | 기업은행 073-000308-04-020　(사)기독교문서선교회
일련번호 | 2023-126

ISBN 978-89-341-2637-9 (93230)

"이 책은 2023년도 서울신학대학교 학술연구비 지원을 받아 연구되었음."

이 책의 출판권은 (사)기독교문서선교회가 소유합니다. 신저작권법에 의하여 한국 내에서 보호를 받는 저작물이므로 무단 전재와 무단 복제를 금합니다.

바울에게서 배우는
교회 개척의 원리

최동규 지음

21세기 포스트 모던 한국 사회에서 교회를 개척하기에 앞서
성경에서 선교적 교회 개척의 모델을 발견하라

CLC

차례

추천사 / 1

저자 서문 / 13

1장　초기 교회 개척 사역의 사회문화적 배경 / 20

2장　바울 이전의 교회 개척 사역 / 27

3장　바울의 교회 개척 사역(1): 영성과 교회론 / 56

4장　바울의 교회 개척 사역(2): 전략과 사역 방법 / 115

5장　바울 팀과 교회 개척을 위한 네트워크 / 160

6장　초기 교회의 구조와 삶 / 186

7장　종합: 효과적인 교회 개척을 위한 성경적 원리 / 236

참고 문헌 / 248

저자 서문

　1세기 예루살렘에서 일어난 오순절 성령 강림 사건 이후 기독교의 역사는 교회가 세계 곳곳에 세워지고 사라진 사건의 연속이라고 해도 지나친 말이 아니다. 하지만 교회를 세우는 일을 전략적인 차원에서 접근한 경우는 별로 없었다. 교회는 분명히 성령의 주도적인 역사에 따라 세워지지만, 그렇다고 해서 어떤 인간적인 노력도 없이 갑자기 뚝딱 세워지는 것은 아니다. 어느 지역에 신앙 공동체가 세워진다는 것은 여러 요소가 함께 작용하고 일정한 과정을 거쳐야 가능하다. 그러므로 삼위일체 하나님의 강력한 역사와 함께 인간의 노력이 절실하게 필요한 영역이 교회 개척 분야다.
　그런데 지금까지 교회들이 어떻게 세워졌는지, 그리고 교회를 어떻게 세우는 것이 좋은지는 충분히 연구되지 않았다. 전략적인 교회 개척에 관한 연구사(硏究史)는 그리 오래되지 않았다. 특히, 학문적인 연구는 20세기 중반 교회성장학이 등장하면서부터 본격적으로 연구되었다. 교회성장학의 한 분야로서 이때부터 개척에 관한 이론과 방법이 조금씩 체계화되기 시작한 것이다. 그러나 교회개척학은 여전히 다른 실천신학 분야에 비해 학문적 연구가 부족한 편이며, 한국에서는 이런 경향이 더 뚜렷하게 나타나고 있다.

해방 후 한국에서의 교회 개척은 각 교단의 양적 성장을 위한 도구로 강조되었다. 이 시기에는 그마저도 전략적인 계획과 과정, 다양한 주체의 협력이 무시되고 주로 교단의 캠페인 수준에 머물렀다. 목표 수치와 구호는 있었지만, 그것을 성취하기 위한 방법론은 현실성이 거의 없었다. 게다가 기독교에 대한 비그리스도인들의 의식이 부정적으로 변하면서 복음을 빠르게 전파하기 어려운 사회 조건이 형성되었다. 그리스도인들은 작은 개척교회에서 신앙생활 하는 것을 별로 원치 않는다. 그 결과 이런 상황에서는 개척된 교회가 자립하고 성장할 가능성이 희박하며 교회 개척은 목회자가 선택해서는 안 될 사역이라고 말하는 사람이 많아졌다.

그러나 하나님은 이런 사고방식을 결코 기뻐하지 않으신다. 하나님께서는 죄 때문에 하나님과의 관계가 깨어진 사람을 모두 되찾기를 원하시며, 그 일을 위해 하나님의 선교적 교회가 세상 가운데 많이 세워지기를 원하신다. 문제는 올바른 신학과 방법론이 없다는 데 있다. 하나님의 역동적인 교회들이 개척되고 성장하기 위해서는 여러 가지 요소가 작용해야 한다. 각 문화적 상황에 맞는 교회 개척 모델과 전략은 이 요소들 적절한 상호작용할 때 구체적으로 드러난다.

하지만 이런 교회 개척 모델과 전략에 관한 이론적 연구에 앞서 우리가 주목해서 보아야 할 자료가 있다. 바로 성경 이야기다. 왜냐하면, 그 성경 이야기에 교회 개척에 관한 내용이 충분히 들어 있기 때문이다. 예수께서 승천하신 뒤 신실한 신자들이 마가 요한의 다락방에 모여 간절하게 기도하고 있을 때 성령께서 그들에게 충만하게 임하였으며, 이를 계기로 교회가 시작되었다. 그리고 그 후 사도들과 제자들이 복음을 전함으로 곳곳에 교회가 세워졌으며, 결정적으로는 사도 바울과 그의 동료들을 통해 전략적인 교회 개척 사역이 이루어졌다. 오늘날 기독교의 복음이 전 세계에 퍼질 수 있게 된 데에는 성경 시대에 활동했던 초기 교회 사역자들의 공로가 크다.

우리는 복음서들을 통해서 예수의 사역과 그로 말미암아 형성된 메시아적 공동체의 모습을 확인할 수 있다. 또한 사도행전을 보면 예루살렘과 팔레스타인 지역에 세워진 여러 교회, 그리고 바울과 그의 동역자들에 의해 설립된 교회들의 현실을 관찰할 수 있다. 이런 일련의 내용은 오늘날 목회자와 신자들이 세워야 할 신앙 공동체에 관해 중요한 아이디어와 통찰을 준다. 더 나아가 예수 그리스도와 그분의 제자들, 특히 바울을 중심으로 한 사역자들의 활동은 성경적 신앙 공동체를 세우고 확산하려는 교회 개척자들에게 유익한 원리를 제공해 준다.

성경에 나타난 사도들과 제자들의 사역 이야기는 교회 개척의 원리들을 배울 수 있는 좋은 교본이다. 그 원리들은 오늘날 교회 개척을 위한 교회론을 이해하고 전략과 방법을 마련하는 데 좋은 길잡이가 될 것이다. 이 책의 집필 의도가 바로 여기에 있다. 필자가 이 책을 집필하는 데 사용한 몇 가지 연구 질문은 다음과 같다.

(1) 초기 교회 개척 사역의 사회문화적 환경은 무엇인가?
(2) 예수의 메시아적 공동체와 초기 교회 개척 사역은 어떻게 관련되는가?
(3) 신약 시대에 사도들과 제자들은 어떻게 교회 개척 사역을 수행했는가?
(4) 신약 시대에 이루어진 교회 개척 사역의 특징들은 무엇인가?

본 연구는 크게 두 가지를 가정하고 있다. 첫째는 예수를 중심으로 형성된 메시아적 공동체가 성령 강림 이후에 형성된 초기 교회와 직간접적으로 연결되어 있을 뿐만 아니라 그 교회의 본질적인 요소들을 내포하고 있는 원형적 공동체였다는 것이다. 둘째는 바울 팀의 선교 사역이 교회를 개척하는 사역을 중심으로 이루어졌다는 것이다. 바울과 그의 동역자들은 그저 발길 닿는 대로 움직이고 지역적 상황과는 상관없이 임의로 선교 방식을 택하지 않았다. 그들은 언제나 일정한 의도를 가지고 움직였고, 주어진 상황에 따라 가장 적합한 사역 방법을 모색하였다. 이런 그들의 노력은 소아시아와 그리스 지역에 많은 신앙 공동체를 설립하는 열매로 나타났다.

원리(principles)란 무엇인가? 기본적으로 원리는 개별적 영역의 관행(practices)이나 패턴(patterns)과 다르다. 예를 들어 바울의 사역 원리들은 그의 선교 관행이나 패턴과 구분되어야 한다.[1] 본래 원리란 시간과 공간의 제약을 넘어 더 많은 시대와 장소에서 보편적으로 사용될 수 있는 규범적 이치를 뜻한다. 물론 그것은 그 시대에 살았던 사역자들의 관행이나 패턴과 무관하지 않다. 그러나 원리는 그 관행이나 패턴을 넘어 좀 더 보편적으로 작용하는 이치를 가리킨다. 그 보편적 원리를 얻는 것이 이 연구의 목적이다.

물론 그렇다고 해서 원리가 모든 문제의 만능열쇠가 되는 것은 아니다. 원리가 현실에 적용되고 실천되기 위해서는 적절한 해석과 상황화(contextualization)의 과정을 거쳐야 한다. 교회가 개척될 지역의 역사적, 사회적 배경뿐만 아니라 지역 주민들에 관한 인구학적 조건, 더 나아가 교단의 신학적 전통과 개척자의 은사 등도 적절한 교회 개

---

[1] George W. Peters, "Pauline Patterns of Church-Mission Relationships," in *Supporting Indigenous Ministries: With Selected Readings*, eds. Daniel Rickett and Dotsey Welliver (Wheaton, IL: Billy Graham Center, 1997), 47.

척 전략과 방법을 결정하는 데 중요한 변수가 된다. 교회 개척이 실천되어야 할 현재의 사회문화적 상황, 곧 한국 사회의 현실 속에서 성경의 원리를 어떻게 적용해야 하는지에 관한 연구는 필자가 해야 할 또 다른 연구 과제가 될 것이다.

필자는 이미 2015년에 『초기 한국교회와 교회 개척』(CLC 출간)이라는 책을 저술한 적이 있다. 이 책은 한국 땅에 처음 개신교 복음이 전파된 때로부터 일제강점기까지 전개된 교회 개척 사역을 다루고 있다. 그런데 초기 한국교회에 나타난 교회 개척의 모습은 마치 1세기 초기 교회의 모습과 비슷하다. 물론 역사적, 사회문화적 상황은 다르지만, 성령의 강한 역사와 사역자의 순수하고도 헌신적인 모습, 그리고 그 결과로 우후죽순처럼 교회들이 세워진 현상은 1세기의 초기 교회와 비슷하다. 게다가 전략과 개척 방법 면에서도 닮은 점이 많다. 이런 까닭에 필자는 한국교회의 교회 개척 사역에 관한 저서를 출판한 뒤 성경에 나타난 교회 개척을 연구한 책을 출판하고 싶었다. 본서는 이런 소망의 결실이다.

사실 엄밀히 말하자면 앞서 출판한 『초기 한국교회와 교회 개척』과 본서는 미국 풀러신학교(Fuller Theological Seminary)에 제출된 필자의 박사학위 논문 "포스트모던 한국 사회에서 선교적 교회 개척을 위한 기초 이론"(Toward a Basic Theory for Missional Church Planting in Postmodern Korea)을 기초로 삼고 있다. 전자는 논문의 4장 "한국교회의 초기 교회 개척 사역"을, 후자는 1장 "신약성경의 교회 개척"을 좀 더 자세하게 연구한 결과다. 논문은 논지를 중심으로 일관된 논리적 흐름과 짜임새를 중시하기 때문에 특정 내용을 과다하게 넣을 수 없다. 원하는 만큼 충분한 내용과 분량을 사용하지 못했다는 뜻이다.

그래서 필자는 이 두 권의 책에서 논문에 사용된 아이디어들을 심층적으로 연구하고, 미처 다루지 못한 내용을 충분하게 담으려고 노력하였다. 계획대로 된다면 교수직에서 물러나기 전까지 교회 개척의 이론에 관한 연구서가 추가로 출간될 것이다. 그렇게 함으로써 교회 개척에 관한 학문적인 기본 연구 시리즈를 마무리할 생각이다.

또한, 필자는 2004년에 『초대교회 모델을 따라 교회를 개척하라』(베다니출판사 간행)라는 책을 출간한 적이 있다. 이 책은 본서와 같이 초기 교회의 개척 사역을 다루고 있다. 매우 실용적이고 실제적인 내용을 많이 다루고 있어서 교회 개척을 준비하는 사람들에게 도움이 된다. 하지만 이 책의 초점은 선교적 해석학(missional hermeneutic)에 근거하여 1세기의 개척 사역 자체를 통합적으로 이해하는 데 있지 않으며, 오히려 현대적인 개척 안내서에 맞춰 성경 본문들을 임의로 조합하는 방식으로 오늘날의 효과적인 사역 방법을 설명하고 있다.

따라서 진지하게 1세기 초기 교회의 개척 사역을 이해하기를 원하는 사람들에게는 충분한 자료가 되지 못한다. 필자는 이런 문제를 인식하고 하나님의 선교(missio Dei) 관점에서 성경 시대의 교회 개척 사역을 분석하기 위해 이 책을 썼다.

성경 자체로부터 연구하여 본서는 성경에 나타난 개척 원리에 관한 연구서이므로 실제적인 방법을 다루지 않는다. 하지만 실천적 한계에도 불구하고 필자는 이 책이 교회 개척을 연구하고 공부하는 학도들과 목회자들에게 선교적 교회 개척의 관점과 방향성을 제시할 수 있기를 기대한다. 특히 교회 개척에 관한 전문적인 연구서가 부족한 한국교회 현실에서 이 책의 출판이 교회 개척에 관한 이해와 관심을 높이는 계기가 되기를 희망한다.

기독교의 역사를 살펴보면 하나님은 언제나 낡은 교회들이 아니라 새로운 교회들을 통해서 그리스도의 몸 공동체의 생명력을 지켜오

셨다. 낡은 것을 깨뜨리고 개혁하는 힘, 그리고 미래를 향한 새로운 창조의 빛은 주로 풀뿌리 운동에서부터 나온다. 교회를 개척하는 일은 풀뿌리 운동이다. 그것은 힘들고 어려운 여정이다. 하지만 그 여정 가운데 그리스도께서 동행하시고 사역의 기쁨과 감격이 있다고 믿는 개척자들에게 용기와 희망의 메시지를 전하고 싶다. 그들이야말로 진정한 역사의 개척자들이다.

마지막으로 본서의 최종 원고를 읽고 몇 가지 중요한 점을 조언해 준 동료 교수 김영인 박사에게 고마운 마음을 전한다. 텍스트 자체가 신약성경이기 때문에 이해와 해석에 오류가 없는지 신약학자의 검토가 필요했다. 이 책을 통해 이 땅에 하나님이 기뻐하시는 건강하고 역동적인 선교적 교회가 우후죽순 일어나는 그날이 좀 더 빨리 다가오기를 간절히 바라는 바이다.

2023년 11월
서울신대 백주년기념관 연구실에서

1장
초기 교회 개척 사역의 사회문화적 배경

어떤 사역이든지 그 사역을 최대한 효율적으로 수행하기를 원하는 사람이라면 그 사역이 실행되는 사회문화적 환경을 무시할 수 없다. 왜냐하면 사역자가 처한 사회문화적 환경에 따라 사역 방법이 달라질 수 있기 때문이다. 후대의 관점에서 볼 때 매우 탁월했다고 평가되는 신약 시대의 교회 개척 사역도 마찬가지다. 신약 시대 교회 개척자들의 탁월한 사역은 그들이 처한 사회문화적 환경과 무관하게 이루어진 것이 아니었다. 그들은 자신들이 처한 상황과 환경 속에서 가장 지혜로운 방법을 모색하였다.

예수와 제자들은 이스라엘 사람들이 정치적으로, 경제적으로 고통을 겪었던 식민지 환경에서 사역을 수행해야 했다. 예수의 사역을 계승하고 발전시킨 바울은 교회 개척을 통해 하나님의 나라를 확장하기 위해 헬라 세계의 정치적 보편주의와 문화적 다원주의와 함께 그 환경의 이점을 적극적으로 활용하였다.

신약 시대에 교회들이 설립되고 곳곳으로 퍼진 사례와 경로를 고려할 때 우리는 신약 시대 교회 개척자들의 사회문화적 환경을 크게 두 가지로 구분해 볼 수 있다. 하나는 로마 제국 치하에 있었던 팔레스타인이고, 다른 하나는 지중해 전역에 걸쳐 있었던 헬라 세계다.

1. 로마 제국 치하의 팔레스타인

교회의 기원이 성령께서 강림하신 오순절 날이라고 말하는 것은 어느 정도 상식에 속하는 말이다. 하지만 역사적 기원을 넘어 발생론적 관점에서 보면 그 기원은 팔레스타인에서 예수와 그분의 제자들이 활동했던 때까지 거슬러 올라갈 수 있다. 그런데 예수와 그분의 제자들이 활동했던 때는 그야말로 격변의 시기였다. 로마 제국이 출현한 이후 팔레스타인은 정치적, 경제적, 사회적으로 엄청난 변화를 겪었다.

정치적으로 이스라엘은 로마 제국의 속국이었다. 그런데 로마 제국은 제국에 속한 나라들을 다스릴 때 매우 영리한 방법을 사용하였다. 정치적 주권을 제외하고 로마의 모든 식민지가 자신의 정치 및 법률 시스템을 계속 유지할 수 있도록 허락해 준 것이다.[1] 로마 제국은 기존의 정치적 사제 계급들을 활용하는 식민지 정책을 사용하였다. 팔레스타인의 지배 세력이었던 산헤드린과 대제사장들은 로마 제국의 비호 아래 사람들의 생계를 무시하고 자신들의 정치적, 경제적 욕구를 충족시키는 데 몰두하였다.

팔레스타인의 주민들은 정치적으로나 경제적으로 모두 소외된 삶을 살 수밖에 없었다. 로마 제국 내에서 몇몇 새로운 도시들이 "문화적이고 경제적인 중심지"로 발전하기도 했지만,[2] 예수와 그의 제자

---

[1] F. F. Bruce, *Paul: Apostle of the Heart Set Free* (Grand Rapids, MI: Eerdmans, 1977), 26.

[2] Helmut Koester, *Introduction to the New Testament*, volume one: History, Culture,

들이 활동했던 때에 팔레스타인에 속한 대부분 도시는 여전히 개발되지 않은 채 남아 있었다. 팔레스타인 주민들은 로마 제국의 간접적인 통치 체제에 기초한 과도한 세금 제도 때문에 고통스러운 삶을 영위할 수밖에 없었다. 로마 제국은 사실상 "완전한 시민이 아닌 도시 거주자들"에게만 직접세를 부과하였다.[3] 이렇게 무거운 경제적 부담은 그들을 가난으로 내모는 요인이 되었다.

신약 시대에는 예수를 중심으로 형성된 집단을 포함하여 여러 개의 종교 집단들이 있었다. 그중 대표적인 집단으로는 바리새파, 사두개파, 젤롯당, 에세네파 등이 있었는데, 이들은 팔레스타인 지역에서 서로 경쟁적인 구도 속에서 활동하였다. 가령 하나님의 나라는 유대교의 전통에서 매우 중요한 신학적 주제였지만, 1세기 당시 팔레스타인에서 활동하던 각 종파는 각각 자신들의 관점에서 하나님의 나라를 해석하고 주장하였다. 하지만 예수께서는 하나님의 나라에 관해서 이 종파들의 해석과는 전혀 다른 해석을 내놓았다. 그것은 율법 준수, 정치적 힘의 유지, 금욕적 분리주의 등과 같은 과거의 낡은 관념들을 넘어서 완전히 새로운 질서와 가치에 의해 형성된 독특한 종말론적 공동체를 표상하는 것이었다.

---

and Religion of the Hellenistic Age (Philadelphia, PA: Fortress, 1982), 43.

3   Ibid., 53.

2. 1세기 헬라 세계의 사회적 환경

예수와 그분의 제자들이 사역한 곳은 주로 팔레스타인의 농촌 지역이었다. 반면에 초기 기독교의 복음을 팔레스타인 지역 밖으로 확산시킨 바울은 대체로 헬라 세계의 도시 환경을 중심으로 사역을 전개하였다. 여기에서 헬라 사회란 일반적으로 알렉산더 대제 이후 그리스 문화가 전파된 지역을 가리킨다.

이 시대에는 세계화와 다원주의가 사회문화를 선도하는 주된 이념이었다.[4] 또한 헬라 문화를 깊이 들여다보면 사실상 이 문화는 로마의 군사력과 그리스 문화가 결합한 구조로 되어 있었다. 또한 막강한 군사력을 이용한 로마 제국의 정복 사업은 제국 내 여러 지역의 물산과 문화를 빠르게 이동시킴으로써 헬라 사회 전체를 빠르게 발전시켰다. 헬라 사회의 경제적 발전은 크게 세 가지 조건 위에서 이루어졌다. 첫째는 그리스어가 로마 제국의 공식 언어로 사용되었다는 점이고, 둘째는 제국이 확장되면서 화폐가 통일되었다는 점이며, 셋째는 지중해 무역이 활성화됨으로써 로마 제국은 식민지로부터 엄청난 세금을 징수할 수 있었다는 점이다.

웨인 믹스(Wayne A. Meeks)는 자신의 저서에서 '도시화'(urbanization)라는 사회학적 범주를 통해 초기 기독교의 형성과 확산 과정을 다루고 있다. 그는 특히 바울 팀이 헬라 문화가 뚜렷하게 나타나는 도시들 속에서 선교 사역을 이어 나가야 했다는 점을 강조한다. 당시에 로마 제국의 사회적 환경은 제국의 확산과 더불어 빠르게 변화하고

4　Roland Allen, *Missionary Methods: St. Paul's or Our?* (Grand Rapids, MI: Eerdmans, 1962), 26-37.

있었다. 이런 상황에서 "예수가 십자가에 처형된 지 십 년도 채 안 되어 팔레스타인의 마을 문화는 도태되고, 대신 그레코-로마풍의 도시가 기독교 운동의 주요한 환경이 되었다."[5] 따라서 바울 팀은 효과적인 교회 개척 사역을 위해 헬라 도시의 환경에 적응해야 했다.

헬라 문화는 활발한 무역 활동과 도로 시스템 개발을 통해 빠르게 발전한 제국의 도시들 속에서 확고한 위상을 차지하고 있었다. 각 도시는 다른 도시들보다 더 우수하다는 평가를 받기 위해 그리스 건축 양식의 패턴을 모델로 삼아 신전을 세우는 데 열을 올렸다. 또한 급수 시스템을 배치하고 대중목욕탕, 극장 및 스포츠 경기장을 건설하는 데 주력하였다. 부유한 시민들은 도시 환경을 개선하는 데 많은 재산을 기부했으며, 주요 도로의 교차로에는 이렇게 많은 재산을 기부한 사람들의 동상이 세워졌다.[6]

헬라 시대에는 그리스 신화에서 가르치는 것처럼 인간과 신 사이의 일반적인 교환을 기반으로 한 다신론이 널리 퍼져 있었다. 제국의 주요 도시에서는 전쟁과 무역의 확산으로 다른 지역의 종교가 쉽게 받아들여졌다. 공식적으로 인정된 종교들을 통해 사람들은 미신, 운명주의, 기적 추구, 점성술, 마술과 같은 거짓 교리에 취약해 있었다. 그러는 사이에 "황제 숭배 사상이 점점 더 확산하고 있었으며," 이 현상은 결국 나중에 기독교에 끔찍한 피해를 주고 말았다.[7] 데릭 티드볼(Derek Tidball)은 이 일을 다음과 같은 말로 요약한다.

---

5   Wayne A. Meeks, *The First Urban Christians: The Social World of the Apostle Paul* (New Haven, CT: Yale University Press, 1983), 11.
6   Eduard Lohse, *The New Testament Environment*, trans. John E. Steely (Nashville, TN: Abingdon, 1974), 209.
7   Derek Tidball, *The Social Context of the New Testament* (Cumbria, UK: Paternoster, 1983), 70.

로마의 종교적 환경은 몇 가지 점에서 오늘날 우리 시대의 종교적 환경과 매우 유사하다. 한편으로는 기존의 또는 일반적으로 받아들여진 종교가 있었다. 다른 한편으로는, 구체적으로 말해서 종교는 사적인 선택과 개인적인 의견의 문제였다. 세상은 종교적 다원주의 가운데 하나였다. 신자가 되려고 하는 사람의 선택이 그가 처한 사회적 상황이나 문화에 의해 다소 제한되기는 하지만 기본적으로 그에게 열려 있는 선택지는 넓었다. 표면적으로 볼 때 종교는 우리가 사는 세상이 아니라 초월적인 세계를 지향하는 것이었다.[8]

예수께서 태어나기 수 세기 전 유대인들은 로마 제국의 전 지역으로 흩어졌다. 신약 시대에 디아스포라 유대인들은 약 4백만 명 내지는 6백만 명에 달했는데, 이 수치는 팔레스타인에 거주하는 유대인 숫자보다 많은 것이었다.[9] 이 디아스포라 유대인들은 여전히 그들의 모국과 정서적, 종교적으로 밀접하게 연결되어 있었다. 이런 조건은 초기 기독교에 로마 제국 전역으로 복음을 확산시킬 기회를 제공해 주었다. 또한 그레코-로마 환경에 있었던 디아스포라 회당들은 헬라 세계에 뛰어든 초기 기독교가 유대교와 헬레니즘 사이의 종교적 대화를 통해 성장할 수 있는 적절한 환경을 제공하였다.

결국 촘촘한 그물처럼 지중해 모든 지역에 퍼져 있었던 디아스포라 유대인과 그들의 회당은 팔레스타인에서 시작된 기독교가 한 세대도 안 되어 헬라 세계 곳곳으로 확산하게 만든 인프라가 되었다. 다원주의적 사회 환경 속에서 살고 있었던 유대인들은 더는 헬레니즘을 반

---

8 Ibid., 72.
9 Everett F. Harrison, *The Apostolic Church* (Grand Rapids, MI: Eerdmans, 1985), 6.

대하지 않았으며, 심지어 그것과 타협하기를 원했다. 알렉산드리아의 유대인들 사이에서, 그들 자신의 종교와 헬라 문명의 훌륭한 부분이 서로 잘 어울린다는 것을 증명하려는 운동이 시작되었다. 로마 제국은 지중해 세계를 하나의 권위 아래 통합함으로써 그리스도인들이 복음을 전파할 수 있는 좋은 환경이 마련되었다. 로마 제국은 좀 더 완벽한 통일을 이루기 위해 다양한 종교들을 하나로 묶으려고 시도하였다.

2장
바울 이전의 교회 개척 사역

바울과 그의 동료 사역자들은 초기에 예루살렘과 주변 지역에 국한되었던 기독교가 그 세력을 확장할 수 있는 토대를 마련하였다. 그 후 좀 더 시간이 지나 기독교가 로마 제국의 국가 종교로 인정된 뒤, 기독교는 말 그대로 세계적인 종교로 성장하였는데, 이런 발전의 배후에는 바울과 그의 동료들이 수행한 선교, 좀 더 구체적으로 말하자면 그들의 교회 개척 사역이 있었다. 바울과 그의 동료들은 광범위한 지역에 효과적으로 교회를 세우기 위해 특정한 전략들을 사용하였다. 이런 점 때문에 오늘날 성경에서 교회 개척을 위한 전략적 아이디어를 얻으려는 사람들은 바울과 그의 동료들이 행한 사역에 큰 관심을 보인다. 그러나 바울 이전에도 다양한 교회 개척 사례들이 있었으며, 이로부터 오늘날의 교회 개척 전략을 평가할 수 있는 중요한 통찰을 얻을 수 있다.

또한 기독교의 본격적인 발전을 가리키는 바울의 교회 개척 사역을 이해하기 위해서는 먼저 예수의 사역을 검토해야 한다. 왜냐하면 사도행전에 나타나는 초기 교회의 형성과 발전이 예수의 사역과 밀접하게 연결되어 있고, 심지어 그것으로부터 출발한다고 말할 수 있기 때문이다. 이런 점에서 예수의 사역은 교회 개척의 기초가 된다고 볼 수 있다. 실제로 우리는 예수의 가르침과 사역에서 오늘의 교회가 자신의 현실 속에서 내적, 외적으로 성취해야 하는 것들을 발견할 수 있다.

또한 바울의 사역 이전에 팔레스타인과 주변 지역에서 이루어진 교회 개척 사역들도 고려해야 한다. 이 사역들은 특정 지역에서 초기 그리스도교의 확장에 중요한 역할을 하였다. 바울과 상관이 없는 무명의 사역자들이 보여준 사역들은 전략적 접근에 앞서 수행해야 할 중요한 예비적 요소들을 제시한다. 그리고 예루살렘 교회와 안디옥 교회의 강점과 약점은 선교적 교회를 정의하는 귀중한 아이디어들을 제공한다.

1. 예수와 교회 개척의 관련성

예수께서 교회를 세웠는가? 이것에 관해서 지금까지 많은 논쟁이 있었다. 알프레 르와지(Alfred Loisy)와 같은 이는 "예수는 하나님의 나라를 예언하였으며, 그 후에 온 것은 교회였다"라는 유명한 말을 남겼다.[1] 예수는 공생애를 사는 동안 줄곧 하나님의 나라에 관한 복음을 가르쳤다. 그런데 예수께서 부활하고 승천하신 뒤 그에게서 가르침을 받은 제자들에 의해 세워진 것은 교회였다는 것이다. 이를 두고 오순절 이후에 예수의 하나님 나라와는 전혀 상관없는 교회가 생

---

1   Alfred Loisy, *The Gospel and the Church*, ed. Bernard B. Scott (Philadelphia, PA: Fortress, 1976), 166.

겨났다고 해석하는 것은 문제가 있지만, 적어도 같지 않다는 점만큼은 분명하다.

역사 실증주의적 관점에서 성경을 읽는 그리스도인들은 대체로 예수께서 교회를 세웠다고 믿지 않는다. 이런 판단의 근거는 예수의 활동을 기록한 복음서에서는 교회가 설립되었다는 이야기를 찾을 수 없다는 데 있다. 교회는 사도행전 초반부에 나오는, 성령이 마가 요한의 다락방에 강림한 사건 이후 시작되었다고 생각하는 것이 일반적이다. 그런데도 예수와 교회의 관련성을 설명할 수 있는가? 예수와 교회의 관련성을 해명하는 일은 그분과 교회 개척의 관련성을 설명하는 근거가 된다는 점에서 중요하다.

1) 마태복음에 나타난 '에클레시아' 해석의 문제

예수와 교회가 관련이 있다는 생각은 일차적으로 마태복음에서 예수께서 공적 사역 기간에 '에클레시아'(*ekklēsia*)라는 헬라어 단어를 세 차례 사용한 것으로 묘사하기 때문에 발생한다(마 16:18; 18:17). 이 본문들을 놓고 어떤 이들은 예수와 교회의 관련성을 강하게 주장하고, 어떤 이들은 편집 비평의 관점에서 관련성을 부정하기도 한다.

먼저 둘 사이의 관련성을 주장하는 견해를 살펴보자. 알렉스 헤이(Alex R. Hay)는 예수께서 '에클레시아'라는 단어를 사용하였다는 점을 근거로 그분이 교회를 세웠다고 주장한다.[2] 마태복음에 쓰인 그대로 그분이 성령 강림 사건 이후에 나타날 초기 교회 자체를 상상

---

2   Alex R. Hay, *The New Testament Order for Church and Missionary*, 3rd ed. (Audubon, NJ: New Testament Missionary Union, 1947), 136.

하면서 예언적으로 말했다고 해석하는 것이다. 하지만 이런 주장은 '에클레시아'라는 단어 사용의 배경과 맥락에 대한 충분한 고찰이 부족하다는 점에서 신뢰성이 떨어진다. 많은 가톨릭 학자도 '에클레시아'라는 단어를 예수께서 교회를 설립한 것으로 볼 수 있는 근거로 주장한다. 교황 피오 10세(Pope Pius X)의 반현대주의 선서는 가톨릭교회의 입장을 분명하게 드러내는 자료로 볼 수 있는데, 이 선서에 따르면 "교회는 참되고 역사적인 그리스도께서 지상에 살아계시는 동안 그분에 의해 즉각적이고 개인적으로 세워졌다."[3] 그러나 역사적으로 볼 때 교회가 실제로 출현한 것은 오순절 성령 강림 사건 이후이기 때문에 이런 주장들은 설득력이 없다.

마태복음 16장과 18장에서 예수께서 '에클레시아'라는 단어를 사용하셨다고 주장하는 사람들은 주로 그분이 교회에 대한 주권(headship)을 가지고 있음을 고려해야 한다고 말한다. 예수께서 말씀과 성령으로 권위를 행사하시므로 그분이 제자들에게 교회를 세우고 성령을 통해 그 일을 수행하겠다고 약속하였다는 것이다. 이런 해석은 지극히 후대에 형성된 제도와 조직에 근거한 교리의 관점을 반영하고 있다. 이것은 해석학적으로 볼 때 인과 관계를 뒤바꾸어 결과로 원인과 과정을 설명하려는 인과 전도(因果 顚倒)의 오류에 해당한다. 이 해석은 공생애 동안 그가 자주 선포했던 하나님 나라의 특성과 종말론적인 삶에 관한 메시지를 고려할 때 어색하다. 예수께서는 공생애 동안 그 어떤 종파적인 공동체 형성도 원하지 않으셨다.

반면에 편집 비평의 관점에서 예수께서 '에클레시아'라는 단어를

---

[3] Ludwig Ott, *Fundamentals of Catholic Dogma*, Fourth edition, ed. by James Canon Bastible, trans. by Patrick Lynch (St. Louis, MO: Herder Book, 1960), 272.

사용한 본문의 진위를 따지는 학자들은 예수와 후대에 등장한 교회와의 연관성을 지나치게 부정하는 경향을 보인다. 이들은 이 본문들을 예수 자신에게 귀속시킬 수 없으며 그분의 부활 후에 추가된 것으로 보아야 한다고 주장한다.[4] 이들 중 실현된 종말론과 실존적 종말론을 주장하는 신약학자들은 예수께서 교회를 세울 의도를 전혀 가지지 않았다고 주장한다. 그들의 관점에서 볼 때, 예수께서 하나님 나라가 이미 도래했다고 선포하고 그리스도의 오심과 함께 심판이 이미 시작되었다고 설교했다는 사실은 미래에 교회를 세우려는 의도와 모순될 수밖에 없다. 복음서에서 하나님 나라는 자주 등장하는 예수의 중심 메시지인데 '에클레시아'라는 단어는 단 두 번만 등장한다는 사실도 이 논증을 뒷받침한다. 도드(C. H. Dodd)에 따르면 마태복음에 등장하는 '에클레시아'는 "재림과 심판이 무기한 연기됨에 따라 기독교적 입장을 재조정"하고 교회를 "항구적인 집단으로 조직"해야 할 필요성 때문에 삽입된 것일 뿐이다.[5] 이들의 관점에서 볼 때 '에클레시아'는 예수께서 사용한 단어가 아니다.

위에서 극단적인 두 가지 견해를 살펴보았지만, 마태복음에 사용된 단어 '에클레시아'의 사실 여부에 기초한 논의는 어느 것이나 뚜렷한 한계를 노출하고 있다. 따라서 예수와 교회의 관련성을 제대로 이해하기 위해서는 이런 논쟁에서 벗어나 제3의 길을 모색할 필요가 있다. 이것을 "중도적인 길"이라고 말해도 좋을 것이다.[6] 예

---

4 한 예로 울리히 루츠의 자료를 참조할 수 있다. Ulrich Luz, *Matthew 8-20: A Commentary* (Hermeneia: A Critical and Historical Commentary on the Bible), ed. by Helmut Loester, trans. by James E. Crouch (Minneapolis, MN: Fortress, 2001), 356.

5 C. H. Dodd, *The Apostolic Preaching and Its Developments* (London: Hodder and Stoughton, 1963), 53.

6 Hans Küng, *The Church*, trans. Ray and Rosaleen Ockenden (New York: Sheed &

수께서 교회를 세우지 않았으며, 예수의 관심이 교회 설립이 아니라 하나님의 나라에 있다는 사실은 자동으로 그분과 교회와의 관련성을 부정하는 결론으로 이어지지 않는다. 오히려 관점을 바꾸면 둘 사이의 관련성 이해에 새로운 지평이 열릴 수도 있다. 한 예로, 에벨링(G. Ebeling)은 예수를 "교회의 설립자"(Gründer)가 아니라 "교회의 기초"(Grund)로 이해해야 한다고 말한다.[7] 이 주장은 '에클레시아' 단어 사용에 관한 논쟁에 빠지지 않으면서도 둘 사이에 유의미한 관련이 있음을 설명해 준다.

그렇다면 예수께서 교회의 기초가 된다는 말의 의미는 무엇인가? 이에 대해 한스 큉(Hans Küng)은 "교회의 근원은 … 예수의 생애와 사역에 관한 전 역사, 곧 예수의 탄생과 사역, 제자들을 부르심, 죽음과 부활 그리고 부활을 목격한 증인들에게 성령을 보내시기까지 예수 그리스도 안에 나타난 하나님의 모든 행위에 있다"라고 말한다.[8] 이 말은 현실의 교회가 예수의 부활과 승천 이후에 출현했지만, 그 교회는 예수께서 자신의 인격 안에서 자신의 삶을 통해 선포하고 사역한 것을 계승하는 공동체로서 존재한다는 것을 뜻한다. 물론 초기 교회가 예수의 선포와 사역을 그대로 이어받고 있는지는 또 다른 토론 거리가 될 수 있을 것이다. 하지만 적어도 그것을 계승하고 그것으로부터 시작되었다고 말할 수는 있을 것이다.

Ward, 1968), 77.

7 G. Ebeling, *Dogmatik des christlichen Glaubens* III, 1979, S. 359. [김균진, 『기독교 조직신학IV』 (서울: 연세대학교 출판부, 1993), 41에서 재인용]

8 Hans Küng, *The Church*, 76.

2) 예수의 메시아적 공동체와 에클레시아

예수의 사역을 사도들에 의해 활성화된 교회 개척 사역과 연결할 수 있는 근거는 그분이 세우고 이끈 메시아적 공동체에서 발견할 수 있다. 앞서 설명한 바와 같이, 마태복음에 등장하는 두 개의 '에클레시아' 본문은 실제로 예수의 교회 설립을 확정해 주지 않는다. 따라서 이 용어 사용의 진위, 그리고 용어 사용에 근거한 교회 설립의 의미론적 해석에 집착하기보다는 예수께서 자신의 공생애 기간에 만든 메시아적 공동체와 예수의 승천 이후에 설립된 교회를 서로 비교해 보는 것이 훨씬 더 생산적인 전략이 될 수 있다. 이런 방식은 마태복음에 등장하는 '에클레시아' 본문의 진위를 따짐으로써 모든 논의를 무용지물로 만드는 본문 비평의 늪에서 벗어날 수 있다는 점에서 유용하다.

그렇다면 예수의 메시아적 공동체는 어떤 특성이 있는가? 그리고 그것은 초기 교회의 특성들과 어떻게 연결되는가? 이런 질문에 둘 사이의 관계를 긍정적으로 보려는 학자들은 에클레시아의 의미 규정에서부터 시작한다. 크레이그 에번스(Craig A. Evans)는 교회(에클레시아)가 "이스라엘의 회복과 이방인들의 개종 및 가르침에 헌신하는 제자들 공동체를 의미"할 때 예수 그리스도의 메시아적 공동체와 초기 교회의 연결성을 인정할 수 있다고 주장한다.[9] 존 바우만(John W. Bowman)은 교회를 "하나님 나라의 경험을 공유하는 사람들의 모임"으로 규정하면서 이런 전제 아래 예수께서 교회를 설립하려는 의도를

---

9   크레이그 A. 에반스, 『예수와 교회』, 김병모 역 (서울: CLC, 2016), 53.

가졌다고 주장한다.[10] 여기에서 예수와 교회 설립을 직접적으로 연결하려는 바우만의 생각은 논쟁적인 주제로서 쉽게 확정할 수 있는 문제가 아니다. 하지만 적어도 교회를 뜻하는 '에클레시아'의 개념적 의미를 성경적으로 밝힘으로써 예수의 메시아 공동체와 초기 교회의 연결성을 밝히려는 그의 논증 방식은 나름대로 의미가 있다.

이렇게 두 집단 사이의 관계를 긍정적으로 설정하면, 예수께서 팔레스타인에 세운 메시아적 공동체는 부활 사건 이후에 형성된 기독교 공동체의 원형(prototype) 또는 매트릭스(matrix)로 이해될 수 있다. 좀 더 나아가 두 집단의 활동을 비교함으로써 긍정적인 관계성을 도출해낼 수도 있다. 레슬리 뉴비긴(Lesslie Newbigin)에 따르면 "[예수께서] 하신 일은 하나님 나라의 비밀을 전파할 공동체를 준비하는 것이었다. 이 공동체가 그분의 유산이다."[11] 복음에 관한 이해는 두 집단 사이에 나타나는 공통 요소 중 하나다. 물론 초기 교회에서 복음의 내용은 부활 이전보다 발전적인 형태를 취한다.

예수는 공생애 기간에 하나님 나라의 복음을 전파했으며, 초기 교회는 그분의 십자가와 부활 사건 이후에 그것을 새롭게 이해하였다. 김세윤은 예수의 복음과 초기 교회가 선포한 복음을 약속과 성취로 관계로 풀어낸다. 예수께서는 하나님 나라를 선포하고 초대하였는데, 사도들은 예수께서 약속하신 하나님 나라가 예수의 죽음과 부활을 통해 성취되었다고 선포하였다. 이 과정에서 예수 그리스도의 십자가와 부활은 "온 인류를 위한 보편적 구원의 사건"으로 재해석되

---

10 John W. Bowman, *The Intention of Jesus* (Philadelphia, PA: Westminster, 1943), 190.
11 Lesslie Newbigin, *The Gospel in a Pluralist Society* (Grand Rapids, MI: Eerdmans, 1989), 133.

었다.[12] 그런데 이렇게 예수 그리스도의 죽음과 부활을 중심으로 재해석된 복음의 메시지는 결코 예수의 메시아적 공동체와 초기 교회를 분리하지 않는다.

두 공동체 사이의 연결성은 두 공동체 모두 복음을 전파하는 선교적 공동체라는 데 있다. 교회는 기본적으로 세상에서 불러내심을 받은 사람들의 공동체로 이해된다. 그리고 그 공동체는 예수 그리스도께서 선포하신 복음을 간직하고 그것을 사람들에게 전파하는 것을 가장 중요한 임무로 여겼다. 이를 위해 그 공동체는 사람들을 부르고, 구별하고, 훈련하고, 친교하고, 파견하는 기능을 수행한다. 그런데 팔레스타인에 존재하였던 예수의 공동체 역시 그런 특성이 있었다. 그분은 자기 제자들을 부르시고 훈련했으며, 자주 그들과 우정을 나누었고, 때때로 그들에게 일정한 임무를 주어 파송하기도 하였다.

예수의 메시아적 공동체와 초기 교회의 연관성은 바울의 교회론에서 뚜렷하게 드러난다. 바울에 따르면 예수는 교회의 머리이며, 그분의 추종자들은 그분을 중심으로 서로 결합함으로써 살아 있는 유기체로서의 몸 전체를 형성한다(엡 1:22; 4:16). 실제로 예수께서는 공생애 동안 늘 자신의 공동체 안에 있었다. 어떤 사정 때문에 물리적으로 공동체와 떨어져 있을 때도 그분은 늘 공동체와 연결되어 있었다. 그분은 자신이 사람의 아들임을 밝힘으로써 자기 자신이 복음 자체임을 증언하였다.

특정한 삶의 방식에 대한 강조도 두 집단 사이를 연결해 준다. 초기 교회 신자들은 그 당시 로마 제국의 일반인들과는 뚜렷하게 구분된 삶을 살았다. 그들은 신분제 자체를 철폐하지 않았지만, 그리스도

---

12 김세윤, 『복음이란 무엇인가』 (서울: 두란노, 2003), 147-148.

안에서 서로 평등하다고 생각하였으며(갈 3:28), 다른 사람을 지배와 억압의 대상이 아니라 사랑하고 섬기는 대상으로 생각하였다. 그들이 이렇게 한 것은 자신이 그리스도의 사랑에 빚졌으므로 타인을 섬기는 것이 마땅하다고 생각했기 때문이다. 그런데 예수는 자신의 메시아적 공동체 안에서 이미 이런 내용을 강조하고 스스로 모범적인 삶의 자세를 보여주었다. 그들의 스승은 제자들에게 "기독교적 지도력은 역설적이어야 한다," 다른 말로 표현하자면 "반계급적"(anti-hierarchical)이어야 한다고 가르쳤다.[13] 비록 그 공동체는 성전, 집, 해변, 들판 등에서 모임으로써 안정된 거주지가 없었지만, 예수께서 가르쳐주신 비유와 실제적인 삶의 태도를 통해서 하나님의 나라 안에서 누리는 기쁨과 축제적인 삶을 충분히 경험할 수 있었다.

예수의 공적 사역이 거의 끝나가는 시점에 이 공동체는 세계 복음화를 위한 대위임령(the Great Commission)을 받았는데, 이것은 인류를 하나님과 서로 화목하게 하려는 예수의 궁극적 목적을 달성하기 위한 주요 수단이었다(마 28:19-20). 그것은 그분의 공동체가 온전한 형태의 교회로 탈바꿈한 뒤에도 여전히 그 집단의 가장 중요한 목적으로 남았다.

3) 메시아적 공동체의 두 가지 특징

예수의 메시아적 공동체가 보여준 특징들은 오늘날 성경적 관점에서 개척된 교회를 세워나가려는 개척자들에게 중요한 아이디어들을

---

13 Paul McKechnie, *The First Christian Centuries: Perspectives on the Early Church* (Downers Grove, IL: InterVarsity, 2001), 40.

제공한다. 거시적으로 볼 때 예수의 메시아적 공동체에는 두 가지 특징이 있었다.

첫째, 그 공동체는 하나님의 나라에 근거한 종말론적 공동체였다. 예수의 핵심 메시지는 하나님의 나라였다. 그분이 선포한 하나님의 나라는 사회적, 보편적 차원을 가지고 있었다. 그것은 현재적이면서 동시에 미래적이다. 하지만 그 나라는 어떤 초월적인 세계나 특정한 역사적 조건에 묶이지 않는다.[14] 그 나라는 또한 사회 계층화에 기초한 계층적 질서와 차별을 허용하지 않는다. 그 나라는 법적인 질서가 아니라 연민과 사랑의 원칙에 따라 작동한다. 따라서 메시아적 공동체에 속한 사람들은 하나님의 나라에서 이런 삶이 현실화하는 것을 희망하고 직접 경험하는 특권을 누렸다. 예수의 공동체에서는 왜곡되고 억압적인 모든 가치를 무효화하였다.

제자들의 발을 씻어준 사건(요 13:1-17)과 섬김의 가르침(마 20:25-28)을 통해서 예수께서는 개인적인 희생을 통해서 다른 사람들을 섬길 때만 진정한 권위를 얻을 수 있다고 가르쳤다. 예수의 종말론적 공동체는 불의를 비판하고 하나님 나라의 새로운 이상적인 생활 방식을 제시한다는 점에서 변혁적이고 혁명적이었다. 그 공동체는 비록 모든 사람에게 열려 있었지만, 복음을 듣고 회개한 사람들만 들어갈 수 있었다. 이 종말론적 특징은 기독교 역사에서 약화하였으며 소종파 운동에서 간헐적으로 나타났다.

둘째, 이 공동체는 예수께서 제자들을 부르고, 훈련하고, 선교 현장으로 보냄으로써 형성된 선교적 공동체(a missional community)였다. 패

---

14 Jürgen Moltmann, *The Church in the Power of the Spirit*, trans. Margaret Kohl (London: SCM, 1977), 190.

트릭 존스톤(Patrick Johnstone)은 "세 가지 필수 구조"라는 관점에서 이 공동체의 선교적 특징을 설명한다.

> 먼저 예수께서는 열두 명의 사람들을 불러 제자로 삼고 자신과 함께 있게 하였다. 이 열두 명의 사람들이 예수께서 **제자를 삼거나 훈련하는 조직**(discipling or training structure)이었다. 나중에 그분은 열두 명을 둘씩 짝지어서 보내고, 그다음에는 70명을 같은 방식으로 보냈다. 두 사람으로 구성된 팀들은 사역을 감당하고 난 뒤 자신들을 파송한 주인에게로 돌아와 보고하도록 '보냄을 받는 자들' 또는 사도들이 되었다. 자신의 제자들이 돌아다니며 복음을 전하고 있을 때 예수께서는 무엇을 하고 있었는가? 우리가 확실하게 알 수는 없지만, 누가복음 10:18은 그분이 제자들을 위해 중보 기도하고 있었음을 암시해 준다. 여기에서 우리는 **보내는 또는 사도적 조직**(the sending or apostolic structure)을 발견할 수 있다. 예수께서 사용한 세 번째 조직은 회당인데, 이것은 예수께서 직접 고안한 것이 아니었다. 예수께서는 관습에 따라 안식일마다 회당에 가서 하나님의 백성을 만나 교제, 기도, 말씀 사역을 하였다. 이것은 **모이는 또는 교회적인 조직**(the gathering or ecclesial structure)이었다.[15]

예수께서는 성부 하나님으로부터 자신의 권위를 인정받은 뒤 제자들과 유사 파트너십(a quasi-partnership)을 맺고 본격적인 사역을 시작하였다(마 4:18-22; 8:22; 9:9; 막 1:17-20; 2:14; 3:13; 눅 6:27; 요 1:43). 궁

---

15 Patrick Johnstone, *The Church Is Bigger Than You Think* (Pasadena, CA: William Carey, 1998), 157.

극적으로 이 공동체는 예수로부터 부름을 받고 자발적으로 그의 부름에 응답한 사람들로 구성되었다. 예수께서 자기 제자로 부르신 사람들은 사회의 각계각층을 반영하고 있었다. 그분의 제자가 되기 위해서는 오직 한 가지 조건이 요구되었는데, 그것은 비공식적으로 그들에게 전달된 예수의 가르침에 순종하겠다고 분명하게 결단하는 것이었다.

예수께서는 제자들을 훈련하였다. 훈련은 그분과 함께 있고 그분으로부터 배우는 것에 기초하고 있었다(막 3:14). 그들은 먼저 그분을 알아야 하고 그분을 위해 무언가를 하기 전에 그분의 백성이 되어야 했다. 예수께서는 제자들이 이 세상에 남아 사탄과 싸워야 한다는 것을 내다보고 그들을 강력히 훈련하였다. 알렉산더 브루스(Alexander B. Bruce)는 다음과 같이 예수의 열두 사도 훈련의 특징을 설명한다.

> 그러나 우리가 알고 있듯이 이 열두 명은 여행하는 동료나 주 예수 그리스도의 하찮은 종 이상의 그 무엇이 되어야 했다. ···실제로 이 열두 명은 선택되었을 때부터 위대한 사도 직분을 위해 지속적인 도제 훈련을 받았다. 이 과정에서 그들은 일상에서 주님과 친밀한 교제 관계를 유지하면서 그분의 증인이자 세상의 대사로서 무엇을 하고, 행하고, 믿고, 가르칠 것인지를 배워야 했다.[16]

예수께서는 제자들을 보내어 복음을 가르치고 선포하며 병자를 고치게 하였다(마 10:1-15; 막 3:13-19; 9:1-6). 가르치고 선포하고 치유하

---

16 Alexander B. Bruce, *The Training of the Twelve: Timeless Principles for Leadership Development* (Grand Rapids, MI: Kregel, 1908), 30.

는 일은 예수께서 이 땅으로 보내심을 받은 목적을 설명한다. 예수께서는 제자들을 파견할 때 일할 권세와 능력을 부여하였다. 이런 종류의 사역을 통해 예수와 제자들은 하나의 선교 공동체가 되었다(눅 4:18).

4) 교회의 원형으로서 메시아적 공동체

예수께서 공생애 기간에 직접 교회를 세우지 않았고 현실의 교회가 훗날 오순절 사건 이후에 탄생했기 때문에 예수의 사역 당시에 존재했던 메시아적 공동체를 직접적으로 교회라고 말할 수는 없다. 심지어 그분의 제자 그룹조차도 교회로 간주할 수 없다. 그러면 예수의 메시아적 공동체는 교회와 무슨 상관이 있는가? 이 질문에 케빈 자일스(Kevin Giles)는 다음과 같이 대답한다.

> 그것은 어느 정도 정의(定義)의 문제다. 예수께서는 트뢸취(Troelsch)와 그 후의 사회학자들이 '교회'로 정의한 것-로이지(Loisy)는 이것을 염두에 두고 있었다-을 세우지 않았지만, 기독교 공동체 곧 신학적으로 정의된 교회를 만들었다. 그때나 지금이나 그분은 회개하고 믿는 사람들의 죄를 용서하시고 그들을 가족으로 받아들이신다. 그분은 그들을 양 무리(a flock)라고 부르며, 목자로서 그들과 함께 있으며, 사명을 주어 그들을 세상으로 보내고, 영적 양식으로 그들을 먹이며, 지도자를 준다. 이런 것들이 교회를 구성한다면 예수께서는 틀림없이 교회의 창시자일 것이다.[17]

---

17 Kevin Giles, *What on Earth Is the Church?: An Exploration in New Testament Theolo-*

조지 존스턴(George Johnston)은 비슷한 관점에서 이렇게 주장한다. "이제 우리가 더 좁혀서 '교회'를 이 새로운 이스라엘로 한정하여 이해한다면 교회가 예수의 공생애 기간 중 어떤 단계에서 시작되었다고 말할 수 있을 것이다."[18] 만약 이렇게 메시아적 공동체와 초기 교회의 연관성을 인정하고 전자를 후자의 원형으로 본다면 성령께서 제자들에게 내주하기 이전의 메시아적 공동체는 아직 충분히 성숙하지 못한 교회였다고 평가할 수 있을 것이다. 알렉산더 브루스의 말에 의하면 "그분은 열두 제자들이 미니어처(miniature) 또는 배아(germ)로서의 교회가 되기를 원했다."[19] 이 말은 예수의 메시아적 공동체가 오순절 사건 이후에 등장하는 역사적인 실제 교회의 모태 집단(the germinant group)이었음을 의미한다. 이런 관점에서 볼 때 예수의 메시아적 공동체는 역사 속에 존재하는 모든 교회의 원형으로 간주할 수 있다.

2. 예루살렘에 세워진 첫 번째 교회

오순절 성령 강림 이후 첫 번째 교회가 팔레스타인의 예루살렘에 세워졌다. 이 교회의 삶은 선교적 교회의 핵심적인 목적과 구조에 대한 많은 통찰을 제공한다.

---

gy (Downers Grove, IL: InterVarsity, 1995), 45.

18 George Johnston, *The Doctrine of the Church in the New Testament* (London: Cambridge University Press, 1943), 46.

19 Alexander B. Bruce, *The Training of the Twelve*, 36.

1) 긍정적 특징

예루살렘 교회는 선교적 교회의 관점에서 긍정적인 특징을 가지고 있었다. 그것은 크게 7가지로 정리해 볼 수 있다.

첫째, 예루살렘 교회의 탄생과 삶은 성령의 인도로 이루어졌다. 이 교회는 어떤 인간적인 계획이나 주도권에 의해 설립되지 않았다. 이 일은 인간의 능력으로는 불가능한 일이었다. 그 당시에 성령의 충만함을 경험하고 새로운 삶을 시작한 사람들이 빠르게 증가한 사실은 이 일을 주도적으로 이끌어간 분이 누구인지 분명하게 보여준다. 더욱이 성령은 다양한 표적과 기사로 권능을 나타내셨다(행 2:43). 그러므로 이 교회의 성장은 현대 사회에서 종종 볼 수 있는, 프로그램에 기초한 경영에 의해서가 아니라 성령 자신에 의해 이루어진 일이었다.

둘째, 예루살렘 교회에는 열심히 기도하는 사람이 많이 있었다. 그런 까닭에 그들의 선교 사업은 뜨거운 기도로 시작되었다. 예를 들어, 예루살렘 교회의 탄생은 예수께서 하늘로 승천하신 뒤 약 120명의 제자가 함께 모여 기도하고 성령께서 그들에게 임하심으로 실현되었다. 그 후 신자들은 수시로 집에 함께 모여 예배할 뿐만 아니라 열심히 기도하였다(행 2:42). 그들은 사도들이 어려움을 겪을 때마다 그들을 위해 중보기도에 힘썼다(행 12:5). 또한 베드로와 요한 등과 같은 교회의 사도들은 성전에서 정기적으로 기도하였으며(행 3:1), "기도하는 일과 말씀 사역"을 그들의 중요한 의무로 규정하였다(행 6:4).

셋째, 예루살렘 교회에는 사도적 설교(apostolic preaching)가 있었다. 도드가 설명한 바와 같이, 오늘날의 설교는 대부분 교회 내부의 신자들을 대상으로 하지만, 초기 교회의 사도들은 옥외에서 "비기독교 세계에 기독교를 공개적으로 선포"하였다.[20] 베드로는 유대인 청중을 향해 선포하였으며, 그 중심 메시지는 예수께서 오랜 세월 동안 약속된 메시아이며, 그분의 메시아 사역은 그분의 죽음과 부활을 통해 성취되었기 때문에 예루살렘의 유대인들은 누구든지 그들의 죄를 회개해야 한다는 것이었다(행 2:14-40; 3:19; 7:51-53). 이들이 선포한 메시지는 예수의 십자가와 부활 사건에 관한 구원론적 관점을 담고 있었으며, 이런 관점은 성령 강림 이후에 복음의 내용을 새롭게 구성하고 재해석하는 데 중요한 역할을 하였다.

그런데 그 당시에는 사도들이 설교를 독점하지 않았으며, 다른 그리스도인들도 얼마든지 복음에 대해 설교할 수 있었다. 따라서 사도적 설교는 단순히 사도들이 행한 설교라기보다 그들이 행한 설교처럼 예수 그리스도의 십자가와 부활에 담긴 구원론적 의미, 곧 케리그마적 복음의 선포와 증언을 뜻한다고 볼 수 있다. 오늘날 이런 사도적 설교가 많이 약화하는 현상은 성경적 관점에서 문제점으로 지적될 수 있다.

넷째, 예루살렘 교회의 신자들은 불신자들에게 복음을 전했다. 이것은 사도들과 집사들이 전하는 메시지가 불신자들에게 복음을 전하는 것에 초점을 맞추고 있다는 사실과 관련이 있다. 교회 지도자들은 군중 앞에서 복음을 선포한 베드로와 스데반의 경우처럼 불신자들에게 복음을 전하는 일에 앞장섰다(행 2:14-41; 3:6-26; 4:8-12; 7:2-53). 그들은 항상 성령께 의지했기 때문에 복음을 전하는 일로 박해를 받는 것에 대해서 전혀 두려워하지 않았다. 사도행전에는 빌립이 개인적으로 복음을 전한 사례가 나오는데(행 8:26-40), 그의 사례는 개인

---

20   C. H. Dodd, *The Apostolic Preaching and Its Developments*, 7.

전도의 모범이 될 만하다. 또한 복음을 듣는 사람에게 다가가 그에게 공감하고 그의 눈높이에 맞춰 친절하게 복음을 전하는 빌립의 전도 방식은 오늘날 포스트모던 사회에서 불신자들에게 어떻게 복음을 전해야 하는지를 소중한 통찰을 준다.

다섯째, 사도들은 예루살렘 교회에서 가르치는 사역을 하였다(행 2:42). 교회에 새로 온 신자 대부분은 예수와 그분의 메시지에 관해 잘 알지 못했다. 또한 헬라인 신자들은 구약에 관해 아는 것이 별로 없었다. 이런 현실 때문에 새로운 신자들을 교육할 필요가 생겼다.

여섯째, 예루살렘 교회는 많은 신자가 함께 모이는 신앙 공동체였다. 비록 사도들의 권위가 예수께서 그들을 사도로 임명하였다는 사실에 근거하고 있었지만, 그들의 권위는 결코 억압적이거나 계층적이지 않았다. 사도들은 신자들을 가르치고 훈련했을 뿐만 아니라 동역자와 동료로서 그들을 세우고 지지하였다. 또한 그들은 매일 음식을 분배하는 일을 담당하는 집사로 "성령과 지혜가 충만하여 칭찬받는 사람"(행 6:3)으로 알려진 일곱 사람을 임명하였다. 이것은 "평신도들이 새로운 교회에서 사역 일부를 담당하는 것"을 의미했다.[21] 그러나 그 일곱 집사들이 식량 분배 사역만 수행한 것은 아니었다. 앞서 언급한 것처럼, 그들은 사도와 같은 방식으로 복음 전도와 설교 사역을 하기도 하였다. 이러한 모습은 오늘날의 교회에서 평신도의 정체성과 역할을 일깨우는 도전이 된다.

마지막으로, 예루살렘 교회의 일곱 번째 긍정적인 특징은 공동체 구성원들이 친교에 헌신하고, 공동체를 위해 서로 여러 가지 자원을

21　Elmer L. Towns and Douglas Porter, *Churches That Multiply: A Bible Study on Church Planting* (Kansas City, MO: Beacon Hill, 2003), 56.

공급하고 공유했다는 점이다. 이 교회는 서로 친밀한 관계에 기초한 친교 공동체였다. 신자들은 그리스도의 완전한 은혜 안에서 함께 식사를 즐기고 "모든 물건을 서로 통용"하였으며, 다른 사람들의 재정적 필요를 충족시켜주었다(행 2:42-47; 4:32). 예루살렘 교회에 나타난 이런 생활 방식은 공동생활을 통해 서로 긴밀하게 맺어진 예수의 공동체 안에서 배양된 메시아적 특징을 뚜렷하게 반영한다.

2) 한 가지 약점

예루살렘 교회는 내부적으로 건강한 교회의 여러 가지 모범적인 특징을 잘 보여준다. 그러나 사역 전반에 걸쳐 긍정적인 특징이 많이 있었음에도, 예루살렘 교회는 대위임령을 완수하기 위해 문화적 경계를 넘어 선교하려고 하지 않는 약점을 노출하였다. 이런 모습은 근본적으로 교회 지도자로서 사도들이 선교 현장의 타문화 장벽을 제대로 인식하지 못했을 가능성을 반영한다. 그들은 예수 그리스도에게서 사도직을 부여받았지만, 타문화에 속한 사회문화적 집단들에게 복음을 전해야 할 임무를 무시하였다.

예를 들어, 예수의 제자 집단 중에서 가장 대표적인 인물로 여겨지는 베드로는 환상 가운데서 천사로부터 로마군의 백부장 고넬료의 집으로 가라는 고지를 받고 욥바로 가지만, 그는 그곳에서 놀라운 체험을 할 때까지 이방인 선교의 필요성을 인식하지 못했다. 영문도 모른 채 고넬료의 집에 간 베드로는 성령의 인도하심을 따라 그곳에서 복음을 전하였다. 하지만 베드로가 고넬료와 그의 집안 식구들에게 복음을 전한 것은 그의 자발적인 의지로 이루어진 일이 아니었다. 오히려 베드로는 처음에 이방인에게 복음을 전할 수 없다고 저항하였다.

그는 성령의 설득으로 고넬료의 집으로 갔다. 따라서 이 모든 일은 이방인을 향한 선교의 주도권이 성령께 있었음을 말해준다.

3. 사도들의 사역과 교회 개척

첫 번째 교회가 탄생한 마가 요한의 다락방에는 공동체의 중심인물들인 열두 사도가 회중과 함께 있었다. 그뿐만 아니라 사도들은 예루살렘 교회가 성장하고 발전하는 과정에 늘 함께 있었다. 그들에 의해 수행된 사도적 직무는 다음과 같이 요약될 수 있다.

(1) 성령 충만한 설교(행 2:14-40; 4:31)
(2) 새로운 신자들이 그리스도인의 삶에 정착하도록 돕고 가르치는 일(행 2:42; 5:42)
(3) 기사와 표적(행 2:43; 5:1-11, 12)
(4) 치유 사역(3:1-10; 4:22)
(5) 기도 사역(행 3:1; 4:24-31; 6:4)
(6) 전도 사역(행 4:33; 5:42)
(7) 구제 사역(행 6:1-6)
(8) 헌신적인 사역자 임명(행 6:6)

말씀 사역은 신앙 공동체를 형성하고 공동체 구성원들의 영적인 방향을 설정하는 중요한 역할을 한다. 앞에서 언급한 사도적 설교에서도 알 수 있듯이, 복음에 관해 설교하는 일은 사도적 사역의 중요한 요소 중 하나였다. 특히 베드로의 설교 활동은 옥외 설교의 전형이라고 할 수 있는데, 그의 설교는 상황적이고 성경적이었으며, 그리스도 중심적이었다.[22] 일반적으로 사도들의 설교와 가르침은 "말씀 사역"에 포함되었다(행 6:4).

그런데 이들이 유대인 청중에게 전한 메시지에 주목할 필요가 있는데, 그들은 예수께서 오랫동안 약속된 메시아이며, 그 메시아 사역은 그분의 죽음과 부활에 의해 성취되었다는 내용을 전하였다. 이들이 전한 메시지의 의미와 중요성은 종교개혁 이후 개신교 교회가 "교회의 사도적 본질을 사도들의 메시지, 곧 사도들이 증거한 복음에 두었다"는 데서 찾을 수 있다.[23] 이는 지상에 세워지는 모든 교회는 복음에 기초하여 형성되었으며, 복음을 전파하고 드러내야 할 선교적 사명을 가진다는 것을 뜻한다. 그리고 그 복음은 다름 아닌 예수 그리스도의 십자가와 부활로 인해 얻는 새로운 존재와 생명을 가리킨다.

사도들은 교회를 조직적으로 운영하는 일에도 관여하였다. 예루살렘 교회는 형성된 뒤 오래되지 않아 행정적인 사역을 영적인 사역에서 분리함으로써 공동체를 더욱 조직적으로 만들어 나갔는데, 이 일 역시 사도들에 의해 이루어졌다. 그들은 공동체에 문제가 발생할 때마다 지도자들로서 신속하게 판단하고 결정함으로써 조직을 공고하게 다져나갔다. 아직 교회 내에서 직분들이 명확하게 체계화되지 않은 시기였으므로 이들과 평신도 지도자들 간에 유기적인 소통과 협력이 필요했을 것이다.

22　데이빗 쉔크 · 얼빈 슈트츠만, 『초대교회 모델을 따라 교회를 개척하라』, 최동규 역 (서울: 베다니출판사, 2004), 23-24.
23　Ray S. Anderson, *Ministry on the Fireline: A Practical Theology for an Empowered Church* (Pasadena, CA: Fuller Seminary Press, 1998), 121.

초기 기독교에서 열두 사도는 예수로부터 직접 가르침을 받았고 그분의 부활을 목격한 자들로서 예수의 증인들이었다. 따라서 그들의 역할은 단순한 전도와 선교를 위한 사역 이상의 의미가 있었다. 그들은 훗날 탄생하게 될 교회의 기초로 임명된 사람들이었다. 그러므로 그들이 감당해야 할 다른 중요한 역할이 많이 있었음에도 그들은 누구보다도 앞장서서 교회를 세우는 일을 해야 했다. 그러나 초기에 사도들은 교회를 세워야 할 사명에 관해서 제대로 인식하지 못했다. 그런 인식은 그들이 사도적 사역을 감당해 나가는 과정에서 조금씩 생겨났다.

사도 베드로는 고넬료의 집에 복음을 전파하라는 하나님의 명령에 순종함으로써 이방인들에게도 복음을 전해야 할 필요성을 깨닫게 되었다. 베드로는 바울처럼 전략적으로 선교하지는 않았지만, 고넬료와 그의 가족에게 복음을 전하고 세례를 줌으로써 그 가능성을 열었다는 점에서 이방인 선교의 물꼬를 튼 인물로 여겨진다. 고넬료는 오순절 성령 강림 이후 최초의 이방인 개종자였다. 더욱이 베드로가 고넬료에게 복음을 전하도록 이끈 이는 성령이었다. 회심과 세례 사건 이후 고넬료의 집안은 주일마다 모여서 예배를 드렸을 것이고, 그 모임은 헬라 세계에 널리 퍼진 가정교회 형태를 띠었을 가능성이 크다. 이렇게 본다면 베드로야말로 최초의 이방인 교회를 개척한 최초의 교회 개척자로 여겨져야 할 것이다.[24] 다만 그것은 전략적이고 의도적인 교회 개척이 아니었다.

바울을 제외한 사도들의 교회 개척 사역에 관해서는 성경 외의 자

---

24 누가는 베드로가 고넬료의 집으로 가라는 성령의 부름에 응답한 사건을 두 장에 걸쳐 자세히 설명할 만큼 중요하게 다루고 있다.

료에서 약간의 정보를 얻을 수 있다. 교회사가 유세비우스(Eusebius)에 따르면 많은 사도가 복음을 전파하고 그곳에 교회를 개척하기 위해 유대 지역을 넘어 타 문화권 지역으로 갔다.

> 전승에 따르면 도마는 파르티아를 할당된 지역으로 받았다. 안드레는 스키타이 지역을 받았으며, 요한은 아시아를 받았는데, 그는 죽을 때까지 에베소에 머물렀다. 베드로는 본도, 갈라디아, 비두니아, 갑바도기아 및 아시아 지방에 흩어져 있던 유대인들에게 복음을 전한 것으로 보인다. 또한 그는 마지막에 로마로 와 머리를 아래로 향한 채 십자가에 못 박혔는데, 그는 스스로 이렇게 해달라고 요청하였다.[25]

여러 전승에 따르면 유다 도마는 인도 곳곳에서 복음을 전하고 교회를 개척하였다. 인도인들은 오늘날까지 존재하는 마르 토마 교회(Mar Thoma Church)가 그중의 하나라고 믿고 있다.[26] 바울 외의 사도들은 신약 시대 초기에 교회 개척 사역을 수행하지 않았지만, 시간이 지나면서 다양한 방식으로 주님께서 주신 대위임령의 의미를 깨닫고 타문화권에 복음을 전하기 위해 각기 보내심을 받은 곳으로 갔다.

25　Eusebius, *The Church History*, translation and commentary by Paul L. Maier (Grand Rapids, MI: Kregel, 1999), 80.
26　데이빗 쉔크 · 얼빈 슈트츠만, 『초대교회 모델을 따라 교회를 개척하라』, 223.

4. 헌신적인 신자들의 교회 개척

사도행전에서 초기 교회의 사도들은 예수에게서 직접 대위임령을 들었는데도 복음을 전하는 범위를 예루살렘으로 제한하는 잘못을 저질렀다. 대위임령을 받들어 제대로 선교하기 위해서 그들은 자기들에게 친숙한 문화의 경계를 넘어가야 했다. 어쩌면 예루살렘 교회의 폭발적인 성장으로 인해 몰려오는 신자들을 돌보느라 정신이 없었을 수도 있다. 그러나 그들이 받은 대위임령의 선교적 사명은 그런 급박한 목양적 상황 때문에 잊어버릴 만한 것이 아니었다. 어떤 이유인지 정확히 알 수는 없지만, 그들은 예루살렘 밖에 있는 사람들에게 복음을 전하려고 노력하지 않았다. 복음을 전하고 교회를 세우기 위해 예루살렘 바깥으로 여행한 사람들은 오히려 다른 헌신적인 신자들이었다.

사도행전에 따르면 예루살렘 교회에 이어 세워진 교회는 사마리아 교회였다. 물론 대부분의 초기 교회가 그러했던 것처럼, 이 교회가 처음부터 충분하게 발전된 형태를 갖춘 것은 아니었다. 예루살렘 교회를 향한 큰 박해가 일어나자 그 교회 신자들은 여러 지역으로 흩어졌다. 이때 빌립 집사가 사마리아로 가 복음을 전하였으며, 이를 계기로 사마리아 교회의 기틀이 마련되었다(행 8:1-8). "사마리아도 하나님의 말씀을 받았다 함을 듣고 베드로와 요한을 보내매"라는 누가의 보고는 베드로와 요한이 그곳을 방문하기 전에 그곳에 신앙 공동체가 형성되어 있었음을 전제하고 있다(행 8:14).

이 지역 사람들은 이미 공생애 기간의 예수로부터 복음을 들은 적이 있었다. 예수와 제자들이 유대에서 갈릴리로 가는 길에 사마리아의 한 마을인 수가에 들른 적이 있었는데, 예수는 그곳 우물가에서 물을 길으러 온 한 여자에게 구원의 소식을 전하였다. 복음을 들은 그 여인은 먼저 예수를 믿고 마을 사람들에게 간증하였으며, 그 일로 많은 사람이 믿게 되었다(요 4:39). 빌립의 전도 이후에 베드로와 요한도 회심한 사람들을 직접 확인하기 위해 그곳을 방문하였다. 그때 그들은 사마리아의 여러 마을에서 복음을 전했는데, 이들의 전도 활동은 사마리아 교회의 설립에 충분한 자극을 주었을 것이다(행 8:25).

안디옥 교회는 성경의 교회 개척사에서 뚜렷한 이정표 역할을 한다. 안디옥 교회가 개척될 때까지 초기 교회들은 구체적인 전략 아래 세워지지 않았다. 초기에 사도들과 제자들은 지역마다 독립적인 신앙 공동체가 세워져야 한다고 생각하지 않았던 것으로 보인다. 그들에게는 아직 지역교회에 관한 명확한 개념이 없었으며, 그들의 관심은 오직 복음을 전하는 일에 쏠려 있었다. 교회를 개척하는 사역은 사도들이 아니라 의외의 사람들에 의해 시작되었다. 성경에서 회심했다는 사실 이외에는 알려진 바가 없는 사람들, 이름을 알 수 없는 평범한 신자들이 각 지역에서 자발적으로 신앙 공동체를 형성하기 시작한 것이다. 유대와 갈릴리(행 9:31), 룻다(행 9:32-35), 욥바(행 9:36-42), 가이사랴(행 10:1-48), 베니게(행 11:19), 구브로(행 11:19), 수리아 안디옥(행 11:19)과 같은 지역에 세워진 교회들이 바로 이런 방식으로 세워진 교회들이었다.

여기서 주목해서 볼 한 가지는 안디옥 교회의 설립에 배경과 실마리를 제공하는 사도행전 11:19-21에 관한 해석이다. 피터 와그너(C. Peter Wagner)는 이 본문의 행간에 있는 의미를 추론하여 설득력 있는 가설 하나를 제시한다. 우선 신약성경에 서술된 기본적인 내용을 보면, 스데반의 죽음 이후 예루살렘에서 흩어진 신자들이 여러 지역에 복음을 전했는데, 그중 구브로와 구레네 출신의 몇 사람이 수리아 안디옥에서 헬라인들에게 복음을 전함으로써 교회를 설립하였다는 것이다. 스데반의 순교 후 "추방된 헬라파 사람들은 할례와 의식법 준수가 더는 요구되지 않는 이방인 선교의 진정한 창시자가 되었다"라는 마르틴 헹엘(Martin Hengel)의 설명이 이 가설을 지지해 준다.[27] 물론 성경은 그들이 왜 구브로와 구레네에서 안디옥으로 왔는지 분명하게 말해주지 않는다. 여기서 와그너는 구브로와 구레네 출신의 몇 사람이 복음 전도와 교회 개척을 위해 안디옥에 왔고, 그들이 안디옥에 거주하는 헬라인들에게 '의도적으로' 복음을 전했다고 보았다.

'의도적으로' 거주지를 옮기고, 의도적으로 특정 집단에 복음을 전한 사람들, 오늘날의 시각에서 보면 이들은 복음을 위해 자신에게 익숙한 삶의 자리를 떠나 목적한 곳으로 떠나는 선교사와 같다. 이런 추론에 근거하여 와그너는 안디옥 교회를 개척한 구브로와 구레네 출신 사람들을 'CCM'(Cyprus and Cyrene Mission, 구브로-구레네 선교단)이라고 부른다.[28] 만약 그의 가설이 옳다면 이 집단을 최초의 선교팀으로 간주할 수 있을 것이다. 그들은 바울의 사역 이전에 전략적으로 교회를 개척한 최초의 교회 개척자들인 셈이다.

5. 교회 개척자들을 파송한 안디옥 교회

신약성경의 교회 개척 사역에서 가장 뚜렷하게 드러나는 인물 또는 집단은 누구인가? 얼핏 생각하기에는 열두 사도일 것 같지만, 실제로

---

27 Martin Hengel, *Between Jesus and Paul: Studies in the Earliest History of Christianity* (Eugene, OR: Wipf and Stock, 2003), 13.
28 C. Peter Wagner, *Acts of the Holy Spirit* (Ventura, CA: Regal, 1994), 246.

는 그렇지 않다. 그들도 교회를 세우는 일을 했지만, 교회 개척이 그들의 주된 사역은 아니었다. 초기 기독교가 발전하는 과정에서 교회 개척을 선교의 주된 사역으로 삼았던 부류는 따로 있었다. 그들은 안디옥 교회로부터 파송된 선교사들과 그들을 중심으로 형성된 네트워크다.

신약 시대에 지중해로부터 내륙으로 19km 떨어진, 시리아의 도시 안디옥(Antioch)은 로마 제국에서 세 번째로 큰 도시였다. 이 도시는 헬라 문화의 중심지였을 뿐만 아니라 다양한 민족이 살며 서양과 동양의 문화가 혼합된 국제도시이기도 했다. 이런 환경에서 성장한 안디옥 교회는 예루살렘 교회와 더불어 선교적 교회의 특징을 이해하는 데 중요한 성경적 통찰을 제공한다.

도널드 맥가브란(Donald A. McGavran)과 윈필드 안(Winfield C. Arn)에 따르면 시리아의 안디옥 교회는 전형적인 신약형 교회(the New Testament-pattern-church)였다.[29] 이 유형의 교회는 간단히 말해서 '교회를 개척하는 선교적 교회'(the missional church planting churches)를 뜻한다. 앞에서 언급한 것처럼, 이 교회는 사도들이 아니라 무명의 신자들에 의해 개척된 교회였다. 안디옥 교회가 팔레스타인 지역 너머에 세워진 최초의 교회인지는 정확히 알 수 없지만, 적어도 이 교회가 헬라파 유대인들에 의해 세워졌고, 이방인 선교에서 중심적인 역할을 함으로써 기독교 역사에 큰 발자취를 남겼다는 사실만큼은 분명하다.

얼마의 시간이 지나 바나바가 예루살렘에서 파견되어 리더십을 발

---

29 Donald A. McGavran and Win Arn, *Ten Steps for Church Growth* (New York: Harper & Row, 1977), 97.

휘하자 교회는 빠르게 안정되고 성장하였다(행 11:24). 그때 안디옥의 신자들은 그리스도인이라고 일컬음을 받은 최초의 사람들이 되었다(행 11:26). 바나바는 다소에서 바울을 데려와 안디옥 교회에서 함께 동역하였으며, 나중에는 두 사람 모두 선교사로 파송 받았다. 안디옥 교회는 팔레스타인 중심의 기독교가 세계적 종교로 발전하는 데 아주 중요한 역할을 하였다. 이 교회는 바울 선교의 베이스캠프가 되었을 뿐만 아니라 이방인 선교의 중심지가 되었다.

안디옥 교회는 지역적 특성 때문에 처음부터 다민족 교회로 성장하였다. 사도행전 13:1에 나오는 안디옥 교회의 지도자 목록은 지도자 그룹이 다양한 인종으로 구성되어 있었으며 그들이 다양한 은사를 가지고 있었음을 암시한다. 폴 맥케츠니(Paul McKechnie)는 안디옥 교회의 리더십에 관해 "안디옥 교회는 특별한 장점과 잠재력을 지닌 공동체였다"라고 말한다.[30]

안디옥 교회는 선교사들을 파송한 최초의 교회였다. 예루살렘에 있는 교회와는 달리 안디옥 교회는 두 명의 교회 지도자를 교회 개척 사역자로 파송하였다. 요하네스 니센(Johannes Nissen)에 따르면 초기 기독교에는 세 종류의 선교사, 곧 방랑 설교자, 유대교식으로 활동했던 기독교 선교사, 안디옥 교회가 보낸 선교사가 있었다.[31] 방랑 설교자들은 아무것도 소유하지 않은 채 돌아다니며 예수의 말씀을 원색적으로 전한 사람들인데, 이들은 초기에 예수 운동의 급진성을 확산하는 데 중요한 역할을 하였다. 유대교식으로 활동하는 기독교 선교사들은 신자들에게 교리를 가르치기 위해 기존 교회들을 방문하였으

---

30 Paul McKechnie, *The First Christian Centuries*, 50.
31 요하네스 니센,『신약성경과 선교』, 최동규 역 (서울: CLC, 2005), 180-181.

며, 안디옥의 선교사들은 이방 세계에 복음을 전하고 새로운 교회들을 개척하는 일을 위해 파견되었다. 이들 중에서 마지막 부류의 사람들이 초기 기독교를 세계화하는 역할을 담당하였다. 이 세 번째 부류는 다름 아닌 바울과 그의 선교팀을 가리킨다.

이 교회에는 다섯 명의 성숙하고 숙련된 지도자들로 구성된 집단적 리더십 시스템이 있었다. 그러나 성령께서 두 지도자를 선교사로 선택하였을 때 교회는 이 결정을 그대로 따랐다. 비록 그들을 파송하는 것이 안디옥 교회에 심각한 손실이었지만, 그 일이 성령께서 직접 지시한 일이었기 때문에 교회는 성령의 부르심과 인도하심을 인정하고 순종하였다. 그런데 이 교회가 선교사를 파송한 일이 언제 일어났는지를 주목해 보아야 한다. 그 일은 이 교회가 설립된 지 얼마 되지 않아서 이루어졌다. 그리고 바나바와 바울을 선교사로 파송함으로써 그들은 가장 탁월한 설교자 두 사람을 잃어야 했다. 이런 점들은 이 교회의 선교 의식이 그만큼 높았음을 입증해 준다. 또한 그 교회가 그만큼 건강하고 역량이 있는 교회였음을 보여준다. 다섯 명의 지도자 중에서 두 사람이 빠져나가도 교회 운영에 큰 문제가 없을 만큼 건강한 교회였기 때문이다.

3장
바울의 교회 개척 사역(1): 영성과 교회론

바울의 교회 개척 사역은 사도행전 13:2 "내가 불러 시키는 일을 위하여 바나바와 사울을 따로 세우라"는 문장에 언급된 '일'(*ergon*)에 근거를 두고 있다. 누가는 바울과 그의 팀이 첫 선교 여행을 마치고 안디옥으로 돌아왔을 때 "두 사도가 이룬 그 일"이란 표현을 통해 이 단어를 다시 사용한다(행 14:26). 바울과 바나바는 무슨 '일'을 위해 따로 세움을 받았을까?

좁은 의미에서 '일'은 교회 개척과 관련된 선교 활동을 뜻한다. 롤런드 앨런(Roland Allen)의 다음과 같은 말은 이런 해석을 적극적으로 옹호한다. "성(聖) 바울은 단순히 사람들을 개별적으로 개종시키기 위한 선교 설교자(a missionary preacher)로 가지 않았다. 그는 전국 곳곳에 빛을 비출 수 있는 교회들을 세웠다."[1]

편의상 바울의 교회 개척 사역을 두 부분으로 나눠서 다루고자 한다. 먼저 바울이 교회를 개척하기 위해 다녔던 곳들을 개관하고, 교회 개척자로서 어떻게 부름을 받고 준비했는지, 그리고 그가 보여

---

1   Roland Allen, *Missionary Methods: St. Paul's or Our?*, 81.

준 영적인 자세가 어떠했는지를 다룰 것이다. 그리고 두 번째 부분에서는 좀 더 전략적이고 방법적인 내용을 다룰 것이다. 다만 먼저 밝혀 둘 점은 분명히 성경에 나타난 1세기의 교회 개척 사역이 여러 사람으로 구성된 바울 팀에 의해 이루어졌지만, 성경이 제공하는 자료의 한계 때문에 주로 바울에게 초점이 맞춰질 수밖에 없다는 것이다.

1. 지역적 개관

바울의 교회 개척 사역은 세 번에 걸친 선교 여행을 통해 수행되었다. 그 기간에 바울과 그의 팀은 지리적으로 세 개의 지방, 곧 갈라디아(Galatia), 마게도냐(Macedonia)와 아가야(Achaia), 아시아(Asia)를 여행하였다.[2] 바울은 복음을 왜곡하지 않고 문화적으로 적합한 방식으로 복음을 전하려고 애를 썼다. 이런 바울의 의도는 지역과 도시에 따라 다양한 사역으로 나타났다. 그는 갈라디아 지방에서 교회 개척을 위한 토대를 마련하는 데 주력하였으며, 마게도냐와 아가야 지방에서는 다가오는 유럽 선교를 위한 중요한 교두보를 확보하였다. 또한 아시아 지방에서 교회 개척 사역을 수행할 때 그는 에베소에서 가르치는 사역을 통해 자신의 에너지를 전략적 요충지들에 집중하였다.

---

2 지리적으로 볼 때 아시아 지방이 동쪽의 갈라디아 지방과 서쪽의 마게도냐와 아가야 지방 사이에 있지만, 필자는 바울 팀의 선교 여정을 따라 순서를 배열하였다.

1) 구브로 섬에서의 사역

구브로(Cyprus)는 바울의 선교팀이 선택한 첫 번째 선교지였다. 아마도 이곳이 팀의 첫 번째 선교지로 선택된 데에는 이 섬이 바나바의 고향이라는 사실이 가장 크게 작용했을 것이다. 이 섬은 지중해에서 세 번째로 큰 섬으로 동쪽에는 살라미 항이 있었고(행 13:5), 서쪽에는 바보(Paphos) 항이 있었다(행 13:6). 구브로에는 이미 기원전 4세기부터 유대인들이 들어와 살기 시작했다. 또한 스데반의 순교로 인해 예루살렘에 박해가 일어났을 때 팔레스타인에 있던 유대인 그리스도인 중 일부가 구브로에 유입되었을 것으로 추정된다(행 11:19-20). 따라서 먼저 이 섬에 들어와 살고 있던 토착 유대인들은 나중에 유입된 유대인들에게서 복음을 들었을 가능성이 크다.

하지만 바울 일행이 도착했을 때 그곳에는 아직 교회가 없었으며, 이방인들은 아직 복음을 듣지 못한 것으로 보인다. 바울이 이 섬에서 행한 인상적인 사역은 이후에 그가 펼칠 사역을 이해할 수 있는 단서가 된다. 그것은 두 가지 사건인데, 첫 번째는 바울이 바예수라는 이름의 마술사와 대면하여 그를 제압한 사건이며, 두 번째는 서기오 바울이라는 높은 지위에 있는 사람을 통해 바울 선교의 첫 승리가 확인된 극적인 사건(행 13:4-12)이다.

구브로 동쪽 항인 살라미(Salamis)에서 바울 팀은 유대인 회당을 방문하여 하나님의 말씀을 선포하였다(행 13:5). 누가는 바울이 구브로에서 시작한 첫 사역이 유대인 회당에서 이루어졌다고 보고한다. 이 일은 장차 전개될 바울 사역의 전략적 방향성을 보여준다. 바울은 교회 개척을 위한 선교 여행에서 회당을 사역의 출발지로 선택하였다.[3] 사도행전 13:6에 "온"(*holēn*)이라는 단어가 등장하지만, 바울 팀이 섬 전체를 구석구석 여행한 것은 아니었으며, 단지 섬의 유력한 유대인 집단들을 목표로 삼고 회당에서 말씀을 선포하였다.[4] 바울 일행은 첫 선교지에서 크게 기대하며 열심히 사역하였지만, 누가는 그들이 이곳에서 회심자를 얻었다거나 교회가 세워졌다는 보고를 전혀 하지 않는다. 그곳에서는 단지 살아계신 하나님과 복음의 능력을 드러냈을 뿐이었다.

2) 갈라디아 지방에서의 교회 개척 사역

갈라디아는 일반적으로 소아시아 가운데에서 남북으로 길게 이어진 지역으로 앞에서 언급한 구브로와 함께 바울이 첫 선교 여행을 하는 동안 주로 사역한 곳이다. 바울이 선교한 갈라디아가 북쪽에 있는지 남쪽에 있는지는 여전히 논쟁 중이다. 하지만 당시 로마가 정리한 행정 구역이 바울의 선교팀이 교회를 개척한 지역들까지 확대되어 있었다는 점을 고려하면 남갈라디아설이 더 신뢰할 만하다.[5] 이곳은 정치적으로나 경제적으로 볼 때 다른 지역에 비해 보잘것없는 곳이었다. 하지만 이 지역은 바울의 고향에서 그리 멀지 않았기 때문에 바울에게는 낯설지 않은 곳이었다. 아마도 바울은 자기가 잘 알고 있

---

3   행 13:5, 14; 14:1; 17:1-2, 10, 17; 18:4, 19; 19:8.
4   William M. Ramsay, *St. Paul the Traveller and the Roman Citizen* (Grand Rapids, MI: Baker Book House, 1962), 73.
5   비교적 최근의 논쟁에 관해서는 다음 자료를 참조하라. 천세종, "바울의 갈라디아 선교와 남갈라디아 가설," 「선교와 신학」 제55집 (2021): 363-392.

었기 때문에 이 지역을 선교지로 선택하였을 것이다. 지역에 대한 친숙성은 성공적인 교회 개척 사역에 매우 중요한 요소가 아닐 수 없다. 이곳에서의 성공적인 교회 개척 사역은 그에게 더 먼 지역으로 나아갈 수 있는 또 다른 기회를 제공해 주었다.

(1) 비시디아 안디옥에서의 사역

군사적으로 전략적인 도시 중 하나였던 비시디아 안디옥(Antioch of Pisidia)-오늘날의 얄바체(Yalvaç)-은 바위가 많고 접근이 쉽지 않은 산악 지역에 있었다. 사도행전 13:14에서 누가가 바울 팀의 여정에 관해 "그들은 버가에서 더 나아가 비시디아 안디옥에 이르"렀다고 하면서 간략하게 말하고 있지만, 그들이 더 나아간 거리는 수백km에 이르며, 목적지까지 가기 위해서는 험난한 산악 지대를 지나야 했다. 바울 팀은 버가(Perga)를 지나 비시디아 안디옥에 도착하여 "안식일에 회당에 들어가 앉"았다(행 13:14). 고대 역사가 요세푸스에 의하면, 기원전 210년 셀레우코스 왕조 치세에서 이 지역으로 약 2,000명의 유대인 가정이 이주하였다.[6] 이 점을 고려할 때 아마도 일부 유대인들이 바울 시대에 여전히 그곳에 살고 있었으리라고 추정할 수 있다.

일반적으로 바울은 선교 활동을 하면서 자주 기적을 행하였다. 하지만 비시디아 안디옥에서 그가 보여준 이미지는 기적을 행하는 자가 아니었다. 바울이 그곳에서 보여준 주된 사역 방식은 메시지에 대한 강조, 곧 말씀의 사역이었다. "누가는 이제 바울의 설교 중 하나에 관한 첫 번째 전체 요약을 제공한다. 일부 하나님을 경외하는 이

---

6   Flavius Josephus, "The Antiquities of the Jews," in *The Works of Josephus*, trans. William Whiston (Peabody, MA: Hendrickson, 1987), 308-334. [원본은 기원후 약 100년에 쓰임]

방인들도 있었지만, 그의 설교는 본질적으로 유대인 청중을 향한 연설이었다."[7] 실제로 성경은 "회당의 모임이 끝난 후에 유대인과 유대교에 입교한 경건한 사람들이 많이 바울과 바나바를" 따랐다고 말하고 있다(행 13:43). 바울과 바나바는 이렇게 그곳에서 많은 새로운 신자를 얻었지만, 결국 박해로 추방되고 말았다. 비시디아 안디옥에서 회당에 속한 유대인들이 바울과 바나바에게 부정적인 반응을 보인 사건은 "기독교 교회들이 곧 회당의 회중들과 구별되어야 했다"는 점을 암시해 준다.[8]

바울과 바나바는 추방되기 전에 그들을 따르는 사람들에게 "항상 하나님의 은혜 가운데 있으라"고 권했다(행 13:43). 바울과 바나바의 전도 활동으로 믿게 된 사람들은 그들이 떠난 뒤 신앙 공동체를 형성하고 점차 교회 조직을 갖춰나갔을 것이다. 이 지역에 교회가 설립되었음을 확신할 수 있는 결정적인 증거는 그들이 더베까지 갔다가 다시 왔던 경로로 되돌아가면서 행한 활동에서 찾을 수 있다. 누가의 보고에 따르면 그들은 비시디아 안디옥을 방문하여 "제자들의 마음을 굳게 하여 이 믿음에 머물러 있으라"라고 권하였으며, "장로들을 택하여 금식 기도 하며 그들이 믿는 주께 그들을 위탁"하였다(행 14:22-23). 장로들을 선택했다는 말은 조직 교회를 세웠음을 뜻한다.

---

7   John R. W. Stott, *The Message of Acts: The Spirit, the Church & the World* (Downers Grove, IL: Inter-Varsity Press, 1990), 222.
8   Paul McKechnie, *The First Christian Centuries*, 41.

(2) 이고니온에서의 사역

이고니온(Iconium)-오늘날의 코니아(Konya)-은 갈라디아에 속한 루가오니아(Lycaonia, 행 14:6) 지방의 주도로서 에베소와 시리아를 잇는 중요한 상업 도로 곁에 있었기 때문에 농업과 상업의 중심지로 발전하였다. 비시디아 안디옥에서의 박해는 바울 팀의 선교를 막을 수 없었다. 선교는 "오히려 소아시아의 더 넓은 중앙 지역으로, 특히 중요한 도시인 '이고니온'으로 확대되었다."[9] 바울의 팀은 1차 선교 여행과 2차 선교 여행 중에 이 도시를 방문하였다(행 13:51-14:1; 15:36-16:1).

바울과 바나바의 이고니온 사역은 유대인 회당에서 복음을 전함으로써 시작되었다(행 14:1). 유대인 회당에 들어가는 것은 그들에게 하나의 관습이었기 때문에 그다지 어색하지 않았을 것이다.[10] 그들의 전도 활동은 매우 성공적이어서 많은 사람이 예수 그리스도에게로 돌아왔다. 이 활동으로 이고니온 교회 설립의 초석이 마련되었다.

그러나 비시디아 안디옥에서처럼 이를 시기한 유대인들이 이방인들을 자극하여 두 사도를 핍박하였다. 사도행전 14:2-3은 박해에 대한 바울의 반응을 보여준다. 바울과 바나바는 박해 이면에 영적 도전이 숨어 있음을 인식하였다. 하지만 그들은 박해에 굴복하지 않았다. 오히려 성령의 도움을 힘입어 더 담대하게 복음을 선포하였다. 성령께서 그들의 사역을 이끌어가고 있다는 것을 증명하는 증거로 많은

---

9 Howard C. Kee, *To Every Nation under Heaven: the Acts of the Apostles* (Harrisburg, PA: Trinity Press International, 1997), 170.
10 이 구절에 관해서 설명할 때 키(H. C. Kee)는 이런 관습이 바울의 "전형적 전략"에서 나온 것이라고 주석한다. Howard C. Kee, *To Every Nation under Heaven*, 171.

표적과 기사가 함께 나타났다.

(3) 루스드라에서의 사역

루스드라(Lystra)는 루가오니아의 작은 성읍 중 하나였는데, 넓게 보면 이곳은 갈라디아 지방에 속하기도 했다. 기원전 3000년 초부터 사람들이 거주하기 시작한 이 도시는 헬라 시대에 여전히 전원적인 작은 마을에 불과했지만, 로마의 군용도로가 지나가는 전략적 요충지로 사용되기도 하였다.

바울과 그의 팀이 앞서 들렀던 두 사역지 비시디아 안디옥과 이고니온에서는 안식일에 관습대로 회당에 들어갔지만, 루스드라에서는 그렇게 하지 않았다. 어쩌면 루스드라에는 회당이 없었을 수도 있다. 바울은 이런 환경에서도 담대하게 복음을 전했는데(행 14:9), 회당에서 설교하지 않았다면 옥외 거리에서 설교했을 것이다. 복음을 전한 뒤 바울은 태어나면서부터 걷지 못했던 장애인을 고쳐주었다(행 14:8-10). 이 사건은 성령의 역사로 말미암은 이적(異蹟)이 전도에 얼마나 큰 영향을 미치는지를 생생하게 보여준다. 이적 사건과 결합한 복음 선포는 사람들이 그리스도에게로 돌아오는 데 큰 영향을 미쳤으며, 이는 결과적으로 회중의 구성으로 이어졌다.

그러나 루스드라의 사례는 이적을 하나님의 말씀에 비추어 이해하지 않을 때 얼마든지 왜곡된 믿음으로 발전될 수 있음을 여실히 보여주기도 한다. 루스드라 주민들은 바울을 제우스로, 바나바를 헤르메스로 숭배하려고 하였다. 이런 도시의 영적 분위기를 고려할 때, 새롭게 세워진 루스드라 교회는 미처 충분한 교리 교육을 통해 올바른 신앙을 확립하지 못한 상황에서 혼합주의적 이교 신앙과 싸워 나가야 했을 수도 있다.

바울이 아레오바고에서 행한 설교(행 17장)를 제외하면, 바울이 루스드라에서 다리를 제대로 쓰지 못하는 신체장애인을 성령의 능력으로 치유한 뒤에 행한 설교(행 14:15-17)는 사도행전에 나오는 바울의 다른 설교들과 뚜렷하게 구별된다. 이 설교에는 이스라엘의 역사가 나오지 않는 대신에 이방인을 포함한 모든 사람에게 똑같이 임하시는 창조주 하나님에 대한 강조가 나온다. 또한, 객관적인 복음을 선포하기보다는 매우 상황적인 주제를 사용하여 설득하려는 의도를 읽을 수 있다.[11] 바울이 이렇게 독특한 방식으로 설교한 이유는 그의 설교를 듣는 대상이 이교도들이었기 때문이었다. 바울은 구약성경에 관한 전이해가 없는 이방인들을 위해 그들에게 적합한 주제와 전개 방식을 사용한 것이다. 그러나 이런 노력에도 불구하고 비시디아 안디옥과 이고니온에서 온 몇몇 유대인들이 바울과 바나바에게 해를 가하기 위해 군중을 선동하였고, 이로 말미암아 바울은 어려움을 겪을 수밖에 없었다. 그는 돌에 맞아 죽음에 이를 만큼 심한 상처를 입었다.

바울은 두 번째 선교 여행을 위해 이 도시를 다시 방문했을 때 훗날 그의 충실한 제자요 동역자가 된 디모데를 만났다(행 16:1-3). 디모데가 루스드라에서 합류하고 의사 누가가 드로아에서 합류하면서 바울의 팀은 뚜렷한 다문화적 특성을 띠게 되었으며, 이런 특성은 이방인 세계에서 복음을 전하고 교회를 개척하는 사역을 수행하는 데 큰 효과를 나타냈다.

---

11   요하네스 니센, 『신약성경과 선교』, 101-102.

(4) 더베에서의 사역

소아시아에서 가장 동쪽에 있는 더베(Derbe)는 루가오니아 지방에 속해 있으며, 루스드라에서 약 97km 떨어져 있는 도시였다. 바울이 더베에서 행한 사역 활동은 그의 첫 선교 여행 중에 가장 성공적이었다. 바울과 바나바는 그곳에서 어떤 저항도 만나지 않았다. 누가는 그들이 "복음을 그 성에서 전하여 많은 사람을 제자로 삼"았다고 보고하고 있다(행 14:21).

더베의 신자들은 바울과 바나바의 전도로 기독교로 개종한 지 얼마 되지 않은 사람들이지만, 누가는 과감하게 그들을 '제자'라고 부른다. 그리고 사도행전 14:21 하반절과 22절에서는 루스드라, 이고니온, 비시디아 안디옥의 신자들도 제자라고 부른다. 여기에는 어느 정도 제자라는 용어를 믿는 자를 가리키는 광의적인 의미로 사용한 누가의 단어 사용 방식이 작용한다.[12] 아직 성숙한 신자가 되지 못했다고 할지라도 그리스도를 믿고 새로운 삶을 살기로 결심한 사람은 그리스도의 제자라고 말할 수 있다. 그러므로 새로운 신자가 된다는 것은 제자의 길에 들어가는 것이다. 이런 의미에서 비록 용어 사용에 약간의 문제가 있기는 하지만, 완전화(perfecting)를 이루기 위해서는 먼저 제자화(discipling) 과정을 거쳐야 한다는 도널드 맥가브란의 주장을 충분히 이해할 수 있다.[13] 바울의 사역팀이 더베에서 한 것처럼, 어떤 지역을 복음화하고 새로운 교회를 개척하는 일은 언제나 불신자들을 제자로 삼는 사역에 기반한다.

---

12 Michael J. Wilkins, *Following the Master: A Biblical Theology of Discipleship* (Grand Rapids, MI: Zondervan, 1992), 208-209, 248-249.
13 도널드 맥가브란,『교회 성장 이해』, 제3판, 최동규 외 3인 공역 (서울: 대한기독교서회, 2017), 214-217.

그런데 앞에서도 잠깐 언급했지만, 여기에서 바울 팀의 사역이 교회 개척과 밀접하게 관련되어 있음을 보여주는 누가의 중요한 보고를 살펴볼 필요가 있다. 누가는 바울 팀의 1차 선교 여행이 거의 마무리되는 시점에 이르러 그들이 궁극적으로 무엇을 목적으로 삼고 있는지를 드러낸다. 바울의 일행은 더베에서의 사역 이후에 처음 출발지 수리아 안디옥으로 돌아가면서 이전에 복음을 전했던 지역들을 다시 방문한다. 그런데 이 과정을 설명하는 누가의 보고에는 바울과 그의 동료들이 단지 전도 활동만이 아니라 궁극적으로 각 지역에 교회를 설립하는 것을 목적으로 삼고 있었음을 암시하는 내용이 담겨 있다.

> 제자들이 둘러섰을 때에 바울이 일어나 그 성에 들어갔다가 이튿날 바나바와 함께 더베로 가서 복음을 그 성에서 전하여 많은 사람을 제자로 삼고 루스드라와 이고니온과 안디옥으로 돌아가서 제자들의 마음을 굳게 하여 이 믿음에 머물러 있으라 권하고 또 우리가 하나님의 나라에 들어가려면 많은 환란을 겪어야 할 것이라 하고 각 교회에서 장로들을 택하여 금식 기도 하며 그들이 믿는 주께 그들을 위탁하고 (행 14:20-23).

이 본문을 통해서 우리는 바울 팀의 사역 활동을 다음과 같이 정리해 볼 수 있다. (1) 당시 로마 세계에서 기독교가 생소한 종교였고 이미 각 도시에서 기득권을 가지고 있었던 유대교의 반대와 핍박으로 인해 선교에 어려움을 겪었지만, 바울의 사역팀은 가는 곳마다 회심자들을 얻었다. (2) 바울의 사역팀은 이 회심자들을 중심으로 도시마다 교회를 세웠다. 위의 본문 중 23절에 나오는 '각 교회'라는 표현은 각 도시에 교회가 세워졌음을 분명하게 말해주고 있다. (3) 바울 팀은 각 도시에 교회를 세울 때 비록 그 교회들이 규모 면에서 작은 공동체였는데도 복수의 장로들을 세워 신앙 공동체를 끌어나가게 했다. 23절에 나오는 "장로들을 택하여 금식 기도 하며 그들이 믿는 주께 그들을 위탁하고"라는 구절이 이 사실을 입증해 준다.

　바울과 그의 동료들의 활동에 관한 이런 분석은 그의 팀이 각 도시에서 교회를 세워나가는 과정을 짐작하게 해 준다. 사도행전은 예수 그리스도의 부활과 승천 이후에 복음이 세계 각지로 뻗어나가는 과정을 보여주는 역사적인 기록이기 때문에 이 책의 초점은 교회 개척 사역에 있지 않다. 따라서 바울과 그의 팀이 수리아 안디옥을 떠나 각 도시에서 사역한 내용을 요약 정리하는 누가의 각 본문에는 교회를 설립했다고 하는 구체적인 언급이 나오지 않는다. 그러나 본문의 정황을 살펴볼 때, 특히 사도행전 13:20-23 본문을 통해서 바울과 그의 팀이 각 도시에 복음을 전했을 뿐만 아니라 그 결과로 교회를 설립했음을 확인할 수 있다.

(5) 버가에서의 사역

　버가(Perga)는 1세기 당시 소아시아 남부 밤빌리아 지방의 주요 도시 중 하나로 남부 해안에서 내륙으로 조금 떨어져 있었다. 이곳은 오늘날 튀르키예의 무르타나(Murtana) 근처에 해당한다. 버가는 바울 팀이 1차 선교 여행 초기에 사역했던 곳인데(행 13:13), 팀은 수리아 안디옥으로 돌아가는 길에 이곳에 들러 다시 한번-마지막으로-복음을 전했다(행 14:25). 버가는 이전에 바울 팀이 구브로 섬을 떠나 소아시아 내지로 들어가려고 했을 때 이를 반대한 요한 마가가 팀을 떠나 예루살렘으로 돌아간 적이 있는 곳이기도 했다(행 13:13).

　누가는 사도들이 처음 선교 여행을 떠났던 수리아 안디옥으로 돌아가기 위해 밤빌리아 지방의 항구도시인 앗달리아로 내려가기 전에 버가에서 복음을 전했다고 보고한다(행 14:25). 하지만 방문 기간, 활동 상황, 복음 전도의 과정 및 결과 등에 관해서는 자세히 설명하지 않는다. 우리가 알 수 있는 유일한 사실은 바울 팀이 다른 곳에서는 복음을 전할 때 박해를 받은 적이 많았지만, 더베와 버가에서는 박해를 당하지 않았다는 것이다. 그들은 수리아 안디옥을 떠나 첫 사역지 구브로의 작은 항구 살라미에서도 박해 없는 전도를 경험한 적이 있었다(행 13:5).

3) 마게도냐와 아가야 지방에서의 교회 개척 사역

바울과 그의 동료들이 마게도냐와 아가야 지방에서 복음을 전하고 교회를 개척하는 일을 했던 시기는 2차 선교 여행 기간이었다. 바울 팀은 마게도냐 지방에 짧게 머물렀지만, 그들의 사역은 매우 성공적이었다. 이런 이유로 이 지역에 세워진 대부분 교회는 건실하게 성장하였다. 그러나 그들은 박해로 인해 그 지역에 오래 머물 수 없었다. 반면에 아가야 지방의 경우에는 고린도에서만 성공하였다. 바울은 고린도에 약 1년 반 머물렀는데, 그 기간은 그곳 전역에 복음을 전할 전진 기지를 세우는 데 충분한 시간이었다.

(1) 빌립보에서의 사역

마게도냐 지방의 동쪽 도시 중 하나이면서 유럽의 관문 역할을 하는 빌립보(Philippi)는 로마와 동부 지방을 연결하는 에그나티아 도로

(the Egnatian road)[14] 옆에 세워져 "군사 및 상업적 기업들의 중요한 중심지"가 되었다.[15] 사도행전에는 바울이 빌립보에서 회당에 들어갔다거나 유대인을 만났다는 기록이 없다. 이로 미루어 볼 때 빌립보에는 유대인과 유대인 회당이 없었을 것으로 추정된다. 따라서 바울 팀이 세운 빌립보 교회는 그야말로 온전한 이방인 교회, 다시 말해서 유럽 최초의 교회였다.

바울과 그의 동료들은 세 종류의 사람들에게 복음을 전했으며, 이들이 빌립보 교회의 초기 구성원들이 되었다. 그들은 루디아라는 자주색 옷감을 파는 상인, 강가에서 만난 여인들, 빌립보 감옥의 간수와 집안사람들이었다. 빌립보 교회는 루디아의 집에서 시작된 것으로 보인다(행 16:15, 40). 옷감 장사 루디아가 강가에서 만난 여인들 가운데 있었던 것으로 보아 그들이 모두 루디아의 집에서 모임을 가졌을 것으로 추정해 볼 수 있다. 빌립보 감옥의 간수와 집안사람들은 다른 가정교회로 모였을 것이다.

빌립보에서 바울과 바나바가 경험한 영적 대결(spiritual confrontation)은 빌립보 교회를 든든하게 세워주는 계기가 되었다. 바울이 점치는 귀신 들린 여종을 치유하자 여종의 주인이 바울과 실라를 관가에 고발하였고, 그 결과 두 사람은 심하게 매질을 당한 뒤 감옥에 갇히고 말았다. 그러나 그들은 박해와 고난에 굴복하지 않고 하나님께 기도

---

14 기원전 2세기 후반 로마군이 건설한 이 도로는 아드리아해의 항구였던 디라키움(Dyrrachium, 현재 알바니아의 두러스)에서 시작하여 비잔티움(Byzantium, 현재 터키의 이스탄불)에서 끝나는 긴 군사용 도로였다. 사도행전 17:1에서 누가는 바울 팀이 2차 선교 여행 중 빌립보를 떠나 암비볼리와 아볼로니아를 거쳐 데살로니가에 이르렀다고 보고한다. 당시 빌립보에서 데살로니가로 가는 사람들은 대부분 고대 로마의 도로망 가운데 하나인 에그나티아 도로를 이용하였다.

15 Arthur G. Patzia, *The Emergence of the Church* (Downers Grove, IL: InterVarsity, 2001), 110.

하고 찬양하였다. 그러자 밤에 지진이 일어나 감옥의 문이 열리고 모든 사람의 차꼬가 다 벗어지는 이적이 일어났다. 이 사건은 결국 간수와 그의 온 집안이 회심하는 일로 이어졌다.

겉으로만 보면, 놀라운 사건이 빌립보에서 많이 일어났는데도 바울 팀이 그 도시에서 생산적인 결과를 얻지 못한 것처럼 보인다. 그러나 바울이 나중에 그 교회에 쓴 편지를 근거로 보면, 빌립보 교회가 설립 초기에 매우 복음적인 노력을 한 것으로 평가할 수 있다. 빌립보의 신자들은 바울 팀이 떠난 뒤 도시를 복음화하고 새로운 신자들을 가르치기 위해 최선을 다하였다. 교회가 세워진 "첫날부터 이제까지 복음을 위하여 한 일에 참여"하였던 것이다(빌 1:5). 이것은 비록 바울 팀이 짧은 기간 빌립보에 머물며 사역했는데도 그 도시에 세워진 교회는 매우 건실하게 성장했음을 시사한다. 바울이 빌립보 교회에 보낸 편지 내용으로 미루어 볼 때 그가 빌립보 교회를 얼마나 소중하게 생각했는지 알 수 있다(빌 1:3-11).

(2) 데살로니가에서의 사역

데살로니가(Thessalonica)-오늘날의 살로니카(Salonika)-는 마게도냐의 주도로서 지역 공무원이 있는 자유도시였지만 로마의 주둔 부대를 받아들이지는 않았다. 이 도시는 지리적 이점으로 인해 상업이 번창하였다.

바울은 3주 동안 "자기의 관례대로" 회당에 들어가 "성경을 가지고 강론"하였으며, 그 결과로 그 안에 있던 하나님을 경외하는 헬라인(God-fearing Greeks) 큰 무리와 많은 귀부인이 기독교의 진리를 받아들였다(행 17:2-4). 바울 팀은 이들을 기반으로 하여 데살로니가 교회를 설립하였다. 나중에 바울이 데살로니가 교회에 보낸 두 편지를 볼 때, 이 교회는 대부분 이방인으로 구성되어 있었음에 틀림이 없다. 그리고 그들 가운데는 이교(異敎)의 우상 숭배자들도 있었을 것이다 (살전 1:9-10).

누가는 바울과 그의 동료들이 최장 3주 동안 그곳에 머문 것처럼 기록하지만(행 17:2), 데살로니가 사람들에게 보낸 첫 번째 서신은 그들이 다른 이유와 함께 교회의 지도자들을 임명하기 위해 3주 이상 머물렀을 가능성을 제시한다(살전 5:12-13). 만약 이것이 사실이라면 "몇 년 후 마게도냐에서 바울과 합류한 데살로니가인들, 곧 아리스다고와 세군도가 이 지도자들 중 일부였을 가능성이 크다"(행 20:4).[16]

데살로니가 유대인들이 베뢰아까지 쫓아와 난동을 부리자 바울 팀에서 바울만 베뢰아를 빠져나가 아덴-오늘날의 아테네-으로 갔다. 다른 팀원들인 실라와 디모데는 베뢰아에 그대로 남아 있다가 아덴으로 가 바울을 다시 만났다. 하지만 얼마 후 바울은 그들을 마게도냐 지방으로 다시 보내 새로 형성된 신앙 공동체들을 교육하게 하였다. 아마도 디모데는 데살로니가로, 실라는 빌립보로 갔을 것이다. 팀은 나중에 고린도에서 다시 모였다(살전 3:1-6; 참조, 행 17:14 이하; 18:5).

(3) 베뢰아에서의 사역

마게도냐의 도시 중 하나인 베뢰아-오늘날의 베리아(Verria)-는 데살로니가에서 서쪽으로 40km 떨어진 곳에 있었다. 이 도시는 데살로니가와 같은 상업 도시로 개발되지 않았지만, 지중해 세계에서는 세공업, 농업 및 석공업의 중심지로 잘 알려져 있었다. 바울 팀은 기원후 51년에 데살로니가에서 쫓겨난 뒤 베뢰아로 갔으며, 그곳에서 늘

---

16 Ibid., 114.

하던 대로 회당에 들어가 성경을 풀어 설명하는 방식으로 복음을 전했다(행 17:10-11).

놀라운 것은 베뢰아 주민 중에는 열린 마음과 수용적인 태도를 보인 사람들이 많이 있었다는 사실이다. 이들은 정기적으로 회당에 출석하며 매일 성경을 읽고 연구하는 헬라인들이었다. 그리고 이들 중에는 사회적으로 지체가 높은 사람이 많이 있었다. 바울이 회당에서 이들에게 말씀을 풀어 설명하자 이들 중 많은 사람이 예수 그리스도를 자신들의 구주로 받아들였다. 따라서 사도행전 17장 이외에 베뢰아 교회를 암시하는 본문을 찾을 수는 없지만, 바울의 설교를 듣고 복음을 받아들인 사람들을 중심으로 이곳에 교회가 세워졌을 가능성이 크다.

베뢰아에 교회가 설립되었는지와 상관없이, 적어도 당시 베뢰아에서 많은 헬라주의자들이 신자가 되었을 때 부로의 아들 소바더가 그들 가운데 있었을 것이다(행 20:4). 베뢰아 교회가 설립되었다면 그는 나중에 베뢰아 교회의 대표로 바울 팀과 함께 사역하였을 것이다. 로마서 16:21에 나오는 바울의 동역자 "누기오와 야손과 소시바더"는 예루살렘 교회를 돕기 위한 헌금을 거두는 일을 하도록 각 교회가 지명한 대표자들이었을 것으로 추정되는데(고전 16:3-4 참조), 그 세 사람 중 소시바더가 소바더와 같은 인물일 가능성이 크다.[17] 베뢰아에서 행한 바울의 설교는 효과적이었지만, 데살로니가에서 온 유대인들이 사람들을 선동하여 그의 사역을 방해하게 했기 때문에 그와 그의 동료들은 베뢰아를 떠날 수밖에 없었다.

---

17 에른스트 케제만, 『로마서』, 박재순 외 2인 공역 (서울: 한국신학연구소, 1982), 677.

(4) 아덴에서의 사역

유익한 교훈은 종종 성공적인 사역 이야기에서뿐만 아니라 실패한 사역 이야기에서 얻기도 한다. 바울 팀이 아덴에서 보여준 사역 이야기는 교회 개척에 실패한 사례에 해당한다. 로마 시대에 아덴(Athens)은 경제적으로 고린도에 못 미치고 학문적 활동에서는 알렉산드리아에 뒤지고 있었지만, 나름대로 학문, 건축, 예술의 중심지로 인정받는 도시였다. 아덴에서 바울의 선교 활동은 그가 데살로니가에 남아 있었던 실라와 디모데를 기다리는 동안에 이루어졌다(행 17:16-34). 바울이 그들을 기다린 시간은 6주를 넘지 않았을 것이며, 어쩌면 4주 정도였을 수도 있다.[18] 그런데 놀라운 것은 그곳에서 바울이 이전과는 전혀 다른 방식의 전도 방법을 사용했다는 사실이다. 그가 새로 사용한 전도 방법은 지식인들과의 토론이었다. 그는 에피쿠로스 철학자들, 스토아 철학자들과 여러 차례 토론하였다(행 17:17-18). 나중에 그는 아레오바고[19]에서 연설할 기회를 얻기도 하였다.

권터 보른캄(Günther Bornkamm)은 고린도전서 1:18 이하에서 바울이 아덴에서의 논쟁 또는 연설에서 사용한 논증적 기법, 곧 헬라주의적 지혜에 의존하는 설교 방식을 포기했다고 말한 점을 들어 아덴에서의 연설을 실패한 연설로 평가한다.[20] 그러나 이 연설에 대한 보른캄의 성급한 판단은 바울이 아덴에서 행한 사역에 관해 잘못된 해석을 낳을 수 있다. 물론 그의 연설들이 아덴 시민들에게 큰 영향을 미치

---

18 William M. Ramsay, *St. Paul the Traveller and the Roman Citizen*, 240.
19 아덴의 유명한 아크로폴리스 북서쪽에 있는 작은 바위 언덕으로 초기에는 이곳에서 법적인 재판이 많이 열렸지만, 로마 시대에는 새로운 종교나 사상을 퍼뜨리는 자들을 소환하여 조사하는 회의가 열리기도 하였다.
20 Günther Bornkamm, *Paul*, trans. D. M. G. Stalker (Minneapolis, MN: Fortress, 1995), 66-67.

지 못했고 회심자가 소수에 그친 것은 사실이다. 누가는 이곳에 교회가 세워졌다고 보고하지 않는다. 그러나 그의 연설들은 성공과 실패와 관계없이 이방인들에게 적합한 설교의 모범으로 여겨질 수 있다. 이 점에 관해서는 뒤에서 좀 더 자세히 다룰 것이다.

(5) 고린도에서의 사역

아가야 지방의 중심 도시 고린도(Corinth)는 총독이 거주하는 로마 식민지였으며, 인구는 약 10만 명에 달하는 제법 큰 도시였다. 이 도시는 그리스 본토와 펠로폰네소스 반도를 잇는 길목에 위치한 지리적 이점 때문에 예로부터 교통의 중심지로서 상업이 발달하였으며, 심지어 당시에는 학문과 문화의 중심지였던 아덴을 능가할 만큼 크게 발전하였다.[21] 반면에 이런 긍정적인 특성과는 달리, 이 도시에는 성적 방종과 우상숭배가 만연해 있었다.

바울 팀은 이 도시에 1년 6개월 동안 머무르며 복음을 전했는데(행 18:11), 이곳은 바울 팀이 2차 선교 여행 중 가장 오래 머문 도시였던 것으로 보인다. 이런 점에서 고린도는 바울 팀이 2차 선교 여행을 하는 동안 본부와 같은 역할을 하였다. 그 결과 당시에 크고 유력한 교회 중 하나가 이 도시에 세워졌다.

아덴에서 떠난 바울은 기원후 50년경에 고린도에 도착하였다. 도착하면서부터 전도 활동을 벌이기는 했지만, 그는 아덴에서 별로 열매를 거두지 못한 사실 때문에 다소 위축되어 있었던 것으로 보인다. 얼마 지나지 않아 실라와 디모데가 고린도에서 바울과 합류하자 바

21　Rodney Stark, *The Rise of Christianity* (San Francisco, CA: HarperSanFrancisco, 1997), 131.

울 팀에 사기가 올라 다시 힘 있게 사역할 수 있게 되었다. 바울은 그곳에서 교회를 개척하는 동안 브리스길라와 아굴라 부부의 천막 작업장에서 함께 일하였으며, 그들의 집에 머물기도 하였다. 그들은 젊은 유대인 부부로 글라우디오(클라우디우스) 황제 칙령으로 로마를 떠나 살아야 했던 사람들이었다(행 18:1-3). 아굴라는 유대인이었고, 브리스길라는 로마의 귀족 출신으로 추정된다. 고린도에서 만난 이 부부는 성숙한 신앙의 사람들로서 평생 바울과 좋은 동역 관계를 유지하였다.

고린도는 바울과 그의 동역자들이 전도와 교회 개척의 전략적 방향을 바꾼 곳으로 유명하다. 그들은 사역 대상을 유대인 중심에서 본격적으로 이방인 중심으로 전환한 것이다. 처음에 바울 팀은 회당에서 유대인들과 헬라인들에게 복음을 전하려고 노력하였다. 회당 안에 있던 '하나님을 경외하는 사람들'(행 13:16, 26, 43; 17:17)이 선교 여행 초기부터 계속 복음에 반응했지만, 이때까지만 해도 바울 팀은 유대인들을 포기하지 않았다. 가는 곳마다 먼저 회당을 찾아간 이유도 거기에 있었다. 그러나 유대인들의 반대와 저항이 임계점을 넘자 그들은 결국 복음 전도의 방향을 유대인에게서 이방인에게로 분명하게 돌렸다(행 18:4-6).

이후 그들은 사역의 거점을 회당에서 디도 유스도의 집으로 옮겼는데, 아마도 이를 계기로 이 집에서 가정교회가 출범하게 된 것으로 추측된다(행 18:7). 교회 구성원들은 주로 이방인이었지만 몇 사람의 유대인도 포함되어 있었다. 사회학적인 관점에서 볼 때, 이 교회에는 하위 계층에 속한 사람들이 많이 있었다. 추측건대 디도 유스도의 집에서 모인 교회를 모델로 삼아 유대인들과 이방인들로 구성된 교회들이 고린도에 빠르게 증식되었을 것이다. 바울이 떠난 뒤 남겨진 회중들은 아볼로가 돌보았다.

4) 아시아 지방에서의 교회 개척 사역

아시아는 흑해와 지중해 사이에 있는 소아시아 반도의 서쪽 지역을 가리킨다. 이 지방은 헬라 문화가 상당히 남아 있는 곳이었으며, 대표적인 도시로는 버가모, 사데, 서머나, 에베소를 들 수 있는데, 이 도시들은 모두 학문이 발달하였다. 에베소(Ephesus)는 이 도시 중에서 바울의 특별한 교회 개척 사역과 깊은 관련이 있는 곳이다. 아시아 지방에서의 교회 개척 사역은 주로 에베소를 중심으로 전개되었다.

(1) 에베소에서의 사역

에베소는 인구가 20만 명에 이르는 대도시였지만, 로마의 가장 큰 도시가 약 65만 명쯤 되었다는 점을 고려하면 그 당시 로마 제국의 도시 중 중간 규모에 해당하는 도시였다고 볼 수 있다.[22] 이 도시는 고대 종교와 국제 무역의 중심지였다. 전통적이고 역사적인 도시였을 뿐만 아니라 매우 현대적인 도시이기도 했다. 다산(多産)의 여신 아데미(아르테미스, Artemis)는 에베소 주민들의 종교 생활을 지배하고 있었다(행 19:23-41). 스탐바우(John Stambaugh)와 발치(David Balch)는 이 여신과 도시의 관계에 관해 이렇게 설명한다. "에베소는 헬레니즘 세계에서 가장 크고 호화롭게 장식된 이 여신의 사원이 주요 관광지 중 하나였는데, 이 여신은 이 도시와 밀접하게 동일시되었다."[23] 이처럼

---

22 Rodney Stark, *The Rise of Christianity*, 131.
23 John Stambaugh and David Balch, *The New Testament in Its Social Environment* (Philadelphia, PA: Westminster, 1986), 149.

이교적인 우상의 세력이 강한 도시의 영적 분위기는 바울과 그의 동료들의 가슴을 뜨겁게 만드는 요인이 되었을 것이다.

바울과 그의 동역자들은 이 도시를 두 번 방문하였다. 2차 선교 여행을 할 때 바울은 아시아에서 더 많은 시간을 보내고 싶어 했지만, 성령은 그를 마게도냐와 아가야로 인도하였다. AD 52년 바울과 그의 동료들은 단지 마게도냐와 아가야 지방 사역을 마치고 선교기지가 있는 수리아 안디옥으로 돌아가는 길에 에베소를 방문하였지만 오래 머물지 않고 즉시 그곳을 떠났다(행 18:19-21).

AD 54년 바울 팀은 세 번째 여행 중에 에베소를 다시 방문하였다. 세 번째 선교 여행을 시작하면서 갈라디아와 브루기아 지방에 있는 교회들을 돌아본 뒤(행 18:23) 바로 에베소로 직행하였다. 하지만 이번에는 전과 달리 이곳에 사역 본부를 세우고 그곳에 장기적으로 머물면서 사역을 집중하였다. 바울은 에베소에서 먼저 3개월 동안 회당에서 가르치고, 그다음에는 두란노 서원을 세워 그곳에서 약 2년 동안 가르쳤다(행 19:8-10). 그런데 이곳에서 바울이 아시아 지방의 복음화를 위해 사용한 방법은 매우 인상적이다. 이 방법에 관해 에버렛 해리슨(Everett F. Harrison)은 다음과 같이 말한다.

> 에베소에 도착한 바울은 그 지역이 아직 복음화되지 않은 것을 발견하였다. 그래서 하나님께서는 그가 그리스도를 위해 이 지역에 복음을 전하고자 했던, 이전에 품었던 소망을 이루도록 허락하셨다. 바울 사도는 이 도시를 작전 기지로 삼아 아시아 전역을 향한 전도 전략을 개발할 기회를 얻었다(행 19:10).[24]

24　Everett F. Harrison, *The Apostolic Church*, 209.

사도행전 19:10을 근거로 볼 때, 바울이 세 번째 선교 여행 때 에베소에 오래 머무르며 효과적인 사역을 수행한 결과로 기독교는 아시아에서 뚜렷한 성장을 경험하게 되었다. 여기서 바울은 과거에 사용했던 것과 비교하여 완전히 다른 선교 전략을 보여주었다. 바울은 에베소를 이방인 선교를 위한 전략적 도시로 여겼다. 아마도 바울은 2차 선교 여행의 마지막 시기, 곧 고린도에서 사역할 때 본격적으로 이방인들에게로 나아갈 것을 결심한 뒤 3차 선교 여행을 준비하면서 미리 새로운 전략을 마련했을 것이다. 1차, 2차 여행을 하는 동안 복음에 반응한 헬라인들에게서 새로운 가능성을 보았기 때문이다.

　3차 선교 여행으로 에베소를 두 번째 방문했을 때 바울이 처음 한 사역은, 회심했지만 아직 성숙한 믿음을 가지지 못한 열두 명의 사람들에게 예수 그리스도를 통해 계시된 완전한 진리를 경험하도록 도와주는 것이었다(행 19:1-7). 이들은 바울의 도움을 받아 성령을 체험하였는데, 에베소 교회는 이들에 의해 시작되었을 가능성이 크다. 에베소 교회의 존재와 증거는 바울이 세 번에 걸친 선교 여행을 모두 마치고 예루살렘으로 올라가기에 앞서 에베소 교회의 장로들을 불렀다는 사실에서 확인할 수 있다(행 20:16-17).

　그러나 이제 바울은 단지 지역교회를 세우는 데 만족하지 않았다. 바울에게는 더 큰 비전이 있었으며, 그것을 이루기 위해 에베소에 두란노 서원을 세웠다. 이곳에서 이루어진 가르치는 사역은 오늘날 신학교에서 기독교 사역자들을 훈련하는 과정과 비슷하다. 학생들은 바울의 강의를 듣기 위해 아시아 각지에서 800km 이상을 여행했을 것이다.[25] 피터 와그너는 이 학교가 "목회적 돌봄과 평범한 신자들의

25　데이빗 쉔크 · 얼빈 슈트츠만, 『초대교회 모델을 따라 교회를 개척하라』, 217.

양육"을 동시에 제공했으며, 이 학교가 제공한 커리큘럼은 "전도와 교회 개척"이었을 것으로 추정한다.[26] 고린도 교회에 보낸 바울의 편지에 의하면 에베소에서 행한 두란노 서원 사역을 통해 아시아 전역에 교회를 세우려고 했던 그의 계획이 어느 정도 성공했음을 짐작할 수 있다(고전 16:9).

바울은 가르치는 사역 외에도 치유의 놀라운 이적, 예수의 이름으로 악귀들을 쫓아내는 일과 같은 영적 대결을 경험하였다(행 19:11-20). 이 사역들은 빌립보에서 일어난 사건(행 16:12-18)과 더불어 교회 개척자들이 목회와 선교 분야에서 경험할 수 있는 영적 전쟁의 예를 보여준다. 바울은 에베소서 6:12-20에서 이런 문제를 다루기 위한 원칙을 제시한다.

2. 부름과 훈련

탁월한 사역자는 저절로 생겨나지 않는다. 하나님의 구속사적인 섭리와 계획 속에서 이루어지는 기독교 사역은 인간적인 비전과 능력만으로는 감당할 수 없다. 기독교 사역은 하나님의 나라를 이루는 하나님의 선교에 참여하는 일이며, 그것은 극심한 영적 싸움을 전제로 하기 때문이다. 따라서 하나님께 쓰임 받기 위해서는 하나님께서 그들을 부르시고, 훈련하시고, 능력을 주시는 과정을 거쳐야 한다.

하나님께 부름을 받는 것은 모든 기독교 사역의 출발점이다. 그리고 훈련은 하나님의 일꾼들이 효과적인 사역을 위해 반드시 거쳐야

---

[26] C. Peter Wagner, *Acts of the Holy Spirit*, 470.

하는 과정이다. 다시 말해서 하나님의 부름과 훈련은 모든 실제 사역에 선행하는 조건이다. 이 원리는 과거나 현재나 마찬가지다. 만약 어떤 교회 개척자가 하나님의 부름과 훈련 없이 현장으로 간다면 그의 사역은 결코 성공할 수 없을 것이다. 신약성경에 나오는 주님의 일꾼들도 사역에 나서기에 앞서 하나님의 부름과 지시, 그리고 영적인 훈련 과정을 거쳤다.

1) 사역은 부름에서부터 시작되었다

본격적인 교회 시대에 접어들었을 때 사도들을 비롯한 교회 지도자들은 효과적인 사역 모델을 그들의 스승인 예수에게서 찾았다. 예수께서는 하나님 나라의 사역자들을 양성하기 위해 제자들을 부르셨다. 부름을 통해서 "하나님께서 인정한 리더"(God-ordained leadership)가 되지 않으면 교회 개척을 포함하여 그 어떤 사역도 성립하지 않는다.[27] 그분이 제자들을 부르신 경우들을 돌아볼 때, 우리는 다음 두 가지 사실을 기억해야 한다. 첫째, 예수께서는 사람들이 자신에게 나아오기를 기다리지 않고 먼저 자기 제자들을 부르셨다. 둘째, 그분의 제자가 되기 위해서는 특별한 사회적 또는 지적인 자격이 요구되지 않았다.

예수께서는 공생애 기간에 선택한 제자들 이외에 바울에게도 나타나 자신의 사도가 될 것을 요구하셨다. 바울은 예수의 제자들을 체포하기 위해 다메섹으로 가는 길에 예수를 만나 회심하였다. 바울의 회

27　George W. Peters, *A Theology of Church Growth* (Grand Rapids, MI: Zondervan, 1981), 139.

심은 단순한 종교적 회심을 넘어서는 특별한 사건이었다. 그는 회심 이후 즉시 "[예수의] 이름을 이방인과 임금들과 이스라엘 자손들에게" 전해야 할 사명(행 9:15)을 고지받았다.

다메섹 도상에서 주님을 만난 사건은 바울에게 사도직에 관한 그의 주장과 직접적인 관련이 있다. 누가는 사도행전에서 바울의 다메섹 체험에 관해 세 차례 전하는데, 이를 통해 주님께서 바울에게 이방인 선교를 위한 사도직을 부여하셨다고 보고한다(9:3-5; 22:6-8; 26:12-18). 발터 슈미탈스(Walter Schmithals)는 바울의 사도직을 논의하면서 이렇게 말한다. "사도직의 근거를 그리스도의 부름에 두는 것은 특정한 신학적 조건에 의존하지 않으며, 오히려 단순히 부름을 받은 사건 자체 또는 부름에 관한 바울의 전통적인 이해로 결정된다."[28]

그런데 바울의 소명을 단순히 이방인을 향한 복음 전파에 한정하면 그의 소명이 드러나는 사역의 범위를 충분히 표현하지 못한다. 왜냐하면 바울의 사역은 구체적으로 복음을 전할 뿐만 아니라 각 지역에 교회를 세우는 일과 관련되어 있었기 때문이다. 이런 점에서 에크하르트 슈나벨(Eckhard J. Schnabel)의 다음 지적은 매우 의미심장하다. "바울은 자기 자신을 개척 선교사, 곧 '심고' '터를 닦'는 일을 하는 (고전 3:6, 10) 사람, 다시 말해서 새로운 교회를 설립하도록 하나님께 부름을 받은 사람으로 이해하였다."[29] 바울이 자신이 교회 개척자로 부름을 받은 때가 언제인지는 중요하지 않다. 성경은 그것에 관해서 정확한 정보를 알려주지 않는다. 그러나 최소한 그가 교회를 개척하

---

28 Walter Schmithals, *The Office of Apostle in the Early Church*, trans. John E. Steely (Nashville, KY: Abingdon, 1969), 24.

29 Eckhard J. Schnabel, *Paul the Missionary* (Downers Grove, IL: InterVarsity, 2008), 132.

는 사역을 했고, 자기 자신을 교회 개척자로 인식하였다는 것만큼은 분명하다.

2) 바울은 사역에 앞서 훈련을 받았다

평소에 훈련과 연습에 많은 땀을 흘린 운동선수가 실제 경기에서 좋은 성적을 거두듯이 효과적인 교회 개척 사역을 위해서도 철저한 준비가 필요하다. 하나님의 사람들은 먼저 자기의 삶과 사역을 이끌어가시는 분과 인격적인 관계를 맺어야 하며, 그분과 나누는 깊은 교제 안에서 성숙해져야 한다. 그들은 자기의 내면과 삶에서 깊은 은혜를 맛보며, 자신이 선포할 하나님의 나라를 먼저 누려야 한다. 그리고 성령의 인도를 분별하며, 하나님 나라의 도래를 담대하게 선포해야 한다.

예수께서는 특별한 사람들을 부르지 않으셨다. 신분, 재력, 재능 면에서 지극히 평범한 사람들을 불러 제자로 삼고, 그들을 사도로 훈련하셨다(막 3:13-14). 그들은 예수의 제자로서 복음을 전하기 위해 평소에 보냄을 받았으며, 때로는 하나님으로부터 권능을 받아 귀신을 쫓아내는 사역을 하기도 했다. 그러나 제자들의 훈련 과정에서 다양한 사역의 기술과 능력을 함양하는 것보다 중요한 것이 있었다. 그들은 예수와 함께 있어야 했다. 삶에서 예수와 동거하며 그들은 스승과 깊이 교제하며 그분의 인격을 배워야 했다. 그런데 이것이야말로 진정한 훈련이었으며, 실제 사역이 진행될 때 그들이 사용하는 모든 기술과 능력을 가능하게 하는 원천적인 조건이었다.

그런데 사도행전뿐만 아니라 바울의 편지 어디에도 바울의 훈련에 관한 정확한 정보가 나오지 않는다. 다만 일부 구절을 근거로 짐작해 볼 수 있을 뿐이다. 첫째로 신약학자들은 대체로 사도행전 9:23의 "여러 날"과 갈라디아서 1:17-18의 "삼 년 만에"라는 단어들을 근거로 바울이 사도로 부름을 받은 뒤 아라비아에서 3년간 머물렀다는 데 동의한다. 브루스(F. F. Bruce)는 아라비아에서 바울에게 일어난 일에 관해 두 가지 해석의 가능성을 제시한다. 하나는 "종교적 수도"(a religious retreat)와 비슷한 생활을 했을 것이라는 해석이고, 다른 하나는 바울이 "나바테아 아라비아에서 기독교 전도자"의 삶을 살았을 것이라는 해석이다.[30] 두 가지 모두 미래의 사역을 위한 훈련으로 간주할 수 있다. 전자는 사역자로서의 내적인 준비에 영향을 미쳤을 것이고, 후자는 실제적인 사역을 위한 훈련이 되었을 것이다. 어쩌면 바울이 아라비아에 있는 동안 두 가지 일이 모두 일어났을 수도 있다. 이런 추측이 옳다면 열두 명의 제자가 모든 민족을 제자로 삼으라는 지시를 받기 전에 3년 동안 훈련을 받은 것처럼, 바울도 약 3년 동안 이방인 선교를 위해 훈련을 받았을 것이다.

둘째로 3년간의 아라비아에서의 훈련 이후에 바울은 수리아와 길리기아 지방에서 복음을 전하면서 미래에 진행될 이방인 선교 및 교회 개척 사역을 준비하였다(갈 1:21-24). 갈라디아서 2:1에 나오는 "십사 년 후에"라는 표현으로 미루어 볼 때 수리아와 길리기아 지방에서 바울이 사역한 기간이 14년 정도 되었을 것으로 추정해 볼 수 있다. 마르틴 헹엘은 바울의 이 14년 기간에 관해서 이렇게 말한다. "당시 두 지방 '시리아와 길리기아'에서 거의 14년 동안 행한 바울의 활동은 기독교 역사상 가장 잘 알려지지 않은 영역 중 하나다."[31] 이 기간

---

30 F. F. Bruce, *Commentary on the Book of the Acts* (Grand Rapids, MI: Eerdmans, 1954), 204.

31 Martin Hengel, *Acts and the History of Earliest Christianity*, trans. John Bowden

에 바울은 아라비아에 있을 때보다 영적으로 훨씬 더 성숙해졌을 것이다. 아라비아에서의 3년 기간이 위대한 교회 개척 선교사가 되기 위한 1차 훈련 과정이었다면, 수리아와 길리기아에서 지낸 14년은 이방인 선교와 교회 개척 사역을 위한 2차 훈련 과정이었다.

3. 기도와 성령의 인도

'하나님의 선교'(missio Dei)라는 말이 의미하듯이, 모든 기독교 사역의 주체는 인간이 아니라 하나님 자신이시다. 교회를 개척하는 사역역시 마찬가지다. 특히 첫 번째 교회가 탄생하는 과정에서 알 수 있듯이, 초기 기독교 시대에 교회들이 개척되는 일은 성령과 밀접하게 관련되어 있었다. 요약하자면 교회 개척 사역의 주도권이 성령께 있었다.

성령께서는 교회가 설립되고 성장하는 전 과정에 개입하신다. 성령께서는 하나님의 일꾼들에게 교회 개척에 관한 비전을 부여하고 그들이 그 비전에 헌신하도록 이끄신다. 그 어떤 교회 개척자의 계획도 성령의 인도보다 앞설 수 없다. 바울도 마찬가지였다. 그의 교회 개척 사역은 철저하게 성령의 역사와 함께 수행되었다. 브루스가 말한 바와 같이 "바울의 선교 여행은 전략적 계획과 하나님의 영의 인도에 관한 민감한 반응의 특별한 조합을 보여준다."[32]

(Philadelphia, PA: Fortress, 1980), 103

32 F. F. Bruce, *Commentary on the Book of the Acts*, 325.

1) 바울 팀은 성령의 인도를 구했다

교회 개척의 진정한 주체가 성령이므로 교회 개척의 성패는 성령의 인도를 따르는 데 있다. 그런데 사역자가 성령의 인도를 받는 데 필요한 중요한 수단 중의 하나가 기도다. 아무리 계획이 훌륭하고 다른 조건들이 충분히 갖춰져 있을지라도 사역을 위해 기도하지 않으면 교회 개척자는 실패할 수밖에 없다. 기도가 없는 사역은 인간적인 생각을 좇아감으로써 하나님의 뜻과 상관이 없는 방향으로 흘러가게 될 것이다. 바울 팀이 어려운 여건 속에서도 성공적인 선교 사역을 펼칠 수 있었던 것은 그들이 기도를 통해서 끊임없이 성령의 인도를 구했기 때문에 가능했다.

교회 개척 사역은 사역자를 선택하고 파송하는 일에서부터 시작된다. 바울 팀의 구성 역시 기도와 더불어 이루어졌다. 안디옥 교회가 바울과 바나바를 파송하게 된 것은 조직 내부의 인간적인 의사 결정 구조를 통해서 이루어지지 않았다. 그것은 교회가 늘 하던 대로 "하나님을 섬기고 그분의 인도를 받는 데 집중하기 위해" 간절히 기도하던 중에 성령의 지시를 받아 이루어졌다(행 13:2-3).[33] 새로 설립된 지역교회들의 지도자들을 임명하는 일도 기도와 함께 진행되었다(행 14:23). 두 경우 모두 금식과 기도가 병행되었다는 점이 눈에 띈다. 중요한 일일수록 성령의 인도를 구할 필요를 강하게 느꼈기 때문일 것이다. 기도 사역의 중요성은 또한 바울이 자신이 개척한 지역교회들을 위해 하나님 앞에서 항상 기도했다는 사실로 확인할 수

---

33 I. Howard Marshall, *The Acts of the Apostles*, Tyndale New Testament Commentaries, vol. 5 (Grand Rapids, MI: Eerdmans, 1980), 216.

있다(살전 3:9-10; 골 1:3, 9).

성령께서는 교회 개척자들이 사역하는 동안 필요한 사람들을 만나도록 인도하시는데, 이것을 가능하게 하는 수단이 바로 기도다. 유럽으로 가는 첫 관문인 빌립보에서의 선교 활동은 기도 사역과 밀접한 관련이 있다. 바울과 그의 동역자들은 복음에 수용적인 몇몇 여성을 만날 때까지 전도의 접촉점을 찾는 데 어려움을 겪었다(행 16:13). 그런데 그들은 안식일에 기도할 곳을 찾던 중에 여인들을 만났다. 안식일에 기도하는 것은 아마도 그들의 일상적인 신앙생활 방식이었을 것이다.

더욱이 기도는 현장에서 복음의 효과를 극대화할 수 있는 능력 사역을 가능하게 한다. 예를 들어, 바울과 그의 동료들이 빌립보에서 기도하는 곳으로 가려고 했을 때, 그들은 점치는 귀신에게 사로잡힌 여종을 만나 그녀에게서 귀신을 쫓아냈다(행 16:16-18). "기도할 곳", "기도하는 곳"과 같이 기도 장소에 대한 반복적인 표현은 그들이 특정한 시간과 장소에서 기도했음을 암시한다. 바울과 그의 동료들이 평소에 기도하는 일에 힘쓰지 않았다면 그들은 결코 하나님의 권위를 힘입어 귀신을 쫓아낼 수 없었을 것이다. 바울과 실라가 빌립보 감옥에서 기도함으로써 인간 세계에 개입하시는 하나님의 능력을 경험했다는 사실도 기도와 하나님의 능력 사이의 밀접한 관계를 분명하게 보여준다(행 16:25-26).

2) 바울 팀은 성령의 인도에 순종하였다

누가는 바울 팀이 성령의 인도를 따라 사역을 펼쳤음을 보여주는 많은 사례를 보고한다. 우선, 바울의 선교 여행은 성령의 파송으로 시작되었다. 일반적으로는 바나바와 바울이 안디옥 교회의 파송을 받아 선교 여행을 떠난 것으로 알려졌지만, 엄밀하게 말해서 그들을 하나님의 선교 사업-교회 개척을 중심으로 한-으로 부르신 이는 바로 성령이었다. 그분은 하나님의 선교를 위해 일꾼들을 세우고, 그들에게 선교의 비전을 주고, 감당할 수 있는 능력을 부여하신다. 사도행전 13:3의 '보내다'에 사용된 헬라어 단어 '아폴뤼오'(apoluō)는 누가의 저작에서 '풀어주다, 해방하다'의 뜻으로 쓰이는데,[34] 이는 성령께서 사역을 위해 신자들을 해방하신다는 것을 의미한다.[35] 이런 점에서 초기 기독교 선교의 주도권은 분명히 성령께 있었다. 안디옥 교회는 이런 성령의 부름과 지시에 순종했을 뿐이다. 사도행전에 나오는 바울 팀의 구성과 파송에 관한 이야기들은 궁극적으로 선교 사역이 성령의 인도 아래 하나님의 신실한 일꾼들에 의해 수행되어야 한다는 점을 가르쳐 준다.

바울의 팀은 2차 선교 여행 중 두 차례에 걸쳐 성령의 강한 지시를 받고 복종하는 경험을 하였다. 먼저 바울 팀은 아시아 지방에서 선교하기를 원했지만, 성령께서는 이를 허락하지 않으셨다(행 16:6-7). 이후 성령께서는 드로아에서 환상을 보여주심으로써 그들을 마게도냐와 아가야 지방으로 인도하셨다(행 16:8-10).

그러나 그렇다고 해서 바울이 선교 여행을 계획하지 않았으며 오직 하나님에게서 오는 계시에만 의존했다고 결론을 내리는 것은 다소 경솔하다. 탁월한 식견을 보여준 롤런드 앨런도 이런 식의 의견을

---

34 John R. W. Stott, *The Message of Acts*, 217.
35 Patrick Johnstone, *The Church Is Bigger Than You Think*, 161.

피력하지만, 이는 절반만 맞는 주장이다.[36] 오히려 성령의 개입을 보여주는 이런 사건들은 바울이 철저하게 계획을 세웠을지라도 궁극적으로 그것이 성령의 인도를 거스르거나 방해하는 행위가 아님을 보여준다. 바울의 계획은 결코 성령의 인도와 모순되지 않는다. 실제로 성경은 인간의 계획과 하나님의 개입 사이에 어떤 틈도 있을 수 없다고 말한다. "사람이 마음으로 자기의 길을 계획할지라도 그의 걸음을 인도하시는 이는 여호와시니라"(잠 16:9). 이 말씀에 비추어 볼 때, 사역자들은 언제나 하나님의 인도를 구하며 계획을 세워야 하지만, 인간 자체가 완전한 존재가 아니기 때문에 계획하고 생각하는 것이 하나님의 뜻과 어긋날 수 있다는 점, 그리고 그것을 알아차렸을 때 신속하게 계획과 생각을 수정함으로써 하나님의 뜻에 맞춰 나갈 수 있다는 점을 인식하는 것이 중요하다.

바울은 고린도에 도착했을 때 실패처럼 보이는 아덴에서의 사역 때문에 매우 낙담해 있었다(고전 2:1-5). 그런데 그때 주님께서 환상 중에 그에게 나타나셔서 복음을 담대하게 선포하라고 격려하셨다(행 18:9-10). 그 결과 주님이 격려해 주신 덕분에 바울은 그곳에서 활기차게 교회 개척 사역을 수행할 수 있었다.

4. 강함과 약함의 변증법

앞에서 설명한 내용을 요약하면, 교회 개척 사역의 성패는 하나님의 능력과 도우심에 달려 있다는 것이다. 특히 오순절에 마가 요한의

---

36 Roland Allen, *Missionary Methods: St. Paul's or Our?*, 12.

다락방에 성령이 강림한 사건 이후에는 성령 하나님의 역사가 중요해졌다. 그런데 교회 개척을 포함한 다양한 선교 활동에 참여하는 사역자들에게 성령의 역사는 두 가지 뚜렷한 방식으로 나타난다. 하나는 강함(strength)의 방식이고, 다른 하나는 약함(weakness)의 방식이다. 데이비드 보쉬(David J. Bosch)에 의하면 이 두 가지 방식은 일종의 "변증법적 긴장" 속에서 하나님의 궁극적인 승리를 보여준다.[37] 이 두 가지 요소에 대한 올바른 이해와 균형 잡힌 활용은 모든 기독교 사역의 효과적인 성공에 필요하다. 그러므로 성공적인 교회 개척을 원하는 사역자라면 누구든지 이 원리를 깊이 이해하고 체험해야 한다.

1) 강함의 사역

바울 팀의 사역은 먼저 강함의 방식으로 표현되었다. 바울 팀이 경험한 강함의 사역은 흔히 성령에 의한 '능력 사역'(power ministry)으로 일컬어진다. 이 능력 사역은 재정이나 시설, 프로그램과 같은 특별한 기반을 갖추고 있지 않았던 바울 팀의 사역에 매우 큰 영향을 미쳤다. 능력 사역은 하나님의 선교를 위해 인간과 자연 세계에 개입하시는 성령께 순종함으로써 이 세상의 보편 법칙으로 인정되는 인과율을 깨뜨리고 새로운 질서와 방향으로 이끌어가는 그분의 능력을 경험하는 것을 가리킨다. 이 사역의 핵심은 성령의 주도적인 의지와 인간의 순종에 있다. 그런데 근래에는 온건한 복음주의자들로부터 성령 사역에 관한 무분별한 남용을 경계하는 목소리가 나오고 있다. 아마도 이

---

37 David J. Bosch, *Transforming Mission: Paradigm Shifts in Theology of Mission* (Maryknoll, NY: Orbis, 1991), 177.

런 현상은 20세기 후반에 등장한, 성령의 역사에 관한 왜곡된 이해들 때문에 생겨난 것일 수 있다. 물론 잘못된 이해와 남용은 경계해야 하지만, 그렇다고 해서 성령의 초월적인 역사 자체를 부정할 수는 없다.

복음 전도 또는 선교 활동이 단지 말씀을 전하는 것에 제한될 때 사역은 역동성이 떨어질 수밖에 없다. 하나님의 말씀에는 성령의 임재와 개입이 동반해야 한다(살전 1:5 참조). 바울 팀의 선교에서 강함의 사역은 크게 두 가지 방식으로 나타났다. 하나는 능력 대결(power encounter) 또는 영적 전쟁(spiritual warfare)이고, 다른 하나는 권능(miracles)과 기사(wonders)와 표적(signs)이다.

바울이 1차 선교 여행의 첫 번째 사역지 구브로에서 바예수를 만난 사건은 영적 전쟁의 전형적인 사례에 해당한다(행 13:4-12). 바나바와 바울은 수리아 안디옥에서 목회하는 동안 선지자로 불렸다. 반면에 바예수는 마술사이자 거짓 선지자였다. 이런 맥락에서 이 사건은 마술사와의 개별적인 갈등 수준을 넘어 이방인 선교에 잠재적 저항 세력으로 작용하는 마술적인 힘과의 대결을 상징한다. 그 당시 출범한 지 얼마 되지 않은 기독교는 이방인 세계에서 아직 보잘것없는 작은 종파 중 하나로 여겨졌을 것이다. 따라서 교회 개척 사역자들은 이방인들에게 기독교와 복음의 우월성을 보여줄 필요가 있었다.

이 사건은 예수께서 하나님의 선교를 위한 공적인 삶을 시작하기 전에 광야에서 마귀와 대결하였던 영적 싸움을 상기시킨다. 예수께서 그 싸움에서 승리하신 것처럼, 바울과 바나바도 바예수를 상대하여 이겼다. 그 결과 총독 서기오 바울이 회심하였으며, 이는 바울 팀이 선교 여행에서 거둔 첫 열매가 되었다. 총독의 회심은 섬의 강력한 정치 지도자 중 한 사람이라는 점에서 매우 중요한 사건이었다.

종종 일정한 지역에서 영향력이 있는 지도자가 회심하고 그리스도에게 나아올 때 그 사건이 복음 전도와 교회 개척에 긍정적인 결과를 가져오는 경우가 많다.

이고니온에 들어가 사역을 시작한 바울과 바나바는 곧바로 유대인들의 반대와 저항에 부딪혔다. 하지만 두 사람은 그곳에 장기적으로 머무르며 은혜의 메시지를 담대하게 선포하였는데, 이들의 말씀 사역은 성령에 의한 강한 표적과 기사의 지원을 받았다(행 14:1-4). 이 사건은 두 가지 방식으로 도시에 큰 갈등을 일으켰다. 하나는 유대교를 믿는 신자들과 유대교를 믿지 않는 사람들 사이에 일어난 갈등이고, 다른 하나는 전체 유대인과 사도들 사이에 일어난 갈등이었다. 이런 갈등과 혼란이 언제나 바람직한 것은 아니지만, 적어도 선교 현장에서는 이런 현상이 교회 개척 사역이 역동적으로 진행되고 있다는 증거가 될 수 있다. 이런 의미에서 영적 대결에 의한 갈등과 혼란은 복음 전도와 선교의 효과를 높이는 계기가 된다.

빌립보와 에베소에서 행한 바울 팀의 사역은 영적 전쟁의 전개 과정을 분명하게 보여준다(행 16:16-40; 19:10-20). 바울은 빌립보에서 노예 소녀에게서 귀신을 쫓아내 주었다. 그런데 이 영적 대결은 그녀를 통해 이득을 얻는 주인과 정치적 권력자들과의 대결로 발전되었다. 에베소서 6:12는 교회 개척을 포함한 하나님의 선교가 개인적 차원뿐만 아니라 사회적 차원과 우주적 차원에서도 영적 전쟁을 수반한다고 가르쳐 준다. 그러나 이를 근거로 영적 전쟁을 세 가지 범주, 곧 "지상적 수준의 영적 전쟁"(ground-level spiritual warfare), "주술적 수준의 영적 전쟁"(occult-level spiritual warfare), "전략적 수준의 영적 전쟁"(strategic-level spiritual warfare)으로 구분하는 피터 와그너의 견해는 성경의 원리를 벗어난 것으로 교리적인 위험성을 안고 있다.[38] 바울이 에베소에서 겪은 소동은 영적 대결이 경제적인 이득과 관련이 있음을 보여준다(행 19:23-41). 은장색 데메드리오가 만들어 팔았던 아데미(아르테미스, Artemis)는 매춘과 관련된 희생 제의를 통해 다산과 풍요를 약속하는 여신으로 이집트에서는 이시스(Isis), 로마에서는 디아나(Diana)로 불렸다.[39] 처음에 수적으로 작은 교회에 강림하신 성령은 교회 개척자들에게 몇 세기 동안 도시를 지배했던 악령들과 대결하도록 능력을 부어 주셨다.

영적 전쟁과 밀접한 관련이 있는 권능과 기사와 표적은 하나님의 궁극적인 승리를 미리 보여준다. 그것들은 하나님의 능력을 입증하는 증거이기도 하다. 돈 윌리엄스(Don Williams)는 자신의 저서에서 하나님의 능력과 하나님의 나라 사이의 관계를 설명한다. 그에 따르면 기사와 표적은 하나님의 강력한 활동을 드러냄으로써 하나님 나라의 존재를 증명한다.[40] 존 칼빈(John Calvin) 역시 이고니온에서의 사건을 설명하면서 이 점을 분명하게 지적한다.

> 주님은 기적을 통해 복음을 증거하셨다. 주님의 그런 행위는 우리에게 실제로 기적을 사용하는 것이 무엇인지 가르쳐 준다. 기적의 주된 목적은 참으로 우리에게 하나님의 능력과 은혜를 보여주는 것이지만, 우리가 기적을 왜곡해서 해석하기 때문에 하나님께서는 그것(기적)이 그분

---

38 C. Peter Wagner, *Acts of the Holy Spirit*, 474.
39 Everett Ferguson, *Backgrounds of Early Christianity* (Grand Rapids, MI: Eerdmans, 1993), 163.
40 Don Williams, *Signs, Wonders and Kingdom of God: A Biblical Guide for the Reluctant Skeptic* (Ann Arbor, MI: Vine Books 1989).

의 말씀에서 분리되는 것을 거의 허용하지 않으신다.… 우리는 하나님
에게서 오는 기적들은 완전하고 진정한 권위로 복음을 세우는 것 외에
는 결코 다른 목적을 가지지 않는다는 원리를 반드시 지켜야 한다.[41]

고린도후서 12:12에 따르면 바울은 "표적과 기사와 능력"을 사도의 징표로 제시하는 것 같다. 그러나 초기 교회에서 이런 은사들은 사도들에게만 국한된 것이 아니었다(행 8:4-8 참조). 바울은 고린도 사람들에게 보낸 첫 번째 편지에서 놀라운 표적들을 십자가보다 열등한 것으로 평가하고(고전 1:22-23) 사도의 직무와 기적의 사역을 구별한다(고전 12:28). 사실 엄밀하게 말하자면 표적과 기사는 어떤 사람이 성령과 함께 있음을 입증하는 증거로 사용될 수는 있어도 그가 사도임을 입증하는 증거로는 사용될 수 없다.

바울은 교회 개척을 위해 4개 지역을 여행하면서 5개 도시, 곧 이고니온(행 14:3), 루스드라(행 14:8-10), 빌립보(행 16:18), 에베소(행 19:11-12), 드로아(행 20:9-10)에서 기적을 행하였다. 그러나 롤런드 앨런은 바울이 자신의 메시지를 받아들이게 할 목적으로 기적을 행하지 않았다고 주장한다. 그는 이 주장에 대한 논거로 바울에 의해 치유의 기적을 경험한 사람 중에서 누구도 기독교로 개종하지 않았다는 점을 제시한다.[42] 하지만 기적이 하나님의 선교에 크게 유용하게 작용했다는 것만큼은 분명하다. 앨런에 따르면 기적은 바울의 선교 현장에서 크게 다음과 같은 4가지 역할을 하였다. "(1) 기적은 사람들의 관심을 끌었다. (2) 기적은 일반적으로 그것을 행한 사람의 메시지와

---

41 John Calvin, *The Acts of the Apostles*, vol. 2, trans. John W. Fraser (Grand Rapids, MI: Eerdmans, 1966), 3.
42 Roland Allen, *Missionary Methods: St. Paul's or Our?*, 42.

사역이 하나님의 승인을 받았다는 증거로 받아들여졌다. (3) 기적은 새로운 종교의 특성을 보여주는 증표였다. (4) 사도 바울의 기적은 해방과 구원의 교리를 예증해 주었다."[43] 따라서 바울이 행한 치유 사역을 통해 개종한 사람이 없다는 앨런의 주장이 사실이라고 할지라도, 그것을 보편적인 선교 원리로 주장하는 것은 무리가 있다. 실제로 동서고금을 막론하고 능력 사역이 일어난 현장에서 회심과 개종이 이루어진 사례는 얼마든지 쉽게 찾을 수 있기 때문이다.

2) 약함의 사역

앞에서 말한 강함이 하나님의 능력에 관한 것이라면 여기서 말하는 약함이란 인간의 성품에 관한 것이다. 하나님의 능력이 사역자들에게 필수적이지만, 그 능력은 겸손과 섬김의 형태로 표현되어야 한다. 바울은 때때로 전도를 위해 표적과 기사와 권능을 사용하였다. 그러나 회중들을 대할 때는 겸손함으로 그들을 섬기면서 사도의 권위를 나타내고 싶어 했다. 바울은 교회에 보내는 편지에서 회중들에게 공개적으로 자신의 약점과 무력함을 고백하였다. 그러나 그의 약점과 무력함은 단순한 인간의 실패나 패배를 가리키는 것이 아니었다. 이 점에 관해 한스 폰 캄펜하우젠(Hans von Campenhausen)는 이렇게 말한다.

> 따라서 사도적, 기독교적 삶에 대한 바울의 이해는 철저히 변증법적이다. 그러나 권위라는 개념의 맥락에서 보면 인간의 실패와 좌절과 같은 부정적인 면만 강조해서는 안 된다. … 또한 바울은 자신의 약

---

43 Ibid., 43-48.

점, 고통, 실패에 관해 말하는 모든 구절에서 그런 말을 한 뒤에 바로 이어서 그를 통한 그리스도의 강력한 역사(役事), 그리스도의 승리와 개가에 대해 말한다.[44]

성경에는 '의로운 사람들의 고난' 사상이 있다. 의로운 사람들이 부도덕한 사회에서 이유 없이 고난을 겪는다는 것이다. 구약성경에서 이런 사상을 표현하고 있는 대표적인 책은 욥기와 이사야서다. 욥기는 신정론의 관점에서 고통을 해명하기 위한 시도로 볼 수 있다. 또한 이사야서는 묵시문학적 세계관 속에서 고난의 종에 관한 사상을 담고 있다. 구약에서 고난에 관한 이런 사상은 구심적 선교, 곧 하나님의 선택을 받은 이스라엘 백성의, 열방을 향한 제사장적 사명의 관점에서 어느 정도 이해될 수 있다(출 19:5-6).

사역과 고난의 관계는 바울이 전하는 복음이 가리키는 대상, 예수에게서도 발견할 수 있다. 예수께서는 구원론의 관점에서 이사야서에 나오는 '고난받는 종'의 개념을 통해 자신이 당할 죽음을 이해하였다(마 16:21; 막 8:31; 9:31; 10:33; 눅 9:22; 17:25). 그런데 예수의 고난은 고난 그 자체로 끝나는 것이 아니었다. 그 고난은 그분의 신적인 권위를 드러내는 방식과 연결되어 있었다. 특히 십자가의 고난은 모든 인간을 위한 구원의 여정에서 절정에 해당하는 사건이었다. 또한 부수적으로, 그분의 십자가는 모든 인간에게 삶의 궁극적인 승리를 향해 나아가는 역설적인 지혜를 보여주었다. 결국 예수의 고난은 그분의 사역을 계승하는 모든 제자가 겪게 될 고난의 원형이 되었다.

---

44 Hans von Campenhausen, *Ecclesiastical Authority and Spiritual Power: in the Church of the First Three Centuries*, trans. J. A. Baker (Stanford, CA: Stanford University Press, 1969), 42.

고난에 관한 예수의 생각은 그분의 말과 삶을 통해 제자들에게 전달되었다. 그분은 자신이 그랬던 것처럼, 제자들에게 기쁨으로 고난을 받도록 요구하셨다. 실제로 복음 전파를 위해 제자들을 보낼 때, 그분은 그들이 고난을 겪게 될 것이라고 예언하셨다(마 10:17; 눅 11:49). 예수의 공생애 기간에 제자들이 일시적으로 고난을 겪으며 행한 선교 사역은 오순절 이후 그들이 어떻게 사도적 직무를 수행해야 하는지를 예견할 수 있는 선행적 활동이 되었다.

그리스도 자신이 고난의 삶을 통해 승리하는 모습을 보여주었기 때문에 제자들은 복음을 전할 때 겪는 어려움을 두려워하지 않았다. 바울 역시 교회를 개척하면서 많은 고난을 겪었지만, 그것이 그의 사역 의지를 꺾지는 못했다. 예수께서는 바울을 이방인 선교를 위한 사도로 부를 때 그가 주님의 이름으로 고난을 겪을 것이라고 예견하셨다(행 9:15-16). 실제로 바울은 사역하는 동안 여러 가지 극심한 고난을 겪었다(고전 4:9-13; 고후 11:23-27; 참조, 롬 8:35). 그는 이 고난을 통해 "심히 큰 능력은 하나님께 있고 우리에게 있지 아니함"(고후 4:7; 참조, 빌 4:13)을 깨달았다. 그의 이 말은 하나님의 능력이 우리의 무력함과 고난에서 비롯된다는 것을 뜻한다고 볼 수 있다.

바울은 교회로 보내는 자신의 편지에서 사도적 고난을 신학화하였다. 고린도 사람들에게 보낸 첫 번째와 두 번째 편지를 볼 때, 고린도의 일부 신자들이 바울의 약점과 시련을 근거로 그의 사도직을 의심했던 것 같다. 그들은 웅변과 기적을 통해 영적인 능력을 나타내는 사람들을 신뢰하는 경향이 있었다. 그런 그들에게 바울은 표적과 기사와 능력을 행하는 다른 사도들처럼 자신도 얼마든지 초자연적인 능력을 행할 수 있으며, 또한 그런 능력 행함을 근거로 사도직을 주장할 수 있었지만 그렇게 하지 않았다고 말하였다(고후 12:11-12). 오히려 그는 놀랍게도 자신이 사도임을 분명하게 나타내는 증거로 고난의 경험을 제시하였다. 그는 사도적 고난이 회중의 구원을 위한 것임을 강조하였다(고후 1:6). 이와 관련하여 발터 슈미탈스는 "그것[고난]은 사도가 겪어야 하는 사도직의 본질에 속한다"라고 말한다.[45]

더 나아가 바울은 하나님의 강함이 인간의 약점을 통해 증명된다는 신학적 명제를 천명하였다(고후 12:9-10). "내 능력이 약한 데서 온전하여짐이라." 바울은 이런 이해에 근거하여 자신의 약한 것을 오히려 자랑할 수 있었다(고후 11:30; 12:9). 또한 그는 "그리스도를 위하여 약한 것들과 능욕과 궁핍과 박해와 곤고를 기뻐"할 수 있었다(고후 12:10). 약함에 관한 그의 신학은 같은 구절에 나오는 다음 문장에서 정점에 이른다. "내가 약한 그때에 강함이라."

5. 바울의 교회론

교회 개척자에게 교회론은 그가 세우고자 하는 교회의 모습을 보여주는 설계도와도 같다. 바울은 그가 각 지역교회에 보낸 여러 편지에서 교회에 관한 자기의 생각을 밝혔다. 이런 바울의 생각을 들여다보면 그가 소아시아와 그리스 지역에 세우고자 했던 교회의 실체를 이해할 수 있을 것이다.

---

[45] Walter Schmithals, *The Office of Apostle in the Early Church*, 47. 콜린 크루즈(Colin Kruse)는 예수와 바울의 사역에서 종과 고난이 서로 밀접하게 관련되어 있음을 설명하는 그의 책에서 사도적 사역은 봉사의 직무에 기반을 두고 있다고 강조한다. 그는 "하나님의 진정한 사도이자 참된 종은 그리스도의 고난에 참여하는 자"라고 말한다. Colin Kruse, *New Testament Models for Ministry: Jesus and Paul* (London: Marshall, Morgan & Scott, 1983), 83.

하지만 여기에서는 바울의 교회론을 완전하게 또는 낱낱이 다루지 않고 단지 교회 개척과 관련하여 그가 교회를 어떻게 이해하고 있었는지를 파악하는 데 초점을 맞출 것이다. 이를 위해 바울이 사용했던 용어 '에클레시아'의 정체성과 의미를 먼저 고찰한 뒤에 교회를 좀 더 구체적으로 설명하기 위해 사용했던 몇 가지 이미지를 살펴볼 것이다. 폴 미니어(Paul S. Minear)가 그의 책 *Images of the Church in the New Testament*(신약성경의 교회 이미지들)에서 제시한 대로 성경에는 교회에 관한 96개의 이미지가 있지만,[46] 여기서는 바울이 사용한 것 중에서 가장 중요한 것으로 여겨지는 세 가지 이미지만 다룰 것이다.

1) 바울의 에클레시아

교회를 뜻하는 헬라어 '에클레시아'(*ekklēsia*)는 'ek'(밖으로)와 'caleo'(부르다)의 합성어로서 본래 고대 그리스에서 시민들이 함께 모여 일상생활에서 벌어지는 문제를 논의하고 결정하던 공적인 집회, 곧 민회를 가리킨다. 당시에 이 민회는 귀족들을 견제하고 시민의 권한을 강화하는 민주주의의 꽃이었다. 결국 '에클레시아'는 고대 그리스 민주정에서 세속적이고 정치적인 용도로 사용되던 용어였다.

이 단어는 신약성경에 사용되기 이전에 구약성경을 헬라어로 번역한 70인역(LXX)에 사용되기도 하였다. 구약성경에서 '에클레시아'로 번역된 단어는 '카할'(*qahal*)인데, 이 히브리어 단어는 구약성경에서 주로 모임, 집회, 회중을 뜻하는 것으로 사용되었다. 그런데 재미

---

46   Paul S. Minear, *Images of the Church in the New Testament* (Philadelphia, PA: Westminster, 1960).

있는 것은 이 히브리어 '카할'은 헬라어로 번역될 때 '에클레시아'로만 번역되지 않고 회당을 뜻하는 '쉬나고게'(synagōgē)로도 번역되었다는 점이다. 이 때문에 일부 학자들은 '쉬나고게'(회당)와 '에클레시아'(교회)를 서로 혼용할 수 있다고 생각한다. 실제로 초기 기독교는 공동체의 조직과 발전 과정에서 유대교, 특히 회당으로부터 많은 요소를 빌려 왔다. 그러나 바울은 "한 번도 그리스도인의 모임을 쉬나고게라고 부른 적이 없"다.[47] 초기 기독교 시대에 두 모임은 개별적인 독특성을 가지고 있었기 때문에 분명하게 구별할 수 있는 사회적 집단들이었다. '쉬나고게'와 '에클레시아' 사이에 가장 뚜렷한 차이점은 전자가 공간 지향적이었던 것에 비해 후자는 회중과 집회 중심적이었다는 데 있다. 전자가 유대 공동체에서 자기들의 집단이나 건물을 지칭하는 용어로 사용된 것에 비해 후자는 모임의 장소가 아니라 모임 자체를 가리켰다.

웨인 믹스는 초기 기독교 공동체인 '에클레시아'를 그 당시 로마 사회에서 비슷한 특성을 보이는 네 개의 소공동체(small groups) 유형들과 비교함으로써 초기 교회의 독특성을 분별해내고자 한다. 그것들은 위에서 언급한 회당을 포함하여 가정, 자발적 조합, 철학 또는 수사학 학파다.[48] 이것들은 각각 '에클레시아'와 비슷한 점들을 가지고 있는 것이 사실이다. 그런데도 초기 기독교의 '에클레시아'는 그것들과 뚜렷하게 구별되는 독특한 집단이었다.

'에클레시아'는 기본적으로 초기 기독교가 시작된 이후 팔레스타인과 지중해 연안에 새롭게 형성된 그리스도인들의 회중을 가리

---

47 박영호, 『우리가 몰랐던 1세기 교회』(서울: IVP, 2021), 109.
48 Wayne A. Meeks, *The First Urban Christians*, 75-84; 참고, 박영호, 『우리가 몰랐던 1세기 교회』, 47-116.

킨다. 이 단어를 처음 사용한 사람은 바울이 아니었다. 하지만 바울은 이 단어를 자기의 편지에 집중적이면서도 의도적으로 사용함으로써 초기 기독교 운동에 뿌리내리게 하였다. 그의 문서에서 이 단어는 '하나님의 교회'(ekklēsia tou Theou, 고전 1:2; 10:32, 11:16, 22; 15:9; 갈 1:13; 살전 2:14; 살후 1:4; 딤전 3:5, 15) 또는 '그리스도의 교회'(ekklēsia tou Christou, 롬 16:16)라는 형태로 사용되었다. 이로 볼 때 바울은 하나님께서 그리스도와 성령을 통해 세상에서 부르신 사람들을 지칭하기 위해 '에클레시아'라는 단어를 사용하고 있음을 알 수 있다.

바울의 교회론에서 중심을 이루는 '에클레시아'에 관해서 좀 더 구체적으로 살펴보자. 바울의 편지에 사용된 '에클레시아'는 하나님 앞에서 모이는 정기적인 지역 모임을 가리킨다. 이 용어에는 교회의 의미를 구성하는 세 가지 요소, 곧 지역성, 규칙성, 모임의 개념이 포함되어 있었다.

첫째로 '에클레시아'라는 용어는 기본적으로 지역성(locality)을 기반으로 한다. 이 말은 지역성을 고려하지 않고서는 결코 보편적 교회와 같은 추상적 개념이 성립되지 않는다는 것을 의미한다. '에클레시아'는 **지역**에 존재하는 실제 신앙 공동체, 곧 지역에 속한 그리스도인 회중을 뜻한다. 이때 이 지역이라는 용어는 두 가지 의미를 지닌다. 하나는 그것이 추상적인 조직이 아니라 구체적으로 일정한 지역에 존재하는 그리스도인 회중을 가리킨다는 것이다. 다시 말해서 '에클레시아'는 예수 그리스도를 주님으로 고백하는 사람들이 "특정한 목적을 위해, 특정한 시간에, 특정한 장소에서" 만나는 구체적인 모임을 기반으로 한다.[49] 다른 하나는 '에클레시아'가 의미하는

---

49 Hans Küng, *The Church*, 84.

지역성은 개별적인 가정 모임만을 가리키지 않고 일정한 지역을 포괄하는 그리스도인들의 모임을 가리키기도 한다는 것이다.

'에클레시아'에 해당하는 그리스도인 모임의 범위에 관해서는 학자들의 의견이 나뉜다. 가장 강력한 의견은 '에클레시아'가 초기 그리스도인들이 모인 가정교회를 뜻한다는 것이다. 바울 선교의 사회적 배경을 연구한 웨인 믹스에 따르면 "바울 공동체들의 모임 장소는 개인의 집들이었다. 이런 사정은 아마도 다른 대부분의 초기 기독교 공동체들도 마찬가지였을 것이다."[50] 이 의견을 주장하는 사람들은 바울이 그의 서신에서 하나 이상의 교회를 염두에 두고 말할 때 항상 복수형으로 교회를 표현했다는 사실을 강조한다(롬 16:4, 16; 고전 7:17; 11:16; 14:33-34; 16:1; 16:19; 고후 8:1, 19, 23-24; 11:8, 28; 12:13; 갈 1:2, 22). 복수의 교회를 단수형으로 표현한 두 군데(고전 4:17; 10:32)는 예외적인 경우로 교회의 포괄적인 의미를 강조하려는 특수 목적을 위해 단수형을 사용한 것으로 본다. 이런 분석은 오늘날 가정교회 주창자들에게 좋은 논거가 되는데, 그중의 한 사람인 빈센트 브래닉(Vincent P. Branick)은 "그는[바울은] 결코 오늘날 우리가 하는 것처럼 더 큰 단위의 일부로 간주되는 지역 모임들(assemblies)을 가리키는 것으로 그 용어[에클레시아]를 사용하지 않는다"라고 주장한다.[51] 이렇게 볼 때 신약 시대에는 복음이 전파된 각 도시에 여러 개의 가정교회가 있었고, 그 개수만큼 '에클레시아'가 존재했다는 주장이 가능해진다.

하지만 '에클레시아'를 가정교회 일변도로 해석하려는 경향은 초

---

50 Wayne A. Meeks, *The First Urban Christians*, 75.
51 Vincent P. Branick, *The House Church in the Writings of Paul* (Wilmington, DE: Michael Glazier, 1989), 28.

기 교회가 처한 사회적 상황을 무시하고 지나치게 현대적 관점을 성경 시대에 투영하려는 의도로 읽힌다. 사실 당시에 집을 뜻하는 '오이코스'(*oikos*)라는 단어가 있었고, 때로는 이 단어가 전체 교회를 가리키는 의미로 사용되기도 했지만(딤전 3:15), 궁극적으로는 '에클레시아'라는 단어가 초기 신앙 공동체를 가리키는 용어로 채택되었다는 점에 주목해야 한다. 이런 점에서 박영호는 가정교회 중심적인 해석을 비판한다. 그에 따르면 초기 기독교 시대에 고린도 교회와 같이 현대의 가정교회 모델과 비슷한 모임도 있었지만, 바울의 '에클레시아'는 주로 시민 결사체의 의미가 내포된, "한 도시를 대표하는 전체 회중"을 가리킨다.[52] 이런 설명은 바울의 언어가 가정 모임과 도시 전체 그리스도인의 집회를 모두 상정하고 있지만, 비중 면에서 볼 때 "압도적으로 한 도시 전체 그리스도인의 집회를 의미하는 때가 많다는 점"을 전제로 삼고 있다.[53] 이렇게 보면 지역마다 그리스도인들의 모임이 여러 곳에 있었을지라도 '에클레시아'는 한 도시에 하나의 '에클레시아'만 존재했다고 볼 수 있다.

이런 신약 학자들의 예리한 분석적 논증을 참고하면서도 신약성경에 사용된 '에클레시아'의 의미를 종합적인 방식으로 이해하려는 사람들도 있다. 이들은 두 가지 대립적인 의견을 종합함으로써 '에클레시아'가 신약 시대에 여러 가지 의미로 사용되었다고 본다. 김균진에 따르면 "교회는 신자들의 가정에서 모이는 예배의 모임이기도 하고, 한 지역에 사는 사람들의 예배 모임이기도 하며, 여러 지역의 신

---

52 박영호, 『에클레시아』(서울: 새물결플러스, 2018), 200.
53 Ibid., 255.

자들의 모임이기도 하다."[54] 어쨌든 십분 양보하여 1세기에 '에클레시아'가 여러 가지 형태로 존재했다고 할지라도 그것들은 모두 현실적인 모임과 회중을 기반으로 한 지역성을 띠고 있다는 점만큼은 부인할 수 없다.

둘째로 '에클레시아'는 모임의 규칙성을 내포하고 있다. 로버트 뱅크스(Robert Banks)에 의하면 1세기의 '에클레시아'는 "**사람들의 실제적인 모임 또는 정기적으로 이루어지는 만남**으로 모이는 집단만을" 의미했다.[55] 물론 뱅크스의 생각에는 이 모임이 가정집에서 이루어졌을 것이라는 전제가 깔려 있기는 하지만, 정기적인 모임을 지적한 것만큼은 매우 적절하다. '에클레시아'의 개념적 특성을 이해하기 위해서는 바울이 복음을 전하고 교회들을 개척하려고 여행했던 헬라 세계에 존재했던 다른 유사한 기독교 소그룹들과 초기 교회들을 비교하는 것이 도움이 될 것이다.[56] 로마와 같은 대도시에는 도시 생활에서 가능한 다양한 형태의 기독교 소그룹 모임이 있었던 것 같다. 비기독교 귀족들을 섬기는 종들의 모임(롬 16:10-11), 그리고 길드에서 함께 일하는 동료들 – 로마서 16장에서 바울이 열거하는 여러 사람 – 의 모임 등이 사례가 될 수 있다. 그러나 이런 모임에서는 회원들이 정기적으로 모일 수 없었기 때문에 바울은 그런 모임들을 '에클레시아'로 부르지 않는다. 그것들은 정기적인 모임이 아니기 때문에 교회와 구별되어야 한다.

마지막으로 '에클레시아'는 정적인 기관이 아니라 세상 가운데서

---

54 김균진, 『기독교조직신학IV』, 83.
55 Robert Banks, *Paul's Idea of Community: The Early House Churches in their Cultural Setting* (Peabody, MA: Hendrickson, 1994), 29-30.
56 Ibid., 32-34 참조.

부름을 받은 사람들의 **모임 자체**를 가리킨다. '에클레시아'의 초점은 건물과 제도가 아니라 정기적인 모임과 사람들 자체에 있었다. 이런 의미에서 교회를 정적인 질서나 조직으로 축소해서 생각해서는 안 된다. 오히려 그것은 본질적으로 역동적인 성격을 지니고 있다. 바울이 자기 편지에서 한 말, "너희가 교회에 모일 때에"(고전 11:18)라는 표현에서 '교회'(*ekklēsia*)는 특정한 장소가 아니라 모임 또는 집회를 가리킨다. 이와 관련하여 남미의 학자 레오나르도 보프(Leonardo Boff)는 "에클레시아는 모임의 사건 자체와 모임이 진행되는 때를 의미한다"라고 말한다.[57] '에클레시아'의 이런 성경적 개념은 예수 운동과 초기 기독교의 역동성을 잘 드러낸다. 오늘날 많은 기독교 신자의 의식에 자리 잡은 왜곡된 교회 관념은 4세기 초에 등장한 건물 지향적이고 계층적인 사무 시스템으로부터 영향을 받은 것이다. 하지만 신약 시대의 교회는 이런 관념과 아무런 관련이 없다. 교회는 제도주의가 아닌 유기체의 관점에서만 파악할 수 있다.

이제 바울의 '에클레시아' 개념을 종합해 보자. '에클레시아'라는 용어의 종합적 의미에 관해서는 올란도 코스타스(Orlando E. Costas)의 설명이 가장 적절해 보인다.

> 요약하면, 교회는 무엇인가? 그것은 인종, 국적, 경제적 배경과 교육적 배경을 구분하지 않고 사회 각계각층에서 모인 수많은 남성과 여성이다. 그것은 모든 부족, 언어 및 국가에서 모인 공동체다. 그것은 예수 그리스도 안에서 하나님께서 계시하신 구속의 은혜의 결과로서

---

57 Leonardo Boff, *Church: Charism and Power*, trans. John W. Diercksmeier (New York: The Crossroad, 1985), 154.

일상생활의 구체적인 상황 속에서 하나님의 소유가 된 백성, 그리스도의 소유가 된 몸 그리고 성령의 전이 되기 위해 성령을 통해 어둠으로부터 불러내어 하나님의 놀라운 빛으로 들어간 사람들이다. '에클레시아'라는 용어의 근원적인 의미는 바로 '불러내다'다.[58]

이런 여러 가지 설명을 통해서 얻을 수 있는 중요한 통찰은 무엇보다도 교회의 본질이 건물과 토지를 포함하는 부동산, 조직, 교파, 교제, 성직자들의 리더십에 있지 않다는 것이다.[59] 그것의 본질은 오히려 예수 그리스도를 주로 믿는 사람들의 모임에 있다. 그리고 교회는 세상에 거주하면서 세상에서 부름을 받은 거룩한 사람들의 집회를 뜻한다.

이와 같은 교회론적 설명은 교회 개척 방법론이 공간 지향적 접근 또는 건물 지향적 접근을 넘어서야 한다는 것을 암시한다. 이런 점에서 교회 개척의 올바른 신학을 강조하는 찰스 채니(Charles L. Chaney)는 "영구적인 건물 또는 건물 대지의 가용성은 결코 새로운 교회를 세우기 위한 전제 조건 또는 결정적인 요소가 아니다"라고 말한다.[60] 물론 그렇다고 해서 교회를 설립하고 발전시켜 나가는 과정에서 건물의 효용성을 무조건 부정하는 것은 아니다. 다만 현대 교회 개척자들의 인식 속에 깊이 박혀 있는 것처럼 교회 개척 과정에서 부동산을

---

58 Orlando E. Costas, *The Church and Its Mission: A Shattering Critique from the Third World* (Wheaton, IL: Tyndale, 1974), 35.

59 Donald G. Miller, *The Nature and Mission of the Church* (Richmond, VA: Knox, 1957), 9-11; Barbara B. Zikmund, *Discovering the Church* (Philadelphia, PA: Westminster, 1983), 11-19.

60 Charles L. Chaney, *Church Planting at the End of the Twentieth Century*, Revised and expanded edition (Wheaton, IL: Tyndale, 1991), 72.

절대적인 요소로 간주하거나 우선시함으로써 성경적 관점을 잃어버리는 모습은 옳지 않다는 점을 지적하려는 것이다. 교회 개척의 성패는 건물이나 장소에 의해서가 아니라 올바른 교회론과 성령 하나님의 인도하심에 순종하는 태도에 달려 있다.

2) 그리스도의 몸

바울의 교회론을 나타내는 대표적인 개념 중 하나는 '그리스도의 몸'(*sōma tou Christou*, 롬 12:4-8; 고전 12:27; 엡 4:12; 골 2:17)이다. 이 개념은 참된 교회를 나타내는 지표 중 교회의 통일성과 보편성에 관한 세 가지 해석학적 단서를 제공한다. 첫째, 그것이 본질적으로 가리키는 것은 모든 지체가 예수 그리스도 안에서 통일되어 있다는 점이다. 둘째, 이 개념은 다양성과 통일성이 한 몸 안에서 모든 지체가 평등하다는 사실과 관련되어 있다. 모든 사람은 예수 그리스도께서 행하신 몸의 희생을 통해 구속되기 때문에 예수 그리스도 이외에 그 누구에게도 종속되지 않는다. 몸의 일원으로서 그 어느 지체도 다른 지체보다 우월하다고 주장할 수 없다. 바울에 따르면 모든 신자는 성령께서 각 사람에게 주신 은사에 따라 서로 조화를 이루어야 한다(고전 12:7).

헬라 세계에서 몸의 이미지는 "다른 모든 지체가 서로 의존하여 함께 작용하는 유기체"를 가리킨다.[61] 그러므로 그리스도의 몸인 신앙 공동체는 정적인 그 무엇이 아니라 "그리스도의 장성한 분량이 충만

---

61 Edward Schweizer, *The Church as the Body of Christ* (Richmond, VA: Knox, 1964), 77.

한 데까지"(엡 4:13) 자라는 역동적인 공동체다. 또한 이 개념은 재생산을 내포하고 있다. 유기체로서 몸은 살아 있으므로 성장하는 것이 당연하고, 언젠가 다른 살아 있는 몸을 재생산하는 것도 지극히 당연하다. 이런 이유로 이 개념은 교회 개척을 위한 중요한 성경적 근거가 된다. 엘머 타운즈(Elmer L. Towns)와 더글러스 포터(Douglas Porter)는 이 개념과 교회 개척의 관계에 관해 이렇게 말한다.

> 교회는 살아있는 몸이다. 살아 있는 모든 것이 성장하고 재생산되는 것처럼, 교회는 또 다른 새 교회를 시작함으로써 성장하고 자신을 재생산해야 한다. 하나님께서 원래 모든 생명체가 "각기 종류대로"(창 1:11-12, 21, 24-25) 재생산하도록 창조하셨기 때문에 당신의 교회는 다른 교회를 개척함으로써 사역을 두 배로 늘릴 수 있다.[62]

전체 몸의 성장은 각 부분의 성장을 기초로 삼는다. 각 부분의 성장이 없으면 전체 몸의 건강한 성장을 보장할 수 없다! 게다가 몸 전체가 정상적으로 자라기 위해서는 모든 부분이 서로 균형을 맞춰야 한다. 이것은 앞에서 언급했듯이 평등과 조화의 개념과 관련이 있다. 각 부분이 다른 부분의 성장과 균형을 유지하면서 자라지 않으면 몸은 외형적으로 성장할지라도 질병과 장애에 노출될 수 있다.

마지막으로 더 넓은 범위에서 볼 때 이 개념은 다양성을 암시한다. 교회 개척의 관점에서 말하자면 다양한 문화에서, 다양한 방식으로, 다양한 형태의 교회가 세워지고 발전되어야 한다. 현대의 상황에서 때로는 교회 개척의 실용적인 방법의 하나인 분립(hiving-off) 모델이

---

62   Elmer L. Towns and Douglas Porter, *Churches That Multiply*, 7.

단순히 부모 교회를 모방하는 것으로 오해되기도 한다. 그러나 분명한 것은 각 지역교회는 '보편적 교회'의 개념 안에서 자신의 고유한 구조와 사역을 추구해야 한다는 것이다. "교회는 여러 형태로 존재하도록 의도되어 있다. 은사의 다양성이 크면 클수록 한 몸이 더 풍부해진다."[63] 이처럼 건강한 유기체의 원리가 적용된 교회 개척 사역은 다양성 안에서 통일성을 이루는 방식으로 진행될 것이다.

3) 성령의 전(殿)

성령의 전(the temple of the Holy Spirit) 이미지는 교회가 하나님께서 그리스도와 성령을 통해 세우신 건물과 유사하다는 점을 나타내는 것으로(고전 3:10, 16-17; 6:19; 엡 2:21) 참된 교회의 지표 가운데 하나인 거룩성을 해석하는 데 유익한 성경적 근거를 제공한다. 교회의 형태와 관계없이 교회는 하나님이 계시는 장소로서 거룩해야 한다. 그렇다면 이 말은 교회가 거룩한 건물이나 공간이어야 한다는 뜻인가? 그렇지 않다. 오히려 이 말은 하나님께서 세상으로부터 불러내어 공동체로 결성한 사람들이 거룩해야 한다는 뜻이다. 데이비드 왓슨(David Watson)의 설명은 이 점에 초점이 맞춰져 있다.

> **건물**(building)은 더는 하나님의 성전이나 집을 가리키지 않는다. 그것은 이제 부르심을 받은 하나님의 **백성**(people)을 가리킨다. **건물**은 '거룩한 장소'가 되어서는 안 된다. 오히려 하나님의 **백성**이 거룩한 백

---

63 Hendrikus Berkhof, *Christian Faith: An Introduction to the Study of the Faith*, Revised edition, trans. Sierd Woudstra (Grand Rapids, MI: Eerdmans, 1986), 408.

성이 되도록 부르심을 받았다. 실제적인 관점에서 볼 때, 분명히 하나님의 백성이 만나는 장소에 건물이 필요할 수 있다. 그러나 너무나 쉽게 그 건물은 그리스도께서 폐기하신 정태적 제도주의를 향해 나아가는 첫걸음이 될 수 있다.[64]

또한 거룩성은 단순히 죄로부터 분리되는 것만을 의미하지 않는다. 오히려 그것은 찰스 밴 엥겐(Charles Van Engen)이 지적한 것처럼, 복음을 간직한 공동체가 세상에 대한 선교적 책임을 다하는지를 다룬다.[65] 교회는 복음에 의해 거룩해짐으로써 세상과 분리될 수 있지만, 분리되는 것만이 능사는 아니다. 오히려 역설적으로 교회는 바로 그 복음 때문에 세상과 연결되어야 한다. 세상과 분리됨으로써 생겨나는 거룩함의 에너지는 복음의 내용 중 절반에 해당할 뿐이다. 복음의 능력은 궁극적으로 세상을 변화시킬 영적인 힘으로 작용해야 한다.

바울이 고린도전서에서 제시한 관련 구절들(3:10, 16-17; 6:19)은 가시적 건축물로서의 성전 개념을 성령께서 성도들의 마음에 거하는 참된 성전을 뜻하는 것으로 발전시키는 데 이바지한다. 그러나 여기에는 한 가지 조심해야 할 점이 있다. 성전을 우상화하는 잘못된 사고방식이 여기에 적용되면 경건을 내면화에만 묶어두는 문제가 생겨난다. 이와는 대조적으로 에베소서 2:21-22는 성전을 교회론적으로 재해석한다. 성령의 전은 결코 개인의 마음에 제한되지 않으며, 신자들이 연합되어 함께 지어져 가는 건축물로 상징된다. 이런 해석은

---

64 David Watson, *I Believe in the Church* (Grand Rapids, MI: Eerdmans, 1978), 118.
65 Charles Van Engen, *God's Missionary People: Rethinking the Purpose of the Local Church* (Grand Rapids, MI: Baker, 1991), 53.

"하나님이 거하시는 성전은 하나님의 전체 백성이다"라는 기본 가정에 근거로 삼을 때 가능하다.⁶⁶

성전에 대한 바울의 재해석은 교회 개척에 중요한 통찰을 준다. 교회 개척자 중에는 새로운 교회를 개척할 때 교회 건물을 확보하거나 좋은 공간을 확보하는 일이 가장 중요하다고 생각하는 사람이 많다. 일반적으로 그들은 사용하려고 하는 교회 건물이나 공간의 상태 또는 위치가 좋지 않으면 교회 개척에 성공하기가 어렵다고 생각한다. 그러나 성경적 관점을 지향하는 교회 개척자라면 이런 생각을 거부해야 한다. 하워드 스나이더(Howard A. Snyder)는 건물이 관심의 초점이 되면서 초기 교회의 성장이 어떻게 달라졌는지 다음과 같이 설명한다.

> 그리스도인들은 기원후 200년까지 교회 건물을 짓지 않았다. 이 사실은 교회 건물의 좋은 점들이 무엇이든지 간에 그것이 수적 성장이나 영적 깊이에 필수적인 것은 아니라는 점을 암시한다. 초기 교회는 이 두 가지 특성을 모두 가지고 있었는데, 최근에 이르기까지 교회가 가장 활기차게 성장한 기간은 기원후 처음 두 세기 동안이었다. 다시 말해서 교회는 교회 건물의 도움-또는 방해-을 받지 않았을 때 가장 빠르게 성장하였다.⁶⁷

교회 개척자가 지어야 하는 참된 성전은 생명이 없는 구조물이 아니라 거룩한 신자들의 공동체여야 한다. 다시 말해서 교회를 세우는

---

66 Greg Ogden, *The New Reformation: Returning the Ministry to the People of God* (Grand Rapids, MI: Zondervan, 1990), 77.
67 Howard A. Snyder, *Church Structure in a Technological Age* (Downers Grove, IL: Inter-Varsity, 1975), 69.

일은 건물을 세우는 것이 아니라 하나님의 선교적 백성들을 세우는 것이다. 하나님의 선교적 백성을 세우는 건축은 불신자들이 예수 그리스도 안에서 자신을 발견하게 함으로써 가능하다. 또한 그것은 신자들이 영적 은사를 발견하고 개발하도록 함으로써, 그리고 세상에 대한 하나님의 선교를 수행하도록 그들을 구비시킴으로써 가능하다.

사실 물리적 건물과 공간은 이런 사역을 위해, 또는 신자들의 교회 생활에 필요한 정도만 갖추면 된다. 만약 회심한 뒤 충분한 시간이 지났는데도 여전히 편안하고 안락한 건물과 공간을 신앙생활의 우선적인 요소로 생각한다면 그는 영적 어린아이(고전 3:1; 엡 4:14; 히 5:12-14)의 수준에 머물러 있다고 여겨질 것이다.

4) 하나님의 백성

몸, 성전과 함께 바울이 제시하는 세 번째 교회 이미지는 '하나님의 백성'(*laos tou Theou*, 히 4:9, 11:25; 벧전 2:9-10)이다. 이 개념은 참된 교회의 지표 중에서 교회의 사도성을 해석할 수 있는 성경적 근거를 제공한다. 하나님의 구원 의지와 함께 성경의 구속사를 관통하는 주제 가운데 하나인 이 개념은 시내 산에서 하나님과 이스라엘 사이에 맺은 언약과 밀접한 관련이 있다(출 19:6). 하나님께서는 애굽에서 노예로 살던 이스라엘 백성을 선택하여 부르시고, 그들에게 율법을 주셨으며, 하나님께 순종하고 율법을 지킴으로써 이방인들에게 빛이 되라는 사명을 주셨다(사 42:6; 49:6; 행 13:47).

훗날 하나님께서 구속한 백성으로서의 이스라엘은 신약 시대에 예수 그리스도 안에서 형성된 새로운 이스라엘로 대체된다. 예수가 임명한 열두 사도는 새로운 이스라엘 공동체를 상징한다. 이처럼 예수와 제자들, 그리고 초기 교회의 신자들은 구약 이스라엘 백성과 개념적으로 비슷하다. 그러나 실제로 신약의 기독교 공동체는 전혀 새로운 공동체가 되었다고 보는 것이 옳다. 초기 교회 공동체는 구성원의 자격을 유대인으로 제한하거나 계명의 속박을 폐지하지 않았다. 그들은 율법을 준수하는 구심적인 선교 방식이 아니라 복음을 적극적으로 전파하는 원심적인 선교 방식을 강조했다.

이런 성경적 이해로부터 몇 가지 통찰을 얻을 수 있다. 첫째, 하나님의 백성은 교회 개척자가 세워야 할 교회를 표상한다. 데이비드 왓슨은 하나님의 백성 개념에 하나님의 주권과 하나님의 구원이라는 두 가지 기본 진리가 포함되어 있다고 말한다.[68] 한편으로 하나님의 백성은 하나님의 주권 아래에 있는 집합체이므로 인간의 계획이나 전략으로는 그 공동체를 제한할 수 없다. "그것[하나님의 백성]은 하나님께 주도권이 있다. 그것은 대등한 양자 사이의 합의가 아니다. 그리고 그것은 전적으로 하나님의 자비에 달려 있다."[69] 다른 한편으로 하나님의 백성은 구속적 공동체를 구성한다. 더욱이 그 공동체는 구약의 이스라엘 백성과 같이 어떤 사회 조직이나 친족 관계로 형성되지 않는다. 오히려 그것은 메시아이신 예수 그리스도를 믿는 믿음으로 형성된다.

둘째, 하나님의 백성 개념에는 공동체 정신이 내포되어 있다. 하나님의 백성은 하나님께서 자기 백성을 집단적으로 부르고, 그들과 집단적으로 언약을 맺기 때문에 공동체적 삶을 산다.[70] 물론 집단성을

---

68   David Watson, *I Believe in the Church*, 77.
69   Barbara B. Zikmund, *Discovering the Church*, 39.
70   David Watson, *I Believe in the Church*, 82.

지나치게 강조하면 공동체적 삶의 의미가 왜곡될 수 있으므로 주의해야 한다. 또한 개인적인 구원의 중요성이 무시되는 위험성도 있다. 하지만 이런 이해는 개인주의에 기초함으로써 공동체성이 무시되고 있는 서구 사회, 그리고 그런 서구 사회를 닮아가는 다른 지역 사회들에 하나의 경고 메시지가 될 수 있다.

실제로 교회는 성령에 의해 믿음을 통해 형성된 공동체다. 그런데 이 공동체는 하나의 '몸'이기 때문에 모든 구성원이 하나님 안에서 평등하다. 어떤 교회론자들은 이것이 다른 개념들보다 훨씬 더 평등성을 드러낸다고 강조한다. 한스 큉(Hans Küng)에 따르면 "모든 믿는 자들은 하나님의 백성에 속하기 때문에" 교회 안에서 그 어떤 '성직화'(clericalization)도 용납해서는 안 된다.[71] 사제들과 성직자 집단을 평신도들보다 우위에 두는 일종의 카스트 제도 또는 위계적 체제는 교회 내에 존재하지 말아야 한다.

마지막으로 하나님의 백성 개념은 하나님을 예배하는 그리스도인들이 세상을 향한 선교 공동체라는 점을 의미한다. 성령에 의해 세상에서 부름을 받고 교회 공동체로 결성된 하나님의 백성은 복음의 빛을 나누기 위해 다시 세상으로 파송된다. 여기에 구별과 연결의 교회론적 특성이 있다. 다시 말해 교회는 세상에 있으면서 동시에 세상과 분리되어 있어야 한다. 이 말은 교회가 세상 안에 있으면서 세상 문화와 뚜렷하게 구별된 대조 사회(the contrast society)의 정체성을 드러내야 하지만,[72] 동시에 복음을 전하기 위해 그 세상 가운데 성육신해야 한다는 뜻이다.

71　Hans Küng, *The Church*, 125.
72　Darrell L. Guder, ed., *Missional Church: A Vision for the Sending of the Church in North America* (Grand Rapids, MI: Eerdmans, 1998), 119-124.

그러므로 하나님의 백성은 그리스도를 믿지 않는 사람들에게 복음을 전하라는 사명을 받은 선교적 백성이다. 헨드리쿠스 베르코프 (Hendrikus Berkhof)는 교회의 세 가지 측면인 제도, 공동체, 외부를 향한 전적인 영향력의 점진적인 발전 과정을 설명하면서 하나님의 백성은 마지막 단계의 "첫 열매"라고 하였다.[73] 이 말은 하나님의 백성이란 자신들이 세상 사람들에게 전하려고 하는 복음의 열매이며, 그렇게 변화된 삶 자체야말로 진정한 선교의 동력임을 의미한다. 선교의 능력은 교회가 행하는 선교 활동이나 프로그램이 아니라 하나님의 백성이 가진 존재론적 성품으로부터 나온다.[74] 이처럼 모든 교회 개척 사역은 하나님의 백성에 내포된 선교적 정체성에 의해 촉진되어야 하며, 교회 개척자들은 새로 개척된 교회가 세상에서 계속해서 하나님의 선교 공동체로서 제 역할을 다하도록 만들어야 한다.

---

[73] Hendrikus Berkhof, *Christian Faith*, 415.
[74] 최동규, 『미셔널 처치』 (서울: 대한기독교서회, 2017), 129-130.

4장
바울의 교회 개척 사역(2): 전략과 사역 방법

　앞에서 주로 바울을 중심으로 교회 개척자로서의 부름과 훈련, 성령의 인도를 따르는 영적인 자세, 교회론을 살펴보았다. 이제 두 번째 부분으로 전략과 사역 방법에 관해 살펴보고자 한다. 그런데 편의상 바울의 교회 개척 사역을 두 부분으로 구분했지만, 사실 이 두 부분은 서로 긴밀하게 연결되어 있다고 봐야 한다. 왜냐하면 현실에서 영성과 교회론이 전략과 방법을 규정하는 경우가 많기 때문이다.

　전략과 사역의 관계도 마찬가지다. 바울 팀의 교회 개척 사역을 탐구하면서 편의상 그의 전략적 특성을 따로 떼어 다룬 뒤에 설교, 문화적 관점, 제자 훈련에 관한 세 영역을 하나씩 구분하여 살펴볼 예정이지만, 전략과 사역 방법들을 완벽하게 구분할 수 있는 것은 아니다. 실제로는 이 세 가지 세부 사역에도 전략적 요소가 담겨 있다고 보는 것이 옳다.

1. 바울의 교회 개척 사역의 전략적 특성

세 차례 선교 여행을 통해 진행된 바울의 교회 개척 사역이 그토록 놀라운 결실을 볼 수 있었던 것은 결코 우연이 아니었다. 그의 사역은 쉽게 이랬다저랬다 하는 식으로 향방 없이 이루어지지 않았다. 그와는 달리 그의 사역은 매우 전략적으로 이루어졌다. 그렇다면 바울의 사역에서 발견할 수 있는, 시대와 상황을 초월하여 적용할 수 있는 원리들은 무엇인가? 그의 개척 전략들은 오늘날 효과적인 개척 사역을 위해 요구되는 요소들이 무엇인지를 가르쳐 준다.

롤런드 앨런은 사도 바울이 선교 여행 경로를 미리 계획하지 않았고 여행 중에는 여러 차례 경로를 변경했다고 주장한다.[1] 그러나 신약성경에서 계획과 무계획에 대한 증거들을 모두 찾을 수 있다는 점에서 앨런의 주장이 옳은지 그른지를 판단하는 일은 쉽지 않다. 만약 계획이라는 용어가 시간의 흐름 속에서 예정된 일정들이 아니라 전체 과정에 뚜렷하게 나타나는 운영 방식 또는 반복적으로 나타나는 행위를 뜻한다면 바울 팀이 사역을 위한 일정한 전략을 마련해 놓고 있었다고 볼 수 있다. 이 점에 관해서는 선교역사학자 허버트 캐인(J. Herbert Kane)의 생각이 크게 도움이 된다.

> 우리는 다음과 같은 질문으로 시작할 수 있다. 바울에게는 선교 전략이 있었는가? 어떤 사람들은 그렇다고 대답하고 어떤 사람들은 아니라고 대답한다. 많은 것이 전략을 어떻게 정의하느냐에 달려 있다. 만일 전략이 인간의 관찰과 경험에 근거하여 의도적이고, 정교하고,

---

1   Roland Allen, *Missionary Methods: St. Paul's or Our?*, 10-12.

정식으로 실행된 행동 계획을 의미한다면 바울은 전략이 거의 없었거나 전혀 없었다. 그러나 우리가 그 단어를 성령의 인도 아래 발전되고 그분의 지시와 통제를 받는 유연한 활동 방식(modus operandi)을 의미하는 것으로 받아들인다면 바울은 전략을 가지고 있었다.[2]

전략은 상황에 따라 얼마든지 달라질 수 있다. 한 예로 저지(E. A. Judge)에 따르면 바울 팀의 첫 여행과 두 번째 여행 사이에는 일정한 전략적 변화가 있었다.[3] 바울은 첫 여정 동안 심한 박해에도 불구하고 시민권을 행사하지 않았지만, 두 번째와 세 번째 여행 때는 그것을 효과적으로 사용하였다. 또한 저지는 바울이 빌립보에 도착한 뒤 루디아를 만나 그녀와 그녀의 식솔들에게 복음을 전한 사실을 전략적 변화의 증거로 본다. 빌립보에서부터는 중산층에 속한 사람들에게 집중함으로써 이전과는 다른 교회 개척 전략을 사용했다는 것이다.[4] 저지는 데살로니가의 야손(행 17:9), 베뢰아에서 바울의 설교를 듣고 믿은 "헬라의 [많은] 귀부인과 남자들"(행 17:12), "아레오바고 관리 디오누시오와 다마리라 하는 여자와 또 다른 사람들"(행 17:34)을 또 다른 증거들로 제시하는데, 이들은 모두 지적이고 사회적인 지위가 높은 사람들이었을 것으로 짐작된다. 그러나 바울이 복음을 전하기 위해 만난 사람들은 이보다 훨씬 더 넓은 계층에 속한 사람들이었다. 아래에서 자세하게 다루겠지만, 여기서 먼저 바울 팀의 전략으로

---

2   J. Herbert Kane, *Christian Missions in Biblical Perspective* (Grand Rapids, MI: Baker Book House, 1976), 73.

3   E. A. Judge, "Early Christians as a Scholastic Community," *Journal of Religious History* 1 (1960-61): 127.

4   Ibid.

간주할 수 있는 몇 가지 주요 사항을 제시한다면 다음과 같다. 그것들은 모두 8가지다.

(1) 그들은 이미 교회가 있는 지역에는 가지 않았다.
(2) 그들은 교회 개척 사역을 수행하면서 첫 여행에서는 작은 마을에 집중하였고, 두 번째와 세 번째 여행에서는 비교적 큰 도시에 집중하였다.
(3) 그들은 전략적 요충지를 중심으로 한 지역 접근 방식(the regional approach)으로 사역했기 때문에 선교지 전 지역을 찾아갈 필요가 없었다.
(4) 그들은 문화적으로 적합한(relevant) 사역을 하였다.
(5) 그들은 회당을, 복음화를 위한 효과적인 문화적 교량으로 간주했기 때문에 마을이나 도시에 도착했을 때 먼저 회당을 이용했다.
(6) 그들은 회당이 아닌 집에서 모임을 하는 가정교회들을 세웠다.
(7) 그들은 선교지를 떠나면서 새로 설립된 지역교회의 양육과 돌봄을 위해 토착적 지도자들을 임명하고 바울 팀을 중심으로 한 사도적 네트워크에 참여시켰다.
(8) 그들은 자신들의 생활과 선교 사역에 필요한 비용을 마련하기 위해 직접 일을 했다.

1) 교회 없는 지역을 우선하는 전략

교회 개척 사역의 출발점이면서 동시에 가장 중요한 요소는 교회 개척자의 비전과 열정이다. 만약 교회 개척자에게 적절한 비전과 열정이 없다면 성공적인 교회 개척을 기대하기가 어렵다. 사도적 교회 개척자들에게는 하나님의 나라에 대한 헌신적인 태도가 요구된다. 그런 태도는 아직 복음을 듣지 못한 사람들을 향한 열정에서 시작된다.

바울은 교회가 없는 지역으로 가 그곳에서 복음을 전하고 교회를 개척하는 것을 자기의 비전으로 삼았다(롬 15:20; 고후 10:15-16). 사도적 사역의 궁극적인 목적은 하나님의 나라 확장을 돕는 것이다. 이 과제는 다른 곳에서 이미 회심한 신자들의 이동을 통한 교회 성장과는 관련이 없다. "이제는 이 지방에 일할 곳이 없"다(롬 15:23)는 바울의 고백은 이런 사도적 비전을 담고 있었다. 브루스는 이 구절을 해설하면서 다음과 같이 바울의 비전을 설명한다. "사도의 일은 아직 복음이 전해지지 않은 곳에 복음을 전하고 아직 교회가 세워지지 않은 곳에 교회를 개척하는 것이다."[5] 바울을 비롯한 모든 사도의 사역은 바로 이런 선교적 비전으로부터 시작되었다.

바울은 사도적 비전을 이루는 일이 쉽지 않다는 것을 잘 알고 있었다. 하지만 그와 그의 동료들에게는 하나님의 선교에 동참하기 위해 결코 쉬운 길을 선택하지 않겠다는 결심과 죽음을 불사하겠다는 복음적 열정이 있었다. 바울 팀은 선교 여행을 하는 동안 힘든 길을 마다하지 않았다. 예를 들어 구브로를 떠나 아시아에 도착한 뒤 바울 팀은 남부 해안 길보다 훨씬 어려운 내륙 길을 선택하였다. 또한 출발지 수리아 안디옥으로 돌아갈 때 이미 방문했던 도시들에는 죽음의 위험이 도사리고 있었지만, 그들은 아무 망설임 없이 그 도시들을 재방문하는 노선을 택하였다. 우리는 이런 사실들을 통해 복음에 대한 그들의 헌신과 선교적 열정을 파악할 수 있다.

---

5   F. F. Bruce, *Paul: Apostle of the Heart Set Free*, 314-315.

2) 작은 마을과 대도시

바울 팀은 세 번에 걸친 선교 여행을 하면서 작은 마을에도 교회를 세웠으며 대도시에도 교회를 세웠다. 첫 번째 선교 여행 중에는 교회를 세우기 위해 작은 마을들을 찾아갔지만, 두 번째와 세 번째 여행 중에는 대도시를 찾아갔다. 바울의 선교 활동을 연구하는 사람 중 바울이 항상 대도시에만 교회를 설립했다고 주장하는 사람들이 있는데, 이것은 잘못된 생각이다. 어쩌면 이들의 잘못된 생각은 앨런이 말한 "전략적 요충지"(strategic points)를 단순히 대도시로 오해한 데서 비롯된 것일 수도 있다.[6] 앨런은 전략적 요충지 이론을 강조함으로써 현대 학자들에게 귀중한 통찰을 제공했지만, 갈라디아 지방의 농촌 특성을 간과하는 실수를 저질렀다.

앨런의 영향을 받은 웨인 믹스는, 바울의 세계는 "생산적인 시골을 포함하지 않았으며, 도시 외에 아무것도 없었다"라고 말한다.[7] 그의 주장에 따르면 "바울의 기독교는 전적으로 도시적"이었으며, "기독교는 팔레스타인의 시골 문화(the village culture)에서 태어났지만, 콘스탄틴 시대 이후에 로마 제국의 도시들 가운데서 가장 큰 성공을 거두었다."[8] 이런 주장은 그 당시에 헬라화가 도시화 현상과 맞물려 진행되었다는 점에서 설득력이 있다.

갈라디아 지방의 도시들은 다른 지방의 도시들(cities)과 비교할 때 비교적 작은 마을들(towns)에 불과하였다. 로드니 스타크(Rodney Stark)

---

6 Roland Allen, *Missionary Methods: St. Paul's or Our?*, 10-17.
7 Wayne A. Meeks, *The First Urban Christians*, 9.
8 Ibid., 8.

는 그리스-로마 환경에서 인구가 4만 명 이상인 대도시 목록을 제공한다. 그러나 그 목록에는 다른 지방의 도시들이 포함되어 있었지만, 갈라디아 지방의 도시들은 포함되지 않았다.[9] 이런 자료는 갈라디아 지방에 속한 촌락들의 특성을 이해하는 데 중요한 근거가 된다. 스탐바우와 발취는 갈라디아 지방의 경제적, 문화적 상황에 대해 중요한 점을 지적한다.

> 대부분의 학자들은 갈라디아서가 바울이 이 지역에 거주하는 회중들에게 보낸 편지라고 생각한다. 이 지역에는 로마 당국이 곡식과 양모를 생산하는, 고지대 농촌 지역의 문명 중심지로 세운 몇 개의 분산된 도시가 있긴 했지만, 대부분은 시골 부족 정착촌이었다.[10]

마이클 그린(Michael Green)은 갈라디아의 루스드라와 아가야의 아덴을 비교하여 이렇게 설명한다. 그에 따르면 아덴은 "세계의 문화 중심지"였고, 루스드라는 원시적 풍광을 지닌 "후진적인 농업 지역"이었다.[11] 그린의 분석은 바울의 선교 사역이 대도시에서만 수행되었다고 생각하는 일반적인 이해와 다르다. 물론 바울이 각 지방의 전략적 요충지들을 선교 대상 지역으로 선택했다는 것은 사실이다. 그러나 갈라디아의 도시들은 오늘날 우리가 알고 있는 대도시가 아니었다. 이렇게 볼 때 바울이 갈라디아 지방에서 행한 교회 개척은 오늘날 작은 마을이나 시골 지역에 교회를 세우는 사역에 적용할 수 있

---

9 Rodney Stark, *The Rise of Christianity*, 131-132.
10 John Stambaugh and David Balch, *The New Testament in Its Social Environment*, 154.
11 Michael Green, *Evangelism in the Early Church*, revised edition (Grand Rapids, MI: Eerdmans, 2004), 179.

을 것이다.

3) 전략적 요충지와 지역 접근 방식

1세기 교회 개척자들은 자기 일생에 단지 하나의 교회를 세우는 것을 목표로 삼지 않았다. 순회 전도자로서 그들은 한곳에 머물지 않고 많은 지역을 방문하였다. 순회 교회 개척자의 이미지는 여러 곳을 다닌다는 점에서 당시의 견유학파(犬儒學派)에 속한 떠돌이 철학자 이미지와 비슷했다.[12] 하지만 순회 교회 개척자들은 지적인 탐구나 부(富)에 대한 욕심 없이 오직 교회를 개척하기 위해 성령의 지시를 따랐다.

바울의 선교 여정에서 도시가 전략적으로 중요했다는 점을 학계에 밝힌 사람은 롤런드 앨런이다. 그에 따르면 "[바울이] 교회를 개척한 모든 도시 또는 마을은 로마의 행정 중심지이거나 그리스 문명의 중심지이거나 유대인들의 영향이 큰 도시이거나 상업적으로 중요한 중심지였다."[13] 사회적 이동성의 원리에 근거하여 헬라 세계의 교회들이 "주요 무역로 근처의 중요한 도시들"에 세워졌다는 아브라함 말허비(Abraham J. Malherbe)의 주장은 이 견해를 보완해 준다.[14] 그러나 앨런에 따르면 바울이 도시 자체에 관심이 있었던 것은 아니었다. 오히려 바울의 의도는 해당 도시에 베이스캠프가 될 만한 교회를 세우

---

12   Gerd Teissen, *The Social Setting of Pauline Christianity: Essays on Corinth*, ed. and trans. John H. Schütz (Philadelphia, PA: Fortress, 1982), 39.
13   Roland Allen, *Missionary Methods: St. Paul's or Ours?*, 13.
14   Abraham J. Malherbe, *Social Aspects of Early Christianity*, 2nd edition (Philadelphia, PA: Fortress, 1983), 63.

고 그 교회를 중심으로 지역 전체에 복음의 영향력을 확산하는 데 있었다.

이 전략은 세 번째 여행 중에 정점을 찍었다. 바울은 전략의 효율성을 높이기 위해 교회 개척 방법을 순회 방식에서 정주(定住) 방식으로 변경하였다. 자기가 직접 돌아다니며 교회를 개척하기보다는 일정한 곳에 자리를 잡고 살면서 사람들을 자기에게로 불러 모아 가르치고 훈련한 뒤 파송하는 방식을 취한 것이다. 에베소 교회는 바울의 전략이 효과적이었다는 것을 입증해 준다. 바울은 에베소에 단 하나의 교회를 세웠지만, 이 교회에서 시작된 복음의 영향력으로 인해 지역 전체에 많은 교회가 생겨났다. 아서 파치아(Arthur G. Patzia)는 바울 사역의 전략적 변화에 관해 이렇게 설명한다.

> 그러나 사실상 이 기간 곧 바울이 전혀 여행하지 않았던 이 시기에 교회가 가장 크게 성장하였다. 그의 선교 전략은 '어딘가로 가는' 순회 사역에서 한곳에 머무르는 것으로 바뀌었다. 그의 사역의 특징은 그의 가르침을 통해 회심자들을 얻은 뒤 그들과 그들의 동역자들이 아시아 여러 지역에서 교회를 시작하게 만드는 것이었다. 바울은 고린도 사람들에게 쓴 편지에서 "광대하고 유효한 문이 열렸"기 때문에 에베소에 남으려고 한 이 정책에 관해 매우 낙관적으로 생각한 것 같다(고전 16:9).[15]

바울은 한 번도 만난 적이 없는 로마인들에게 보낸 편지 끝부분에서 매우 의미심장한 말을 하고 있다. "이제는 이 지방에 일할 곳에

---

15   Arthur G. Patzia, *The Emergence of the Church*, 127.

없고"(롬 15:23). 이 구절의 의미로 볼 때 바울은 스스로 에베소에서의 사역이 성공적이었다고 생각한 것으로 보인다.

바울이 에베소에서 사용한 전략은 마치 연못에 돌이 떨어졌을 때 생기는 파동 현상과 비슷하다. 사회학적 이해를 바탕으로 바울 팀의 교회 개척 사역을 설명하는 레온하르트 고펠트(Leonhard Goppelt)는 그들이 먼저 대도시에서 디딤돌을 확보한 다음, 전 지역에 동시다발적으로 복음을 전파했다고 말한다.[16] 바울은 항상 개별 지역교회를 넘어 지방과 국가를 염두에 두고 있었다. 바울의 관점에서 볼 때 각 지역교회는 비록 세워진 지 얼마 되지 않았을지라도 자신이 속한 좀 더 넓은 지역을 위해 존재해야 한다.

4) 토착적 교회 설립

바울 팀의 교회 개척 사역은 자립적이고 지역 중심적인 특징이 있었다. 근대 이후 일부 선교학자들이 토착 교회의 개념을 발전시켰는데, 이 개념은 바울 팀의 사역에서 중시된 삼자(三自) 원리-자립, 자치, 자전-와 일치한다.[17]

바울은 자기가 개척한 어린 교회들이 자립할 때까지 그 교회들을 돌보았다. 그는 박해로 인해 어쩔 수 없이 떠나야 할 때까지 한곳에

---

16 Leonhard Goppelt, *Apostolic and Post-apostolic Times*, trans. Robert A. Guelich (New York: Harper & Row, 1970), 89.

17 John L. Nevius, *The Planting and Development of Missionary Churches* (Philadelphia, PA: The Presbyterian and Reformed, 1958). 찰스 브록에 의하면, "토착 교회는 상황화한 교회다. 이 교회는 외부의 간섭이나 통제 없이 스스로 존재할 수 있는 문화에서 성장할 수 있다." Charles Brock, *Indigenous Church Planting: A Practical Journey* (Neosho, MO: Church Growth International, 1994), 89.

계속 머물렀다. 때로는 필요에 따라 오랫동안 한곳에 머물기도 하였다. 예를 들어 그는 고린도에서 1년 반 동안, 에베소에서 약 27개월 동안 머물렀다(행 18:11; 19:8-10). 그가 이런 태도를 보이는 이유는 어린 교회들이 하루빨리 성숙해지고 자립 독립하기를 바라는 그의 희망과 관련이 있다.

토착화(indigenization)의 원리는 교회 개척자들이 어린 교회를 홀로 남겨두고 지원과 보살핌 없이 스스로 모든 문제를 처리하게 하는 것을 의미하지 않는다. 바울은 불가피하게 어느 지역을 떠나야 할 때 교회의 자립과 성장을 위해 필요한 것들을 조처하였다. 사도행전 14:22-23을 설명하면서 존 스토트(John Stott)는 바울이 그 어떤 선교단체도 설립하지 않고서도 세 가지 조처-"사도적 가르침, 목회적 관리, 하나님의 신실하심"-를 함으로써 안심하고 어린 교회를 떠날 수 있었다고 지적한다.[18] 그는 이런 설명이 롤런드 앨런의 저서(1962)에 포함되어 있지만 충분하지 않다고 비판한다. 스토트는 바울의 조처에 관해서 다음과 같이 요약한다.

> 바울이, 교회마다 스스로 자기들의 일을 관리하도록 맡기고 떠나도 되겠다고 확신한 이유가 여기에 있었다. 그 교회들에는 ('믿음'과 편지로) 가르치는 사도들, 그들을 돌보는 목사들, 그들을 인도하고 보호하고 축복하시는 성령이 있었다. 이 세 가지(사도적 가르침, 목회적 관리, 하나님의 신실하심)가 준비되어 있었기 때문에 그 교회들은 안전할 수 있었다.[19]

---

18 John R. W. Stott, *The Message of Acts*, 235-239.
19 Ibid., 237.

다른 지역으로 떠난 뒤 바울은 어린 교회들을 돌보기 위해 지역교회 지도자들과 네트워크를 형성하고 그들에게 편지를 보냈다. 그리고 그는 동료들을 어린 교회에 보내 장로들을 임명하거나 몇 가지 문제를 해결하도록 조처하기도 하였다. 하지만 이런 인간적인 조치에는 언제나 불안한 측면이 있었다. 반면에 성령께서 그들을 인도하도록 그분께 맡기는 것은 가장 신뢰할 수 있는 방법이었다.

5) 재정의 원칙

소유에 대한 바울의 태도는 분명했다. "나는 비천에 처할 줄도 알고 풍부에 처할 줄도 알아 모든 일, 곧 배부름과 배고픔과 풍부와 궁핍에도 처할 줄 아는 일체의 비결을 배웠노라"(빌 4:12). 그가 이런 태도를 보일 수 있었던 데에는 그만한 이유가 있었다. 오직 복음을 전하고 각 지역에 교회를 세우는 것 외에는 자기 삶에서 중요한 것이 없었기 때문이며, 또한 자신의 모든 일을 전능하신 하나님께서 주관하시고 이끄신다고 확신했기 때문이다. 그런 점에서 재정은 그의 사역에서 절대적이거나 가장 중요한 요소도 아니었다.

바울은 자신의 선교 활동 때문에 교회들 또는 신자들에게 부담을 주지 않기 위해 스스로 일을 해서 생계 문제를 해결하는 사역 방식을 선택하였다. 그가 개척한 교회들이 종종 바울 팀을 후원했지만, 그것은 대부분 불규칙한 것이었다. 바울은 첫 번째와 두 번째 여행을 마친 뒤 자신을 파송한 안디옥 교회에 그동안의 사역에 관해 보고했지만, 중보기도를 제외하고는 그 교회로부터 어떤 지원도 받지 못했다. 이 사실에 근거하여 오늘날 어떤 사람들은 교회 개척자들이 바울처럼 재정적 지원 없이 개척 사역을 수행해야 한다고 주장한다. 그러나 그런 주장은 바울이 처한 특수한 상황을 고려하지 않고 지나치게 단편적으로만 사태를 본 결과이기 때문에 논란의 여지가 많다.

바울은 로마의 시민권자였기 때문에 로마 제국 어디서나 자유롭게 일을 할 수 있었다. 또한 당시에는 오늘날처럼 파송 교회 또는 후원자들로부터 정기적인 지원을 받을 수 없었다. 따라서 바울이 선택한 자비량 방식은 여러 가지 재정 운영 방식 중 하나일 뿐 결코 개척 사역의 보편적인 원칙으로 보기는 어렵다. 현대 선교에서 자비량과 자립의 원리는 주로 네비우스 전략을 절대시하는 사람들에 의해 주장되고 있다. 하지만 자금 지원과 자립은 상호보완적인 관계에 있으며, 둘 중 어느 방식을 선택해야 하느냐의 문제는 상황적 요인에 의해 결정되어야 한다.[20] 기본적으로 자립의 원리가 옳다고 할지라도, 복음의 열정이 있는 준비된 사람에게 자금을 지원하면 더 풍성한 열매를 얻을 수 있는 것도 사실이다.

앨런은 재정에 관한 바울의 원칙을 이렇게 설명한다. "(1) 그는 자신을 위해 재정적 도움을 구하지 않았다. (2) 그는 자신이 복음을 전한 사람들에게서 재정적 도움을 받지 않았다. (3) 그는 지역교회의 재정에 간섭하지 않았다."[21] 이런 설명은 앨런 자신의 토착적 교회의 관점을 강하게 반영하고 있다. 그러나 실제로 좀 더 넓은 차원에서 바울이 말하고 행한 재정 운용 방식은 토착적 교회론의 범위를 넘어선다. 허버트 케인에 따르면 바울은 재정 문제에 관해 세 가지 원칙을 가지고 있었다. 첫째, 그는 자신의 생계비 및 선교 사업비를 조달하기 위해 자기 직업을 가졌다. 둘째, 그는 개척된 교회들이 처음부

20　최동규, 『초기 한국교회와 교회 개척』 (서울: CLC, 2015), 234-241.
21　Roland Allen, *Missionary Methods: St. Paul's or Our?*, 49.

터 자립하기 위해서 노력해야 한다고 생각하였다. 셋째, 그는 모든 교회, 심지어 가난한 교회에도 다른 사람들의 궁핍한 상황을 외면하지 말라고 권고하였다.[22] 이 중에서 세 번째 사항을 지원받는 교회의 관점에서 보면 자립의 원칙에 모순되는 것처럼 보인다. 또한 지원하는 교회의 측면에서 보면 그것이 요청이든지 명령이든지 간에 다른 교회를 지원하라는 것이 재정적 간섭이 될 수도 있다.

정리하자면, 바울은 자기에 대해서는 스스로 엄격한 재정 원칙을 가졌지만, 감사하는 마음으로 그를 돕기 원하는 지역교회들의 비정기적인 지원을 거부하지 않았다(빌 4:16; 고후 11:8). 바울은 또한 자기의 사역을 지원하라고 요청하지는 않았지만, 사도적 네트워크를 통해 열악한 교회를 지원하는 일에는 매우 적극적인 태도를 보였다. 그는 기근으로 고통을 겪은 예루살렘 교회를 지원하는 일에 협력할 것을 이방인 교회들에 강력히 요청하였다. 재정에 대한 바울의 이런 태도는 자기에게는 엄격하면서도 타인에게는 그리스도의 사랑으로 한없이 너그러운 마음에서부터 나오는 것이었다.

2. 복음 전도와 설교

신약성경에서 바울의 설교는 본질적으로 사도적 설교의 범주에 속한다. 따라서 이 부분에서는 바울뿐만 아니라 다른 사도들의 설교도 함께 다루는 것이 유익할 것이다. 그런데 바울을 비롯한 사도들은 담대하게 설교하였으며, 그 설교는 복음 중심적이면서도 상황 지향적이

---

22 J. Herbert Kane, *Christian Missions in Biblical Perspective*, 92.

었다. 이런 사도들의 설교는 잘못된 교리를 전하고, 성경의 중심 메시지인 복음을 전하지 않고, 청중의 상황을 고려하지 않는 등 여러 가지 비성경적인 요소에 매몰된 오늘날의 설교에 큰 도전이 된다. 아래에서 살펴볼 초기 교회의 설교 양상은 크게 세 가지인데, 이것들은 일반적으로 알려진 커뮤니케이션의 세 가지 구성 요소-메시지, 의사 전달 방법, 청중-에 기초하여 분석한 결과들이다.

1) 사도들은 '복음'을 전했다!

설교(preaching)는 복음의 메시지를 전달하는 직접적인 수단이다. 설교는 일반적으로 가르침의 요소를 포함하고 있지만, 진정한 의미에서 그것의 핵심은 복음에 관한 증언에 있다. 사도행전에 나타난 설교들은 모두 이 점을 분명하게 보여주고 있다. 사도행전에 등장하는 설교는 모두 19개인데, 그중에 베드로의 설교가 8개, 바울의 설교가 9개다.[23] 이 설교들을 살펴보면 그들이 개인적인 경험이나 지적인 지식을 중심으로 설교하지 않았으며, 오직 예수 그리스도의 좋은 소식을 설교의 초점으로 삼았다는 것을 알 수 있다.

이런 사실을 놓고 볼 때 예수께서 사도들을 부른 이유는 그들을 자기를 증거하는 사람들, 곧 예수의 증인으로 삼기 위해서였음을 알 수 있다. 그것은 또한 예수께서 그들에게 사도의 칭호를 준 이유이기도 하다. "그들의 지위에 관한 결정적인 사실은 그들의 소명이 그들이

---

[23] 베드로의 설교 8개는 1장, 2장, 3장, 4장, 5장, 10장, 11장, 15장에 있다. 바울의 설교 9개 중 5개는 13장, 14장, 17장, 20장, 28장에 있고, 4가지 변증 설교는 22장과 26장에 있다. 19개 중 나머지 두 개는 7장에 있는 스데반의 설교와 15장에 있는 야고보의 설교다.

복음을 전하는 대상, 곧 주님의 사람과 관련이 있으며 어떤 종류의 제도나 조직과는 관련이 없다는 것이다."[24] 초기 교회의 사도들은 주로 복음을 전파하기 위해 파송된 사람들이었다. 제도화된 교회에 대한 통치권은 4세기 콘스탄틴 시대에 등장한 것으로서 초기 교회의 사도적 권위와는 거리가 멀다. 후대에 제도화된 사도직은 종종 복음 전파를 위한 사명이 아니라 정치적이고 행정적인 권한을 뜻하는 경우가 많았다.

바울이 그의 서신에서 어떻게 사도직을 주장하는지를 탐구하면 사도적 권위의 근거를 알 수 있다. 당시에 많은 거짓 사도가 바울 팀이 개척한 교회들에 침투해 들어왔다. 그들은 사도직이 신비한 은사 또는 사도의 표징에 근거해야 한다고 주장했지만(고후 12장), 바울은 그들이 잘못된 주장을 설파하고 있다고 책망하면서 자신에게 주어진 사도직의 근거를 하나님의 은혜 안에서 찾았다(고전 15:10; 엡 3:7). 바울은 항상 주님께서 자신을 부르신 일차적인 목적은 복음을 전하는 일을 통해 하나님을 섬기는 데 있다는 사실을 강조하였다(롬 1:9; 15:19; 고전 1:17). 바울의 사도적 자기 인식은 바로 이런 이해에 근거하고 있다. 이런 점에서 예수께서 사도들에게 복음을 전파하라고 명령하셨다는 사실이야말로 사도적 권위의 가장 중요한 요소가 된다.

사도들이 행한 설교 내용을 보면 그들의 설교가 예수 그리스도의 복음과 밀접하게 연결되어 있었음을 알 수 있다. 도드는, 최근에 그의 분류가 다소 엄격하긴 하지만, 설교(kerigma)와 가르침(didache)을 구분함으로써 사도들이 행한 설교가 무엇을 지향하는지를 밝혀주었다. 그는 케리그마에 사도적 설교의 내용으로 간주할 수 있는 여섯

---

24 Hans von Campenhausen, *Ecclesiastical Authority and Spiritual Power*, 27.

가지 기본 진리가 담겨 있다고 주장한다. 그것들은 다음과 같다.

> 첫째, 성취의 시대가 시작되었다.
> 둘째, 이것은 예수의 사역, 죽음, 부활을 통해 이루어졌다.
> 셋째, 예수께서는 부활로 말미암아 새 이스라엘의 메시아적 우두머리로서 하나님의 오른편에 고양(高揚)되었다.
> 넷째, 교회와 관련해서 성령은 그리스도의 현재적 능력과 영광의 표징이다.
> 다섯째, 메시아 시대는 그리스도의 재림으로 곧 완성될 것이다.
> 여섯째, 케리그마는 항상 회개의 요구, 그들에게 제공되는 죄 사함과 성령의 선물, 선택된 공동체에 들어오는 사람들에게 주어지는 '구원,' 곧 '도래하는 시대의 삶'(the life of the Age to Come)에 대한 약속과 관련되어 있다.[25]

사도행전에는 세 가지 대표적인 설교가 있다. 베드로의 설교(행 2:14-36), 스데반의 설교(행 7:2-53), 비시디아 안디옥에서 행한 바울의 설교(행 13:13-43)가 그것이다. 이 세 가지 설교는 설교자의 성향에 따라 각각 고유한 방식으로 전개되고 있지만, 모두 위에서 언급한 케리그마를 중심으로 삼고 있다는 공통점이 있다. 그중에서도 비시디아 안디옥에서 행한 바울의 설교는 간결하면서도 복음의 핵심을 짚어내고 있다는 점에서 눈에 띈다. 마이클 그린은 이 설교에 담긴 주제를 크게 세 가지로 구분하여 설명한다.

---

25 C. H. Dodd, *The Apostolic Preaching and Its Developments*, 21-24.

첫 번째로 그는 어떻게 하나님의 백성의 역사가 메시아의 오심에 이르기까지 이어지는지를 보여준다. 두 번째로는 예수께서 고대의 예언을 성취하고, 다윗의 축복을 집중적으로 받고, 신적인 자손으로 온 분이라는 복음에 관해 자세하게 설명하는 데 전념한다. … 설교의 세 번째 부분은 부활하신 예수를 통해서 얻을 수 있는 죄의 용서, 모세의 율법 아래서는 결코 얻을 수 없는, 그분이 주신 자유, 믿음으로 그분께 응답해야 할 필요성에 대해서 강조한다.[26]

사도적 설교의 이런 특성들은 사도적 사역이 철저하게 그리스도 중심이었다는 사실과, 사도적 권위는 개인적인 능력에서가 아니라 예수 그리스도에게서 나온다는 점을 가르쳐 준다. 초기 교회의 상황에서 사도들에게는 복음에 관한 뚜렷한 인식이 있었으며, 이를 바탕으로 자신들이 처한 상황에 따라서 융통성 있게 논리적 구성과 전달 방식을 달리하였다.

2) 불신자들을 향한 담대한 설교

신약 시대의 설교는 교회 안에서뿐만 아니라 교회 밖에서도 이루어졌다. 교회 밖에서 이루어진 설교는 불신자들을 향한 것이었다. 도드는 사도적 설교를 "비기독교 세계를 향한 기독교의 공개적 선언"으로 정의한다.[27] 교회 안에서 이루어진 설교와 밖에서 이루어진 설교는 서로 다른 특징을 띠고 있었다. 전자가 상당히 교육적인(instructive)

---

26 Michael Green, *Evangelism in the Early Church*, 301-302.
27 Ibid., 7.

특성을 띠었지만, 후자는 바울이 행한 몇 가지 변증적인 설교를 제외하면 거의 복음을 선포하는(evangelistic) 형태를 띠었다. 초기 교회에서 이루어진 이런 설교 패턴은 기독교가 사회의 지배적 세력 또는 가치가 된 '크리스텐덤'(Christendom), 곧 기독교 국가가 될 때까지 계속되었다. 지금까지 기독교 역사가 흘러오는 동안 이런 패턴으로 설교한 사역자들이 간헐적으로 나타나기도 하였다. 어떤 의미에서는 기독교의 진정한 발전은 복음을 전파하기 위해 이렇게 교회에서 나와 세속 사회로 들어간 담대한 복음 전도자들이 있었기에 가능했다.

1세기의 사도들이 접한 비기독교 세계의 영역은 다양했다. 사도들은 불신자들에게 복음을 전할 수 있는 곳이라면 어디든지 찾아갔다. 그들은 종종 복음을 듣고 싶어 하는 사람들의 집에 초대되었다. 베드로는 고넬료의 집에 초대되었으며(행 10:1-48), 바울은 루디아와 빌립보 간수의 집에 초대되었다(빌 16:15, 32-34). 또한 바울은 유대교의 가르침에는 익숙했어도 기독교 복음에 관해서는 알지 못하는, 회당 내에 있는 사람들에게 자주 복음을 선포하였다. 바울이 이렇게 했던 이유는 복음적 관점에서 그가 당시의 회당을 세속적인 상황에 속한다고 보았기 때문이었다. 그는 성문 앞(행 14:13), 강변(행 16:13), 시장(행 17:17)에서 복음을 전했으며, 심지어는 감옥에서도 불신자들에게 복음을 선포하였다(빌 1:12). 그는 전도를 위해 논객들과 열띤 토론을 벌이기도 하였고(행 17:16-34), 사람들이 이교도의 희생 의식을 행하는 경우와 같이 긴급한 경우에는 그들에게 소리를 치기도 하였다(행 14:13-18).

사도적 설교는 오순절 날 성령께서 제자들에게 충만하게 임한 뒤 전개된 베드로의 설교에서 시작되었다. 사도들은 주로 성전이 아니라 옥외에서 복음을 선포하였다. 마이클 그린에 따르면 옥외 설교 활동은 일반적으로 유대인 세계와 헬라 세계에서 이루어졌기 때문에 사도들에게 그리 낯선 방식이 아니었다.[28] 예수의 설교 사역은 사도들에게 옥외 설교를 위한 모범이 되었을 것이다. 예수께서는 지상 사역의 마지막 시기에 예루살렘 성전에서 가르치기도 하였지만, 야외에서 일반 대중들에게 복음을 전할 때가 훨씬 더 많았다. 그분은 복음을 전파하고 가르치는 장소로 해변, 들판, 산, 집과 같은 야외 장소를 선택하였다.

루스드라와 아덴에서 바울이 이방인들과 대화한 장소도 옥외였다. 바울이 루스드라에서 한 신체장애인을 만난 곳은 사람들이 많이 다니는 성문 어귀였던 것으로 보인다(행 14:13). 바울은 그곳에서 이교도들에게 변증적인 설교를 하였다. 바울은 아덴의 회당에서 유대인들에게 복음에 관해 말하기도 했지만, 시장에서 그곳을 이용하는 평범한 사람들을 대상으로 설교하기도 하였다. 바울이 에피쿠로스와 스토아 철학자들에게 변증적인 설교를 했던 곳 아레오바고 역시 옥외였다(행 17:16-31). 하지만 여기에서 핵심은 복음을 전하는 장소가 건물 안인지 밖인지가 아니라는 점을 상기할 필요가 있다. 건물 안팎의 문제는 사도들에게 그다지 중요하지 않았다. 그들에게 정말 중요한 것은 복음을 전하기 위해 불신자들이 있는 곳으로 가는 것이었다.

존 스토트는 바울이 고린도에서 행한 사역과 에베소에서 행한 사역을 비교하면 두 도시에서의 사역에서 비슷한 패턴을 발견할 수 있다고 말한다. 이것은 바울의 사역이 세속적 상황에서 수행되었음을 증명한다.[29] 고린도에서 바울은 자신의 관습대로 회당에 들어가 복음을

---

28 Michael Green, *Evangelism in the Early Church*, 303.
29 John R. W. Stott, *The Message of Acts*, 311-312.

전했다. 그러나 회당에 있는 사람들이 복음에 저항했기 때문에 그는 회당 옆에 있는 디도 유스도의 집으로 자리를 옮겼다(행 18:1-7). 바울은 에베소에서도 비슷한 경험을 하였다. 그는 에베소에서 처음 3개월 동안 회당에서 복음을 가르쳤다. 그러나 저항에 부딪히자 그곳을 떠나 두란노 서원으로 자리를 옮겼다(행 19:8-9). 이런 행동들을 보면 그가 복음 설교를 위해 장소에 연연하지 않았으며, 복음을 전할 수 있는 곳이라면 어디든지 찾아갔음을 알 수 있다.

더 나아가 사도들은 겁 없이 복음을 선포하였다. 그들은 감옥에 갇히고 채찍질을 당하는 것과 같은 박해를 두려워하지 않았다(행 16:23-25). 그들은 권력자들 앞에서도 담대하게 복음을 선포하였다. 베드로와 요한은 예루살렘의 고위 관리들 앞에서 담대하게 예수 그리스도를 증언하였다(행 4:1-22). 고린도후서 11:23-27에서 바울은 자신이 겪었던 여러 가지 시련을 열거한다. 그런데 그는 "환난이나 곤고나 박해나 기근이나 적신이나 위험이나 칼"조차도 사도들을 "그리스도의 사랑"에서 분리할 수 없다고 고백한다(롬 8:35). 사도들이 이렇게 담대하게 복음을 전할 수 있었던 데에는 두 가지 중요한 동력이 있었다. 첫째는 그들이 십자가에서 죽음을 받아들인 스승으로부터 분명한 모범을 보았다는 점이며, 둘째는 교회를 창조하신 성령께서 충만하게 임재함으로 복음을 전할 담대한 용기를 얻었다는 점이다.

3) 상황화된 전도

바울은 복음의 내용을 앵무새처럼 그대로 되뇌는 메신저가 아니었다. "새로운 삶의 상황과 환경에 따라 예수의 메시지는 재상황화

(recontextualization)될 필요가 있었다."[30] 팔레스타인에서 활동했던 방랑 설교가들(the wandering preachers)과는 달리 그는 이 점을 잘 인식하고 있었다. 다시 말해서 그는 예수로부터 교회에 전승된 복음을 선포할 때 그것을 현장의 상황에 맞게 재해석할 줄 알았던 것이다. 그러나 그는 설교할 때 결코 복음의 핵심적인 내용을 바꾸지 않았다. 다만 그는 복음을 듣는 사람들의 특정한 상황 속에서 복음의 접촉점을 찾으려고 노력했을 뿐이다.

복음 전도와 교회 개척을 위해 어느 도시를 방문했을 때 도시에 회당이 있으면 바울은 대체로 그곳 회당에서 복음을 전했다. 그곳에서 그는 주로 종교적이고 교육받은, 헬라화한 유대인들과 유대교에 관심을 가지고 찾아온 이방인들에게 복음을 전했다. 사도행전 13:16에 언급된 "이스라엘 사람들과 및 하나님을 경외하는 사람들아, 들으라."라는 구절이 바울의 청중을 잘 묘사하고 있다. 이들에게 한 바울의 설교는 변증적이었다. 롤런드 앨런은 바울의 회당 설교를 다음과 같은 네 가지 특징으로 요약한다.

> (1) 청중이 처한 상황에 대한 공감과 회유의 말투, 그들과 그들의 교리에 담긴 선한 것을 모두 인정하는 자세, 그들의 어려움에 동정심을 느끼고 가능한 한 분명하고 단순하게 길을 제시하는 태도. (2) 피할 수 없는 어려움을 공개적으로 인정하고, 듣기 싫어하는 진리를 단도직입적으로 주장하는 용기… (3) 존중하는 마음. 적절한 증거를 신중하게 제시하며… 그들을 영적 능력과 영적 필요를 의식하는 살아 있는 존재로 대하면서 호소하는 [모습]. (4) 자신의 메시지에 담긴 진리

---

30 요하네스 니센, 『신약성경과 선교』, 183.

성과 그 능력에 대한 망설임 없는 확신…[31]

회당에서 바울은 주로 헬라화한 유대인들에게 복음을 전했지만, 회당 밖에서는 이방인들에게 복음을 전했다. 바울의 회당 설교 중에서 가장 전형적인 것은 비시디아 안디옥에서 행한 설교(행 13:16-47)이며, 이방인을 대상으로 한 설교 사례로는 루스드라에서의 설교(행 14:15-17)와 아덴에서의 설교(행 17:22-31)를 들 수 있다. 그런데 이 두 가지 설교는 신학적 접근 방식 면에서 볼 때 매우 대조적이다. 회당 설교는 구약의 예언에서 예수 그리스도에 이르는 구속 과정을 다루지만, 이방인을 대상으로 한 설교는 구약성경의 도움 없는 자연신학의 접근법으로 간주할 수 있다. 존 스토트는 비시디아 안디옥에서의 설교와 루스드라에서의 설교를 비교하면서 바울의 유연성에 대해 다음과 같이 언급한다.

> 그러나 그의 메시지의 본질은 변하지 않았지만, 그의 접근 방식과 강조점은 다양했다. 그가 안디옥에서 유대인들에게 전한 내용은 구약성경, 구약 시대의 역사, 예언 및 율법에 관한 것이었다. 그러나 루스드라에 있는 이교도들에게 설교할 때는 그들이 알지 못하는 성경에 초점을 두지 않고 그들이 알고 있고 볼 수 있는 주변의 자연 세계에 초점을 맞추었다.[32]

---

31 Roland Allen, *Missionary Methods: St. Paul's or Our?*, 63-64.
32 John R. W. Stott, *The Message of Acts*, 232.

바울의 유연성은 아덴에서의 선교 활동에서 잘 표현되고 있다. 처음에 바울은 복음을 전하기 위해 세 부류의 사람들과 접촉하였다. 첫 번째 부류는 유대교 회당에 있는 유대인들과 '하나님을 경외하는' 헬라인들이고, 두 번째 부류는 매일 시장에서 만나는 사람들이며, 세 번째 부류는 에피쿠로스 철학자들과 스토아 철학자들이다(행 17:17-18). 존 스토트는 이 세 집단을 현대적 관점에서 재규정한다. 그에 따르면 첫 번째 집단은 종교인들, 두 번째 집단은 세속 사회에서 스쳐 지나가듯 "우연히 만나는 통행인들"(NEB)[33]이라고 말할 수 있고, 세 번째 집단은 현대 세계에서 정확히 맞아떨어지는 사람들이 없지만, 나름대로 비슷한 사람들을 꼽는다면 많은 교육을 받은 사람들 또는 대학인(大學人)들일 수 있다. 바울은 "예수와 부활에 관한 좋은 소식"을 그들에게 전하면서(행 17:18) 각 집단에 따라 다른 접근법을 사용하였다. 바울은 첫 번째 집단에는 논리적으로 설득하는 방식을 사용하였고, 두 번째 집단에는 논증의 방식을 사용하였으며, 세 번째 집단과는 처음부터 논쟁하는 방식을 사용하였다.[34] 설득과 논증과 논쟁의 방식이 다양한 상황에 따라서 선택되었다. 그것들은 여건에 맞게 복음 전도 방식을 자유롭게 사용하였던 바울의 전략적 사고를 반영한다.

당시 헬라 사회는 다원주의적 사고가 지배적으로 작용하고 있었으며, 여러 종교 집단과 철학적 학파들은 서로 경쟁하는 관계에 있었다. 이들은 저마다 "삶의 의미 문제에 관하여 가장 탁월한 해답을 제시"할 수 있다고 믿고 자신의 교설을 대중들에게 설득력 있게 전달하는

---

33   *The New English Bible* (NT 1961, second edition 1970; OT 1970).
34   John R. W. Stott, *The Message of Acts*, 280-281.

방법을 찾기에 골몰하였다.[35] 헬라 세계의 중심 지역으로 들어간 바울 팀의 선교적 자리는 바로 이런 다원주의적 경쟁 체계 안이었다. 아마도 바울 팀은 이런 환경에서 어떻게 효과적으로 복음의 진리를 전할 수 있을지 고민했을 것이며, 특히 아덴에서 바울이 보여준 설교 방식들은 이런 고민과 무관하지 않을 것이다.

바울이 아레오바고에서 행한 설교는 기독교적인 방식으로 했던 이전의 설교들과는 확연하게 달랐다. 이 설교는 램지(William M. Ramsay)가 언급한 것처럼 기독교적 표현을 전혀 사용하지 않는다는 점에서 부정적으로 보인다.[36] 그러나 그의 설교는 바울의 문화적 유연성이라는 관점에서 이해되어야 한다. 다시 말해서 그는 기독교의 신에 대해 전혀 모르는 사람들에게 복음을 더 효과적으로 전달하기 위해 그들의 용어와 표현 형식을 사용하였다. 그는 그들의 종교성을 높이 평가하면서 동시에 그들의 호기심을 자극하였다. 그의 설교가 대단한 결과를 낳지는 못했지만, 기독교의 하나님에 관한 중요한 주제들을 설득력 있게 드러냈다는 것만큼은 분명하다.

루스드라에서의 설교와 아레오바고에서의 설교 사이에는 근본적으로 현저한 차이가 있었다. 두 설교 모두 청중이 이방인들이었지만, 좀 더 자세히 살펴보면 사회학적으로 뚜렷하게 다른 부류의 사람들이었다. F. 브루스는 루스드라에서의 설교가 "교육받지 않은 이교도들을 향한 설교의 한 사례"인 반면에 아덴에서의 설교는 "'교육받은' 이교도들을 향한 설교의 한 사례"를 보여준다고 말한다.[37] 이런

---

35 요하네스 니센, 『신약성경과 선교』, 196.
36 William M. Ramsay, *St. Paul the Traveller and the Roman Citizen*, 150.
37 F. F. Bruce, *Paul: Apostle of the Heart Set Free*, 170.

설명은 앞에서 언급한 바와 같이 농촌 지역과 도시 지역의 상황적 차이를 고려하면 쉽게 이해할 수 있다.[38] 분명한 것은 바울이 로마 세계 전역에 교회를 개척하기 위해 여행하면서 자신이 직면한 상황에 따라 설교 형태를 바꾸었다는 것이다.

3. 문화적으로 적합한 사역

종종 바울이 선교 활동을 하면서 상황에 따라 다르게 말하고 행동함으로써 자기 모순적인 태도를 보인 적이 있다고 주장하는 사람들이 있다. 예를 들어 바울은 안디옥 교회의 대표로서 공식적인 회의를 위해 예루살렘에 올라갔을 때는 자신이 "무할례자에게 복음 전함을 맡은" "이방인의 사도"임을 주장하면서 디도에게 할례를 행할 필요가 없었다고 말했지만(갈 2:1-8), 루스드라에서는 "그 지역에 있는 유대인으로 말미암아" 디모데에게 할례를 시행하였다(행 16:3). 또한 그는 로마서와 갈라디아서에서 율법이 구원과 상관이 없음을 강조하였으나(롬 3:28; 갈 2:16), 예루살렘을 방문했을 때는 다른 동료들과 함께 결례(潔禮)를 지키고 머리를 깎았다(행 21:24).

이런 바울의 언행 불일치 현상을 어떻게 이해해야 하는가? 그 답은 율법에 관한 바울의 이해와 그의 성육신적 선교 정신에서 찾을 수 있다. 바울은 율법이 구원의 수단으로 오용되는 것을 경계했을 뿐이지 그것이 무익하다거나 폐기되어야 한다고 말하지 않았다. 그는 로마서에서 율법과 구원의 관계에 대해 논증한 뒤 이렇게 결론을 내

---

38 Michael Green, *Evangelism in the Early Church*, 179.

렸다. "그런즉 우리가 믿음으로 말미암아 율법을 파기하느냐? 그럴 수 없느니라. 도리어 율법을 굳게 세우느니라"(롬 3:31). 바울은 율법에 그 나름의 의미와 유익이 있지만, 그것이 절대적이지는 않다고 생각했다. 그는 그리스도인의 삶에서 우선적인 가치는 율법이 아니라 믿음이라고 확신했다.

바울의 성육신적 선교 정신은 복음과 문화에 대한 그의 이해로부터 나온다. 그는 복음의 진리 자체는 변할 수 없지만, 그것을 전달하는 과정에서 듣는 이들의 문화적 상황을 충분히 고려해야 한다고 생각하고 있었다. 이런 그의 생각은 도널드 맥가브란의 사회문화 중심적 선교 원리와 일치한다. 맥가브란은 자신의 저서 『교회 성장 이해』(Understanding Church Growth)에서 전도 대상자들이 문화적 장벽을 넘지 않고 복음을 들을 때 복음이 효과적으로 전달될 수 있다고 주장한다.[39] 이처럼 바울은 복음이 효과적으로 전달되려면 전도 행위가 항상 대상자들의 문화에 맞게 이루어져야 한다는 점을 잘 알고 있었다. 그의 생각은 고린도전서 9:19-22에 잘 나타나 있다.

> 내가 모든 사람에게서 자유로우나 스스로 모든 사람에게 종이 된 것은 더 많은 사람을 얻고자 함이라. 유대인들에게 내가 유대인과 같이 된 것은 유대인들을 얻고자 함이요. 율법 아래에 있는 자들에게는 내가 율법 아래에 있지 아니하나 율법 아래에 있는 자 같이 된 것은 율법 아래에 있는 자들을 얻고자 함이요. 율법 없는 자에게는 내가 하나님께서는 율법 없는 자가 아니요. 도리어 그리스도의 율법 아래에 있는 자이나 율법 없는 자와 같이 된 것은 율법 없는 자와 같이 된 것

---

39 도널드 맥가브란, 『교회 성장 이해』, 제3판, 277-302.

은 율법 없는 자들을 얻고자 함이라. 약한 자들에게 내가 약한 자와 같이 된 것은 약한 자들을 얻고자 함이요. 내가 여러 사람에게 여러 모습이 된 것은 아무쪼록 몇 사람이라도 구원하고자 함이니

이 본문에 나오는 바울의 자세는 마치 예수의 성육신 사건을 연상시킨다. 하나님이신 성자 예수께서 인간의 몸을 입고 이 땅에 온 것이 "여러 사람에게 여러 모습이 된 것"과 같은 이치이기 때문이다. 예수와 바울은 모두 상대방의 공감을 얻기 위해 자신에게 익숙한 삶을 버리고 상대방의 문화적 코드에 맞추고자 했다. 물론 그렇다고 해서 바울의 이런 자세가 "대상 문화에의 완전한 동화(assimilation)나 기독교적 정체성의 상실을 뜻하지 않는다."[40] 십자가의 복음을 중심으로 한 그리스도인의 정체성은 결코 타협의 대상이 아니다. 그는 다만 그리스도께서 몸소 보여주신 것처럼 복음을 들어야 할 대상과 효과적으로 소통하기 위해 제일 나은 방법을 모색했을 뿐이다.

1) 바울의 문화적 적응

문화적 관련성에 관한 바울의 생각은 일차적으로 교회 개척 팀을 조직하는 방식에 반영되었다. 뒤에서 논의하겠지만, 바울은 선교 현장과 문화적으로 관련이 있는 사람들로 팀을 구성하였다. 바울과 실라는 로마 시민이면서 헬라파 유대인이었다. 그의 팀원 중 하나인 디모데는 어머니가 유대인이고 아버지가 헬라인이었기 때문에 유대 문화와 헬라 문화 모두에 익숙한 사람이었다. 나중에 드로아에서 합류

---

[40] 요하네스 니센, 『신약성경과 선교』, 178.

한 누가는 헬라인이면서 당시에 수준 높은 헬라의 의학을 익힌 지성인이었다. 따라서 그는 바울의 선교지에 관해 상당한 지식을 가지고 있었을 가능성이 크다.

또한 바울 팀의 선교지 선택도 문화적 관련성의 관점으로 해석할 수 있다. 그들은 선교지를 선택할 때 문화적 관련성을 염두에 두었을 것으로 추정된다. 예를 들어 바울과 바나바는 그들에게 문화적으로 친숙한 지역을 선교지로 선택하였다. 아마도 그들은 고향에서 멀지 않은 곳, 그들에게 친숙한 지역을 선교지로 선택해야 효과적인 사역과 열매를 기대할 수 있을 것으로 판단했을 것이다. 이런 생각은 오늘날 선교 전략을 마련할 때 문화적 거리(cultural distance)를 고려하는 것과 일맥상통한다.

바울의 선교팀이 첫 선교지로 선택한 곳은 구브로 섬이었는데, 이곳은 바나바의 고향이었다. 또한 첫 여행 동안 그들이 방문한 모든 도시는 구브로 뿐만 아니라 바울의 고향 다소에서도 그리 멀지 않은 곳이었다. 바울 팀의 1차 선교 여행은 구브로에서 시작하여 비시디아 안디옥과 자기의 고향 다소를 거쳐 수리아 안디옥에 이르는 여정이었다. 어쩌면 바울은 소아시아 내륙을 관통하는 여행을 계획했을지도 모른다. 이런 추측이 옳다면 바울은 우리가 알지 못하는 어떤 이유로 더베에서 여행 계획을 변경하고 왔던 경로를 되돌아간 것이다. 이것이 그의 첫 여정이었다는 사실을 고려하면 바울이 자신에게 친숙한 지역을 첫 선교지로 선택하고 싶어 했을 것이라는 추론은 꽤 설득력이 있다.

바울 팀의 선교지 선택에 관한 맥가브란의 추론 역시 그들이 문화적으로 적합한 사역을 펼쳤다는 주장을 지지한다. 맥가브란은 종족운동(people movement)의 관점에서 쓴 자신의 책에서 바울의 선교 여정이 그가 1년 동안 수리아 안디옥에서 가르친 사람들의 친척들을 방문하는 것과 연계되어 있다고 주장한다.[41] 그의 주장이 사실인지 아닌지에 관계없이 적어도 바울이 기독교 신앙에 호감이 있었던 헬라파 유대인들을 교회 개척 사역의 디딤돌로 활용하고 그들의 마을과 도시들을 전략적 요충지로 선택한 것만큼은 분명해 보인다.

바울과 그의 동료들이 선교지의 문화적 특성을 고려했다는 점은 그들이 교회를 개척하기 위해 여행하면서 가는 곳마다 획일적인 방식으로 사역하지 않았다는 사실에서 분명하게 알 수 있다. 회당과 가정교회는 바울이 교회를 개척하면서 문화적 관련성을 고려하여 사역한 좋은 예가 될 것이다. 그들은 복음을 전하기 위해 각 도시에 들어갔을 때 그 성이 가지고 있는 환경을 최대한 활용하였다. 다음에 좀 더 자세히 언급하겠지만, 회당을 중심으로 살아가는 경건한 유대인들과 '하나님을 경외하는 이방인들'(God-fearing Gentiles)을 복음 전파의 중요한 수단으로 삼은 것을 대표적인 예로 들 수 있다. 또한 다른 곳과는 달리 아덴에서는 철학적 논증을 활용하여 복음을 전한 것도 문화적 상황을 고려한 바울의 선택으로 볼 수 있다. 마지막으로 바울 팀은 1차 선교 여행을 마치고 수리아 안디옥으로 돌아가는 길에 교회 지도자들을 선택하여 세울 때도 각 지역교회가 처한 상황적 특수성을 고려하였다. 사도행전 14:23에 의하면 바울 팀은 "**각** 교회에서 장로들을 택하여 금식 기도를 하며 그들이 믿는 주께 그들을 위탁"하였다(굵은 글씨는 필자의 강조 표시임). 그들은 교회의 장로들을 세울 때 '각각의' 교회가 처한 상황에 맞는 인물들을 선정했을 것이다.

---

41 Donald A. McGavran, *The Bridges of God: A Study in the Strategy of Missions*, Revised edition (New York, NY: Friendship, 1981), 17-36.

2) 복음의 다리로서의 회당

로마 시대에 대부분의 디아스포라 유대인 공동체에는 회당이 있었다. 이 회당에는 유대인들만 있었던 것은 아니다. 회당에는 여러 다양한 집단이 공존하고 있었는데, 좀 더 구체적으로 말하자면 자발적 모임들과 가정들이 혼합된 형태를 띠고 있었다.[42] 회당은 유대인 공동체 내에서 종교적인 기능뿐만 아니라 사법적인 기능도 담당했다. 회당이 처음 출현한 시기는 페르시아 시대 또는 바벨론 포로기일 것으로 추정된다. 이 독특한 기관은 이스라엘의 역사에서 유대인들이 정치적인 이유로 선조들의 땅과 히브리 종교의 중심지인 성전에서 아주 멀리 떠나 살아야 했을 때 유대교의 새로운 구심점으로 등장하였다. 그들은 회당에서 율법을 읽고, 해석하고, 기도하고, 함께 식사를 나누었다. 일주일의 다양한 활동 중에서 가장 중요한 행사는 안식일 회당 모임이었다.

복음을 전하기 위해 각 도시에 들어갈 때 회당 공동체는 바울 팀의 사역에 꼭 필요한 선교적 다리 역할을 하였다. 엄밀히 말하자면 그들은 회당 내의 "다리 위에 있는"(on the bridge) 사람들에게 집중하였다. 맥가브란에 따르면 "회당 공동체는 히브리 민족에 속한 유대인들과 헬라 민족에 속한 유대인들, 그리고 유대교의 유일신을 믿기는 하지만 할례를 받지 않은 비주류 헬라인들로 구성되어 있었다. 바울은 이 공동체를 인식하고 이방인 공동체로 가는 다리로 활용하였다."[43] 사도행전에는 바울이 사역을 위해 회당을 활용했던 사례가

---

42 Wayne A. Meeks, *The First Urban Christians*, 80.
43 Donald A. McGavran, *The Bridges of God*, 32.

많이 나온다. 바울이 회당에서 복음을 전한 도시는 비시디아 안디옥(행 13:14), 이고니온(행 14:1), 데살로니가(행 17:1-2), 베뢰아(행 17:10), 아덴(행 17:17), 고린도(행 18:4), 에베소(행 18:19; 19:8)다.

바울 팀이 회당을 교회 개척 선교의 교두보로 삼았던 이유는 크게 두 가지로 구분된다. 첫째로 바울 팀의 구성원 중 대부분이 유대인이었기 때문이었다. 따라서 회당은 그들에게 매우 익숙했고, 적어도 그 안에 있는 유대인들의 생활 양식에 관해 잘 알고 있었다. 둘째로 바울은 유대인들뿐만 아니라 이방인들에게도 복음을 전해야 한다는 사명 의식을 가지고 있었기 때문이었다. 따라서 그는 자연스럽게 회당 내의 여러 집단 중 하나인 '하나님을 경외하는 이방인들'에게 주목하였다.[44] 바울은 그의 설교에 수용적인 태도를 보이는 이들이 본격적인 이방인 선교를 위한 디딤돌이 되기를 기대하였다. 바울의 제자이면서도 동료인 디모데와 누가가 헬라인이었다는 점도 이방인 선교에 큰 도움이 되었을 것이다. 디모데는 아버지가 헬라인이었고, 의사 누가는 부모가 모두 헬라인이었다.

이 같은 바울의 문화적 전략은 나름의 성과가 있었다. 비록 대부분 유대인은 복음을 배척했지만, 그 와중에도 복음을 받아들인 유대인들과 '하나님을 경외하는 이방인들'이 생겨남으로써 새로운 가능성이 열리게 되었다. 이들은 새로운 종교적 믿음, 곧 기독교 신앙을 받아들이면서도 회당과의 관계를 끊을 필요는 없었다. 왜냐하면 기원후 85년경 유대교 측에서 반기독교적인 조항을 만들 때까지 유대교는 초

---

[44] 이와 관련하여 데이비드 보쉬는 초기 교회의 선교를 세 단계, 곧 "오직 유대인들에게만 복음을 선포하는 단계로부터(특히 행 11:19 참조) 유대인들과 이방인들에게 선교하는 단계를 거쳐, 마지막으로는 오직 이방인들에게만 선교하는 단계"로 구분한다. David J. Bosch, *Witness to the World: The Christian Mission in Theological Perspective* (London: Marshall, Morgan & Scott, 1980), 100.

기 기독교와 좋은 관계를 유지했기 때문이다.[45] 이런 배경에서 회당은 바울이 이방인을 위한 선교로 나아가는 데 꼭 필요했던 복음의 징검다리 역할을 했던 것이다.

그러나 바울 선교와 회당의 관계에 관한 몇 가지 지나친 주장은 시정될 필요가 있다. 먼저, 회당의 역할을 적극적으로 평가하는 사람들의 문제인데, 이들은 기독교 회당들(Christian synagogues)이 1세기에 실재했다고 주장한다. 이들 중 한 사람인 크레이그 밴 겔더(Craig Van Gelder)는 바울이 회당에서 전한 복음을 듣고 회심한 사람들이 기존의 유대교 회당에서 분리되어 새로운 회당 모임을 만든 것처럼 언급한다.[46] 그러나 이런 주장은 사도행전과 바울 서신들을 볼 때 전혀 근거가 없다.

한편, 문서비평을 중시하는 학자들은 회당을 언급한 사도행전의 본문들이 역사적인 사실이 아니라고 주장함으로써 회당이 바울의 선교에서 차지하는 중요성을 폄훼하려고 한다. 그들 중 한 사람인 제이콥 저벨(Jacob Jervell)은 사도행전에 회당이 빈번하게 등장하는 이유가 누가의 의도적인 삽입 때문이라고 주장한다. 그는 바울의 문서에는 회당에 대한 언급이 없다는 점과, 바울이 고린도후서 11:24에서 자신이 유대인들에게서 겪은 여러 가지 박해를 말하고 있다는 점을 이 주

---

45 회당은 복음 전도를 위한 선교적 다리 역할을 했을 뿐만 아니라 신흥 기독교 공동체들을 조직하는 데에도 중요한 역할을 하였다. 초기 그리스도인들이 조직과 의식, 직분을 포함하는 교회의 제도적 기초를 마련할 때 그들은 헬라파 유대인 회당을 많이 참고하였다. 두 조직은 초기에 같은 유대교 배경에서 서로에게 혁신적인 경쟁자가 되었다. 참조, Wayne A. Meeks, *The First Urban Christians*, 80-81; James T. Burtchaell, *From Synagogue to Church: Public Services and Offices in the Earliest Christian Communities* (Cambridge, UK: Cambridge University Press, 1992), 272-338 참조.

46 크레이그 밴 겔더, 『교회의 본질』, 최동규 역 (서울: CLC, 2015), 254.

장에 관한 논거로 제시한다.⁴⁷ 그는 이런 기조를 따라 누가가 바울이 회당에 자주 출입했다고 말하는 이유는 누가가 유대교와 전통을 고수하고 있었기 때문이라고 말한다. 사도행전의 저자가 회당과 관련된 에피소드들을 전체 이야기 속에 자주 등장시킴으로써 기독교가 유대교 전통을 계승하고 있다는 점을 독자들에게 인식시키려 했다는 것이다.

그러나 헬라 사회의 문화에 관해서 누구보다 잘 알고 있었던 바울이 교회 개척 사역을 하면서 회당의 중요성을 간과했을 리가 없다. 따라서 바울은 그 당시에 로마 제국 전역에 흩어져 있었던 유대인들이 팔레스타인에서 시작된 기독교와 헬라 사회를 이어주는 중요한 다리 역할을 할 수 있음을 간과했을 것이다. 만약 이런 효과적인 방법이 아니었다면 바울이 어떻게 성공적인 교회 개척 사역을 수행할 수 있었겠는가?

3) 하나님을 경외하는 이방인들

복음의 수용성에 관한 이론은 20세기 중반에 교회성장학파가 공헌한 것 중 하나다. 이 이론은 사람이나 집단 또는 지역마다 복음에 반응하는 수준이 달라서 될 수 있으면 복음에 수용적인 태도를 보이는 사람이나 집단에 선교 역량을 집중해야 한다고 말한다.⁴⁸ 바울이 교회 개척 사역을 진행하는 동안에도 이처럼 복음에 수용적인 사람들이 있었다. 그들은 바로 회당 내에 있었던 경건한 유대인들과 "하나님

---

47 Jacob Jervell, *Luke and the People of God* (Minneapolis, MN: Augsburg, 1972), 41-74.
48 도널드 맥가브란, 『교회 성장 이해』, 제3판, 303-325.

을 경외하는 사람들"(God-fearing Gentiles)이었다(행 13:16, 26, 43; 14:1; 17:4, 12, 17; 18:7). 바울이 회당에 있는 사람들에게 복음을 전한 이유는 그들이 그 도시에서 가장 복음에 수용적일 것으로 생각했기 때문이다. 더구나 유대교 회당 안팎에서 등장하는 유대인들과 하나님을 경외하는 이방인들 사이의 밀접한 관계는 아마도 유대인 선교에서 이방인 선교로 넘어가는 일종의 다리 역할을 했을 것이다. 사도행전에서 하나님을 경외하는 사람들로 지목될 수 있는 사람들은 8장 2절에 처음 등장하고 18장 7절에 마지막으로 나타난다.

회당 내에서 비주류이긴 하지만 나름대로 일정한 부류를 형성하고 있었던 '하나님을 경외하는 이방인들'은 유대교의 가치에 관해 긍정적으로 생각하고 있었으며, 성경에 관해서도 이미 기본적인 지식을 가지고 있었다. F. 브루스는 이들이 유대교 예배와 생활 양식을 받아들였으면서도 유대교로 아주 개종하지 않은 이방인들이라고 정의한다.[49] 이와 같은 배경에서 '하나님을 경외하는 이방인들'은 바울이 메시아에 관한 새로운 진리를 전했을 때 쉽게 받아들일 수 있었다.

이런 방식으로 그들은 바울이 교회를 세우기 위해 도시들을 찾아갔을 때 자연스럽게 사역의 중요한 디딤돌이 될 수 있었다. 그들은 그리스도인이 아니었을 때는 단지 유대교의 변방 그룹에 지나지 않았다. 그러나 일단 어느 지역에서 이들이 복음을 받아들이게 되면 그들에 의해 그 지역에 새로운 신앙 공동체가 시작되었다. 이와 관련하여 사도행전에서 이방인 선교는 하나님을 경외하는 사람들을 향한 선교였다고 말하는 저벨의 주장에 주목할 필요가 있다.[50] 그의 말을 긍

---

49 F. F. Bruce, *Paul: Apostle of the Heart Set Free*, 128.
50 Jacob Jervell, *The Theology of the Acts of the Apostles* (Cambridge, UK: Cambridge University Press, 1996).

정적으로 이해한다면 이방인 선교는 회당 안에 있었던 '하나님을 경외하는 이방인들'에게서 시작되었다고 볼 수 있다. 저벨의 주장을 비판적인 시각에서 보더라도, 적어도 그들이 기독교 공동체 내에서 외부자가 아닌 내부자의 관점에서 이방인 선교를 위해 중요한 역할을 했으리라는 점만큼은 부정할 수 없는 사실일 것이다.

4. 가르침과 훈련

가르침과 훈련은 기독교 공동체를 세우는 데 필수적인 사역이다. 왜냐하면 교회를 세우는 일은 그 교회를 형성하고 있는 사람들을 세우는 것이요, 그 사람들을 세우는 일은 바로 이 두 가지 사역을 통해서 이루어지기 때문이다. 가르침과 훈련은 또한 기독교 공동체의 연속성을 확보하는 데에도 매우 중요하다. 그들을 가르치고 훈련함으로써 그들이 성숙한 그리스도인이 되어 또 다른 사람들을 그리스도에게로 인도할 수 있고, 그렇게 함으로써 공동체가 계속 유지될 수 있기 때문이다.

이런 원리는 교회 개척 사역에서도 그대로 적용된다. 특히 예수께서 제자들에게 남겨주신 대위임령(마 28:19-20)에 나타난 '모든 민족을 제자로 삼는 사역'의 본래 의미를 고려할 때 교회 개척과 제자 훈련의 관계성을 더 분명하게 인식할 수 있다. 모든 민족을 제자로 삼는 사역은 불신자들에게 복음을 전해 회심하게 하고, 그들을 교회 공동체에 소속시키고 성숙한 그리스도인으로 성장하게 하며, 그들이 다시 복음을 들고 불신자들에게로 가게 만드는 과정을 모두 포함하며, 이런 순환 과정에서 교회가 든든하게 세워지고 성장하게 된다. 바울 역시 이 사역의 중요성을 인식하고 복음을 선포하면서 가르치고 훈련하기 위해 노력하였다.

1) 제자 훈련의 두 가지 방식

복음서에서는 메시아적 공동체를 중심으로 제자들이 생겨나고 육성되었지만, 오순절 성령 강림 이후에는 교회 공동체를 중심으로 회심하고 개종한 신자들이 제자로 인식되었다. 예루살렘 교회의 경우 한꺼번에 몰려든 회심자들을 돌보고 양육하는 일은 주로 가정 모임을 통해서 이루어졌다. 예루살렘 교회의 각 가정 모임에 관한 사도행전의 묘사는 초기 교회의 신앙 교육과 훈련이 어떻게 이루어졌는지 잘 보여준다. 사도들의 가르침은 그들의 신앙적 성장에 근간이 되는 요소였다. 하지만 그들의 신앙 성장을 위해 필요한 것은 이것만이 아니었다. 가정에서의 예배와 교제, 사랑의 실천도 그들이 성숙한 그리스도인으로 성장해 나가는 데 매우 중요한 역할을 하였다.

초기 교회가 전도와 양육을 통한 '제자 삼는 사역'을 중요시하게 된 것은 예수의 모범과 더불어 그분의 엄중한 명령이 있었기 때문이다. 예수께서는 부활 후 승천하시기 전에 메시아적 공동체의 대표인 열한 제자들 앞에서 그들이 앞으로 해야 할 사명을 일러주셨다. "그러므로 너희는 가서 모든 민족을 제자로 삼아 아버지와 아들과 성령의 이름으로 세례를 베풀고 내가 너희에게 분부한 모든 것을 가르쳐 지키게 하라"(마 28:19-20).

예수의 대위임령에서 본동사는 '제자로 삼아'(*mathēteusate*) 하나뿐이며, 한글 번역에서 동사처럼 보이는 세 개의 단어-'가서'(*poreuthentes*), '세례를 베풀고'(*baptizontes*), '가르쳐 지키게 하라'(*didaskontes*)-는 헬라어 원문에서 동사를 꾸며주는 분사로 사람들을 제자로 삼는 방법과 과정을 보여준다. 이 세 개의 분사가 의미하는 것은 (1) 복음을 전하여 회심하게 하는 사역, (2) 교회 공동체의 일원이 되게 하는 사역, (3) 신앙생활의 도리를 가르쳐 성숙한 그리스도인으로 육성하는 사역이다. 결국 제자로 삼는다는 것은 이처럼 불신자들에게 복음을 전하여 회심하게 하며, 그들을 교회 공동체로 인도하여 세례를 받게 함으로써 굳건한 신앙 공동체의 일원이 되게 하고, 궁극적으로는 "그리스도의 장성한 분량이 충만한 데까지" 이르도록 (엡 4:13) 가르쳐 또 다른 제자들을 낳을 수 있게 하는 과정 전체를 뜻한다.

바울은 이 세 가지 사역을 충실하게 감당한 사람이었다. 특히 그는 다른 사도들에 비해 세 번째 영역의 중요성을 깨닫고 실천하였다. 사실, 가르쳐 지키게 하는 사역을 가장 모범적으로 보여주신 분은 바로 예수 그리스도 자신이시다. 그런데 바울이 예수 이후에 소수의 사람에게 집중하는 방식으로 제자들을 훈련한 최초의 사람이 된 것이다. 바울은 기본적으로 "각 사람을 권하여 모든 지혜로 각 사람을 가르침"으로써 "각 사람을 그리스도 안에서 완전한 자로 세우려"고 하였다(골 1:28; 참조, 딤후 3:17). 그는 에베소 교회에 보내는 편지에서 사도, 선지자, 복음 전하는 자, 목사와 교사를 세운 이유를 밝히면서 그리스도인의 목표를 분명하게 제시하였다.

> 이는 성도를 온전하게 하여 봉사의 일을 하게 하며 그리스도의 몸을 세우려 하심이라. 우리가 다 하나님의 아들을 믿는 것과 아는 일에 하나가 되어 온전한 사람을 이루어 그리스도의 장성한 분량이 충만한 데까지 이르리니 이는 우리가 이제부터 어린아이가 되지 아니하

여 사람의 속임수와 간사한 유혹에 빠져 온갖 교훈의 풍조에 밀려 요동하지 않게 하려 함이라. 오직 사랑 안에서 참된 것을 하여 범사에 그에게까지 자랄지라. 그는 머리니 곧 그리스도라(엡 4:12-15).

그런데 데이비드 헤셀그레이브(David J. Hesselgrave)가 지적한 바와 같이, 바울의 가르침과 훈련의 사역은 일반 신자들을 대상으로 한 사역과 전임 사역자들을 대상으로 한 사역으로 나눌 필요가 있다.[51] 일반 대상은 다수이지만, 전임 사역자들은 소수라는 점에서 차이가 있다. 전자가 다양한 생각과 생활 양식을 보여주는 모달리티(modality)에 해당한다면, 후자는 일정한 비전과 신념에 따라 생활 양식을 공유하는 소달리티(sodality)에 해당한다고 볼 수 있다. 이와 비슷한 사례를 예수에게서도 찾을 수 있다. 그분은 자기를 찾아오는 군중들을 가르치며 돌보면서도 자신이 직접 선택한 열두 명에 대해서는 함께 내밀한 삶을 공유하면서 좀 더 특별한 임무를 감당할 일꾼으로 육성하였다.

바울은 1차 선교 여행을 떠나기 전 수리아 안디옥에서 회중에 속한 일반 신자들을 가르치는 사역을 하였다. "바나바가 사울을 찾으러 다소에 가서 만나매 안디옥에 데리고 와서 둘이 교회에 일 년간 모여 있어 큰 무리를 가르쳤고…"(행 11:26). 당시 안디옥 교회의 신자들은 신앙적인 면에서 아직 "어리고 교육받지 않은 신자들이었다."[52] 바나바와 함께 바울은 그들에게 구속(救贖)의 의미뿐만 아니라 예수 그리스도의 생애와 가르침에 관해 가르쳤다. 안디옥 교회의 신자들을 대상

---

51 David J. Hesselgrave, *Planting Churches Cross-culturally: North America and Beyond*, 2nd edition (Grand Rapids, MI: Baker Books, 2000), 105.
52 John R. W. Stott, *The Message of Acts*, 205.

으로 한 이들의 가르침과 훈련은 그때쯤 그들이 "안디옥에서 비로소 그리스도인이라 일컬음을 받게" 되는 데(행 11:26) 영향을 미쳤을 것이다.

다른 한편 바울은 3차 선교 여행 중 에베소에 머무르는 2년 동안 두란노 서원을 세워 지역교회 사역자들을 훈련하는 프로그램을 진행하였다. 이런 방식은 초기 기독교 역사에서 획기적인 제자 훈련 방식이었다. 두란노 서원은 일종의 훈련 학교로서 일정한 교육적 형식에 맞춰 사역자들을 육성하였다. 이 학교의 목적은 교회 개척자들을 양성하고 그들이 또 다른 개척자들을 재생산할 수 있게 만드는 일과 관련이 있었다. 어쩌면 바울의 두란노 사역은 자기 자신이 모든 곳을 다니며 교회를 개척할 수 없음을 깨달은 그가 사역에 독특한 방식을 도입함으로써 이후에 기독교의 복음 전파에 새로운 국면을 가져오는 계기가 되었을지도 모른다.

2) 현장 중심의 훈련

바울이 가르친 내용은 헬라 사회에서 일반적으로 사용된 교과 과정과는 매우 달랐다.[53] 그 당시 그레코-로만 사회의 학문은 인문학, 수학, 의학, 법률 등 다양한 분야에서 발전하였다. 헬라인들은 특히 추리하고 질문하고 사색하는 것을 즐겼기 때문에 당연히 이를 위한 교육과 훈련이 발달하였다. 그런데 바울은 당시의 일반적인 학문적 배경과 교육적 경향과 상관 없이 예수 그리스도를 통한 구원의 도리와

---

53 헬라 사회의 교육에 관해서는 다음을 참조하라. Everett Ferguson, *Backgrounds of Early Christianity*, 100-103.

선교적 사명에 관해 가르쳤다.

바울의 가르침과 훈련은 일정한 목적 아래 선택된 사람들과의 특별한 관계 속에서 이루어졌다. 멘토로서 바울은 자기 훈련생들이 선교와 교회 개척 사역을 위해 충분히 무장될 수 있도록 도와주었다. 그들의 관계는 비공식적이었지만 매우 친밀하였다. 바울의 훈련 방법은 제자들에게 섬김의 모범을 보여주신 예수의 훈련 방법과 비슷하였다. 또한 바울은 예수와 비슷한 방식으로 자기 자신을 가르침의 중요한 도구로 삼았다. 예수는 자주 제자들에게 "나를 따르라"고 명령하였다(막 1:17; 8:34; 요 12:26 등). 이와 비슷하게 바울도 자신이 멘토링한 제자들과 그가 세운 교회의 신자들에게 자신 있게 "나를 본받는 자가 되라"고 하였다(고전 4:16; 11:1; 빌 3:17; 행 20:35). 바울은 훈련생들과 멀리 떨어져 있을 때 그들과 서신으로 연락을 주고받았으며, 그들을 위한 중보기도는 훈련생들에게 감동을 주기에 충분하였다(살전 3:9-10; 골 1:3, 9). 아래에서 자세히 다루겠지만, 그의 영적 멘토링은 그가 아버지의 마음을 가지고 제자들을 대한다고 언급했을 때 그 의미와 의도를 잘 드러낸다.

그뿐만 아니라 바울의 교육 방식은 현장 중심적이었다. 그는 훈련생들이 자기 눈으로 성령의 능력을 보고 체험할 수 있게 하는 방식으로 가르쳤다. 그의 교육 방법은 근대 교육의 방식과는 달리 특정한 커리큘럼과 학습 일정에 의해 제한되지 않았다. 그는 자기 학생들을 사역 현장으로 보냈을 뿐만 아니라 때때로 그들과 함께 일하기도 하였다. 헤셀그레이브에 의하면 "그것은 현장 중심의 훈련(on-the-job training)이었다. 젊은 선교-전도자들에게 그것은 사도와 동행하는 것을 의미했다. 요한 마가, 디모데, 디도는 모두 훈련받기 위해 집을 떠나야 했다. 이것이야말로 장로 훈련과 선교사 훈련 사이에 존재하는 큰 차이점 중 하나다."[54] 훈련생들이 직접 현장을 본다는 것은 그들이 바울이 이끄는 사역 팀에 합류한다는 것을 뜻하였다. 그것은 또한 바울이 현장에서 자연스럽게 직접 본을 보이는 모습을 그들이 보았음을 의미하기도 하였다.

데이비드 쉥크(David W. Shenk)와 얼빈 슈트츠만(Ervin R. Stutzman)은 사도행전 20:4에 나오는 사람들이 바울이 에베소에서 가르친 사람들과 같을 가능성이 있다고 말한다. 선교 및 교회 개척에 관한 바울의 강의를 들은 사람들이 바울이 마게도냐와 아가야에 세운 몇몇 교회들을 확인하기 위해 에베소를 떠날 때 동행한 사람들과 같다는 말이다. 쉥크와 슈트츠만의 생각에 따르면 "이 여정이 바울이 훈련하고 있었던 지도자들에게는 일종의 타 문화권 교회 개척의 현장을 답사하는 여행이 되었다."[55] 이 말은 바울이 함께 가는 사람들에게 현장을 방문하여 직접 눈으로 보고 체험할 기회를 제공했다는 뜻이다.

3) 제자 훈련의 자세와 재생산

예수께서 제자들을 가르치고 훈련한 방식이 당시의 유대교 랍비들의 방식과 크게 달랐던 것처럼, 제자들을 양육하는 바울의 자세는 당시의 교사들과 비교했을 때 뚜렷한 차이를 보인다. 앞에서 언급했듯이 바울의 교육 과정과 교육 방식 자체는 당시의 교사들과 근본적으로 달랐다. 그런데 바울과 당시 교사들을 비교할 때 가장 큰 차이점은 바울이 제자들을 대할 때 단지 전문적인 지식과 기술을 가르치

---

54 David J. Hesselgrave, *Planting Churches Cross-culturally*, 106.
55 데이빗 쉥크 · 얼빈 슈트츠만, 『초대교회 모델을 따라 교회를 개척하라』, 219.

는 차원을 넘어 그들과의 영적인 관계성을 더 중요하게 여겼다는 것이다.

바울은 자기와 제자들 사이의 관계를 영적 아버지와 자녀의 관계로 규정하였다. 데살로니가전서 2:11에서 바울은 "너희도 아는 바와 같이 우리가 너희 각 사람에게 아버지가 자기 자녀에게 하듯 권면하고 위로하고 경계하노니"라고 말하고 있다. 그는 자신이 양육하는 제자를 아들로 호칭하기도 하였다. 바울은 디모데를 빌립보 교회에 추천하면서 그와 자신의 관계를 "자식과 아비"로 표현하였다(빌 2:22). 디모데전서 1:2에서는 "믿음 안에서 참 아들 된 디모데"라고 말하기도 하였다.

바울이 자신과 제자들의 관계를 묘사하기 위해 사용한 아버지와 자녀의 이미지에는 일차적으로 엄격하게 훈육하는 아버지의 모습이 반영된 것처럼 보인다. 하지만 바울이 이 이미지를 통해서 드러내고자 했던 핵심은 '해산의 수고'에 있었다. 갈라디아서 4:19에서 바울은 이렇게 말한다. "나의 자녀들아, 너희 속에 그리스도의 형상을 이루기까지 다시 너희를 위하여 해산하는 수고를 하노니." 아버지의 해산이라는 다소 역설적인 이 표현은 갈라디아 교회 신자들을 향한 바울의 복음적 열정과 희생의 정도를 알 수 있는 말이다. 그는 마치 자녀를 낳는 고통을 감수하면서까지 그들이 "그리스도의 형상을 이루기까지" 성장하기를 바랐던 것이다.

고린도전서 4:15 역시 바울이 제자 훈련을 해산의 고통에 비유한 구절이다. "그리스도 안에서 일만 스승이 있으되 아버지는 많지 아니하니 그리스도 예수 안에서 내가 복음으로써 너희를 낳았음이라." 이 구절을 통해서 바울은 단지 지식과 기술을 가르치는 당시의 스승들과 달리 아버지의 심정으로 제자 훈련에 임했음을 분명하게 밝히고 있다. 고린도 교회는 바울이 두 번째 여행 중에 개척한 교회인데, 이 교회가 시기와 질투로 분열되고 비도덕적인 모습을 보이자 그들을 향해 애끓는 심정으로 권면한 것이다.

바울이 3차 사역을 마치고 예루살렘으로 가기 전에 밀레도(Miletus)에서 에베소 교회 장로들을 불러 당부한 내용에서도 그의 제자 훈련 자세를 엿볼 수 있다. 이 표현들은 바울이 목양과 제자 훈련을 위한 해산의 수고를 언급한 의도가 구체적으로 무엇인지를 알게 해 준다.

> 바울이 밀레도에서 사람을 에베소로 보내어 교회 장로들을 청하니 오매 그들에게 말하되 아시아에 들어온 첫날부터 지금까지 내가 항상 여러분 가운데서 어떻게 행하였는지를 여러분도 아는 바니 곧 모든 겸손과 눈물이며 유대인의 간계로 말미암아 당한 시험을 참고 주를 섬긴 것과 유익한 것은 무엇이든지 공중 앞에서나 각 집에서나 거리낌이 없이 여러분에게 전하여 가르치고 유대인과 헬라인들에게 하나님께 대한 회개와 우리 주 예수 그리스도께 대한 믿음을 증언한 것이라. …그러므로 여러분이 일깨어 내가 삼 년이나 밤낮 쉬지 않고 눈물로 각 사람을 훈계하던 것을 기억하라(행 20:17-21, 31).

바울이 보여준 제자 훈련은 그가 '제자 삼는 사역'의 연속성을 강하게 의식하고 있었다는 점에서 그 사고의 깊이를 확인할 수 있다. 바울은 제자 삼는 사역이 한 세대에서 끝나는 것을 원치 않았으며, 그것이 계속해서 이어지기를 원했다. 디모데후서 2:2에 의하면 바울은 최소한 제자자 재생산되는 과정을 4세대까지 염두에 두고 있었다. "또 네가 많은 증인 앞에서 내게 들은 바를 충성된 사람들에게 부탁하라 그들이 또 다른 사람들을 가르칠 수 있으리라." 여기서 '바울

→디모데→충성된 사람들→다른 사람들'로 이어지는 연속적 고리는 교회가 현상 유지를 넘어 하나님의 나라를 향해 건강하게 성장할 수 있는 동력이 된다.

특히 제자의 재생산은 교회의 재생산을 이루는 기초가 된다는 점에서 중요하다. 신앙 공동체가 곳곳마다 세워지고 성장하기 위해서는 그리스도를 믿는 신자들이 늘어나야 하고, 그 일은 기본적으로 제자 삼는 사역이 활발하게 진행될 때 가능하다. 마이클 윌킨스(Michael Wilkins)에 따르면 "사도행전에 '제자들'이라는 단어는 새로운 신앙 공동체, 곧 교회로서 긴밀하게 연합한, 부활 이후 신자들을 묘사하는 데 사용되었다."[56] 회심한 제자들은 신앙 공동체를 형성하고, 그 공동체 안에서 믿음이 자라나는 제자들은 또 다른 제자들을 얻기 위해 복음을 전한다. 그렇게 함으로써 제자의 재생산은 교회의 재생산으로 이어진다.

---

56 Michael J. Wilkins, *Following the Master*, 256.

5장
바울 팀과 교회 개척을 위한 네트워크

효과적인 교회 개척 사역을 위해서는 팀 사역과 다양한 관계 속에서 이루어지는 지원 그룹이 필요하다. 흔히 팔레스타인에서 시작된 복음이 지중해를 넘어 아나톨리아 반도와 발칸 반도로 확산하게 만든 이가 바울이라고 말하지만, 실상 그 일을 바울 혼자서 감당한 것은 아니었다. 위대한 바울에게는 위대한 동역자들이 있었다. 그들은 바울의 사역 구조 안에서 다양한 종류로 구분될 수 있고, 그들이 감당했던 역할과 기능은 바울의 사역 상황에 따라 다양했다. 우리는 이 모든 사람을 '교회 개척을 위한 네트워크'로 묶을 수 있을 것이다. 이 네트워크에는 직접 교회를 개척한 사역자들, 다양한 형태로 이들을 도왔던 동역자들, 곳곳에 세워진 지역교회들, 다른 사도들과의 관계가 포함된다.

1. 교회 개척자들

바울과 그의 동료들은 기독교의 복음을 확산하기 위해 선교 여행에 나섰다. 이 일은 다양한 방식으로 복음을 전하는 과정과 그 열매인 신앙 공동체를 설립하는 과정으로 진행되었다. 복음을 받아들이고 회심한 사람들은 정기적으로 모여 예배하기 위해서, 같은 말, 같은 마음, 같은 뜻(고전 1:10)을 가진 사람들끼리 교제하기 위해서, 적절한 가르침과 훈련을 통해 성숙한 그리스도인으로 성장하기 위해서 신앙 공동체가 있어야 했다. 이렇게 모인 사람들은 그리스도 안에서 새롭게 거듭난 하나님의 백성으로서 복음에 기초한 새로운 의식과 삶을 드러내고 증거하였다. 신약성경은 이런 공동체를 '에클레시아,' 곧 교회라고 일컫는다. 결국 바울과 그의 동료들은 당시 헬라 세계 곳곳에서 복음을 전하고 교회들을 개척하려고 한 것이다. 따라서 그들을 가리켜 교회 개척자들이라고 부르는 것은 전혀 이상하지 않다.

그런데 신약성경에는 오늘날에 보편적으로 사용하는 '교회 개척'(church planting) 또는 '교회 개척자'(church planter)라는 용어가 나오지 않는다. 따라서 신약성경에서 교회 개척과 연관성이 있는 직무들, 또는 교회 개척자에 해당할 만한 직무들을 찾아보는 것이 좋을 것이다. 일차적으로 에베소서 4:11-12에 등장하는 다섯 가지 직무, 곧 사도, 선지자, 복음 전도자, 목사, 교사의 역할을 살펴볼 필요가 있다. 이들은 대체로 초기 교회가 태동하던 시기에 필요했던 직무들이다. 쉥크와 슈트츠만은 이들이 바울의 선교 초기에 교회 개척을 위한 팀 사역 속에서 유연하게 기능했을 것으로 이해한다.[1] 교회

1　데이빗 쉥크 · 얼빈 슈트츠만, 『초대교회 모델을 따라 교회를 개척하라』, 70.

를 개척하는 초기 단계에서는 복음 전도자들이 중요한 역할을 했을 것이다. 또한 일부 바울 팀원들은 토착 지도자가 없는 어린 교회들을 돌보도록 목사나 교사로 파견되기도 했다. 그러나 이런 식으로만 관찰하면 자칫 다섯 가지 직무를 개념적 틀 안에 가둬놓음으로써 각 사역의 범위를 지나치게 제한하는 실수를 범할 수도 있다.

이 다섯 가지 직무 가운데 사도는 현대의 교회 개척자에 가장 가까운 특징들을 가지고 있었다. '사도'(*apostolos*)라는 단어는 기독교가 빌려와 자신들만의 고유한 의미를 부여하기 전에도 특정한 목적을 위해 보냄을 받은 사람을 뜻했다. 이 단어는 고전 헬라어에서 주로 왕이나 지배자에 의해 보냄을 받아 항해한다는 의미를 지닌 군사 용어였다. 사도의 호칭은 원래 열두 사도에게만 적용되었다. 그런데 바울은 이것을 자신의 사역으로 가져와 재해석하고 발전시켰다. 그는 특히 이방인 선교가 점점 활발해지면서 이 호칭을 더 넓은 범위에 속한 다양한 사람에게 적용하였다. 이 점에 관해 루돌프 슈나켄부르크(Rudolf Schnackenburg)는 이렇게 언급한다. "예루살렘에서 '그 누구도 도달할 수 없는 영속적이고도 신적인 우위'를 점하고 있었고, '따라서 다른 사람들을 이끌 수 있는 권위'를 가지고 있었던 … '사도들'은 이제 바울에 의해서 단지 그리스도의 도구, 종, 설교자, 사자(使者)로 여겨지게 되었다."[2]

사도의 호칭은 열두 사도 이외의 사람들에게도 사용되었다. 열두 사도를 일차적 사도 그룹으로, 그리고 그 밖의 (사도로 불린) 사람들을 이차적 사도 그룹으로 구분할 수 있을 것이다. 일차적 그룹으로 분류

---

2   Rudolf Schnackenburg, *The Church in the New Testament*, trans. W. J. O'Hara (New York: Herder and Herder, 1965), 27.

된 열두 사도는 교회의 기초(엡 2:20)를 이루는 역할을 하며, 그 존재는 역사적으로 반복되지 않는다.[3] 하지만 둘째 그룹에 속한 사도들의 경우는 다르다. 이 그룹에 속한 사도들의 사역은 오늘날의 선교사들과 교회 개척자들의 사역과 비슷하다. 이들의 임무는 (1) 복음을 증거하고, (2) 교회를 개척하고, (3) 교회를 강화하고(교육), (4) 기존 지도자들을 멘토링하고 새로운 지도자들을 임명하는 것이었다.

초기 교회에서 교회 개척자 역할을 한 사도들은 한곳에 머물러서 일하는 지역교회 목회자들과 달랐다. 그들은 1세기의 견유학파 철학자들처럼 여러 지역을 여행하며 사역하였다. 그들의 사역은 지역 전도를 밑거름 삼아 토착 교회를 개척하는 일과 깊이 관련되어 있었다. 특히 바울에게 사도직은 이방인 선교와, 다른 사도들이 관여하지 않는 지역에 교회를 세우는 임무와 관련이 있었다(롬 15:20). 그런데 사도의 이런 사역은 종종 다른 동료들에게 위임되기도 하였다.

2. 교회 개척을 위한 팀 사역

교회 개척 사역에는 팀워크(teamwork), 곧 팀 구성원 간의 연대와 협력이 필요하다. 만일 어떤 개척자가 교회를 개척하고 세워나가는 과정에서 모든 일을 혼자 한다면 그는 얼마 지나지 않아 탈진하고 말 것이다. 효율적인 사역을 위해서는 일을 나누고 동료 간에 서로 협력해야 한다.

이런 연대와 협력의 원리는 성경에서도 다양한 사례를 찾아볼 수

---

3 최동규, 『미셔널 처치』, 285.

있다. 구약성경에서 이드로와 모세의 이야기는 이 원리를 보여주는 대표적인 사례다. 모세의 장인 이드로는 모세가 모든 재판을 혼자 감당할 수 없다는 점을 지적하고, 리더십을 효과적으로 발휘하기 위해서는 권력을 나누고 위임해야 한다고 조언해 주었다(출 18:18-23). 예수께서도 열두 사도를 불러 훈련하는 과정에서 그들을 둘씩 묶어 사역 현장으로 보냈으며(막 6:7-13), 70명의 제자를 세운 뒤에도 같은 방식으로 그들을 파송하였다(눅 10:1).

팀워크는 바울의 교회 개척 사역에서도 중요한 원리로 작용하였다. 웨인 믹스가 지적한 바와 같이 "바울의 기독교는 한 사람에 의해 이루어진 것이 아니라 확장된 동료 그룹에 의해 이루어진 것이었다."[4] 실제로 바울의 팀은 일정한 의도 없이 우연한 조합으로 구성되지 않았다. 그 팀의 구성은 교회 개척에 필요한 여러 가지 은사와 사회적 조건이 전략적으로 고려된 조합이었다.

신학적 관점에서 보면, 교회를 세움으로써 하나님의 나라를 구현하고 확장하려는 개척 팀은 그 자체로 그들이 세우려고 하는 교회의 특성을 반영한다. 쉔크와 슈트츠만은 교회 개척 사역이 팀 사역으로 이루어져야 할 필요성에 관해서 이렇게 말한다. "일정한 사역을 감당하고 있는 팀은 규모가 작을지라도 이미 하나의 교회이기 때문이다. 회개하고 사이좋게 함께 사역하는 팀은 그들이 이루기를 원하는 교회의 본질적인 모습을 보여준다."[5] 물론 그렇다고 해서 바울 팀이 완벽하고 이상적이라고 말하는 것은 아니다. 하나님께서 주신 확고한 비전과 성령의 인도함을 받았던 바울의 팀조차도 종종 내부적으로 갈등을

---

4   Wayne A. Meeks, *The First Urban Christians*, 7-8.
5   데이빗 쉔크 · 얼빈 슈트츠만,『초대교회 모델을 따라 교회를 개척하라』, 57.

겪었다. 그러나 진정한 교회다움은 갈등과 문제가 없는 모습이 아니라 그 갈등과 문제를 풀어나가는 모습에 있으며, 그런 점에서 바울 팀은 오늘의 사역자들에게 좋은 모델이 될 수 있다.

1) 안디옥에서의 예비적 경험

바울은 교회 개척 사역을 시작하기 전 수리아 안디옥에서 사역할 때 이미 팀 사역을 경험하였다. 그가 각 지역을 다니며 교회를 개척하는 과정에서 팀 사역을 중요하게 여기게 된 것은 아마도 이때의 경험으로부터 영향을 받았을 가능성이 크다. 안디옥 교회에는 "선지자들과 교사들"(행 13:1)로 불리는 다섯 명의 지도자가 있었다. 이 사실에서 리더십의 다양한 기능을 추측할 수 있다. 일반적으로 선지자는 종교적 카리스마를 행사하는 지도자를 말하며, 교사는 교리와 성경을 해석하고 그것을 가르치는 사람을 가리킨다.

만약 사도행전 13:1에 열거된 다섯 개 이름의 순서가 일종의 질서나 등급을 암시한다면 다섯 명의 리더 중에서 바나바를 주도적인 인물로 평가할 수 있을 것이다. '니게르'(Niger)라는 단어는 라틴어로 '검은색'을 의미하며, 이 점에 근거하여 시므온은 그의 동료 구레네 사람 루기오와 함께 아프리카 출신이었으리라 짐작해 볼 수 있다.[6] 종합적으로 보면 "안디옥 교회의 지도자들 가운데 두 명은 아프리카 출신이었다. 그 둘 중 한 사람은 분명히 흑인이었을 것이다. 지도자 집단 가운데 다른 한 사람은 아마도 헬라인이었을 것이고 다른 한 명

---

6 F. F. Bruce, *Paul: Apostle of the Heart Set Free*, 148.

혹은 두 명은 유대인이었을 것이다."⁷ 이처럼 안디옥 교회의 리더십은 다양한 민족, 다양한 문화적 배경을 가진 인물들로 구성되었다. 그들 가운데 질서적인 차원의 권위는 있었을지언정 지배와 종속을 의미하는 계층적 구조는 없었다. 그들은 집단적 리더십 시스템 안에서 서로를 존중하고 자신의 은사에 따라 함께 일하였다.

2) 사역 팀의 구조

바울의 교회 개척 팀은 일정한 선교기지 또는 본부에서 현장 활동을 통제하는 방식의 고정된 조직이 아니었다. 로버트 뱅크스에 따르면 바울 팀은 매우 유연한 형태를 띠고 있었다.⁸ 좀 더 구체적으로 말하자면 바울 팀은 사역과 목적에 따라 유연하고 다양한 방식으로 구성되었다. 대부분 과제는 임시적이었다. 그렇다고 해서 모든 구성원이 일시적인 지위를 가지고 있었다는 뜻은 아니다. 일시적으로 동역했던 다른 사람들과는 달리 바울과 바나바는 선교 여행을 하는 동안 거의 팀을 떠나지 않았다.

바울 팀의 구조를 파악하려면 먼저 직접 선교 여행에 참여한 사람들로 사역 구성원의 범위를 한정하는 오류를 피해야 한다. 이렇게 팀 구조를 파악하면 간접적인 방식으로 바울의 교회 개척 사역에 참여한 동역자들이 배제되는 문제가 생긴다. 그런데 사실상 바울의 개척 사역은 다양한 동료들과의 긴밀한 협력 관계 속에서 수행되었다. 어쩌면 이들과의 협력적 네트워크야말로 바울의 교회 개척 사역을 성공으

---

7 데이빗 쉔크 · 얼빈 슈트츠만, 『초대교회 모델을 따라 교회를 개척하라』, 58.
8 Robert Banks, *Paul's Idea of Community*, 160.

로 이끈 핵심 요인 중의 하나라고 말할 수 있다.

넓은 의미에서 바울의 사역 팀은 세 부류, 곧 순회 교회 개척자, 임시적인 여행 동료, 지역의 후원자로 구분된다. 첫 번째 그룹은 바울, 그리고 선교 여행을 하는 동안 지속해서 동행한 사람들이 포함된다. 이들을 바울 선교의 본대(本隊)라고 말할 수 있을 것이다. 이 부류에 바울, 바나바, 마가, 실라가 속한다.

두 번째 그룹에는 때때로 바울과 일시적으로 동반하기도 했지만, 대체로는 특별한 임무를 띠고 지역교회에 파견된 동료들이 속한다. 이들은 지역교회로부터 오는 소식과 불규칙한 재정보조금을 바울에게 전달하기도 하였으며, 그가 옥에 갇혔을 때 필요한 물건들을 전해 주기도 하였다. 때로는 아직 리더십이 세워지지 않은 회중을 위해 임시 목회자로 사역하거나 그들을 위해 리더십을 세우는 일을 하기도 하였다. 디모데(행 16:3-10), 디도(딤후 4:10; 딛 1:5), 누가, 브리스길라와 아굴라(행 18:2-28), 에바브라(골 1:7; 4:12), 사도행전 19장에 나오는 에라스도, 가이오, 아리스다고 그리고 사도행전 20장에 나오는 소바더, 세군도, 두기고, 드로비모가 이 두 번째 그룹에 속한다.

세 번째 그룹에 속한 사람들은 지역에서 바울의 선교팀을 후원하는 일을 했다. 이들은 비록 바울 팀과 함께 여행하지는 않았지만 교회가 개척되는 지역에 대해 잘 알고 있는 사람들로서 교회 개척자들에게 유용한 정보를 제공하거나 그들이 가진 자산으로 개척자들을 지원하는 역할을 하였다. 세 번째 그룹에 속한 전형적인 인물로 루디아(행 16:13-15)를 꼽을 수 있으며, 그 밖에도 로마서 16장과 고린도전서 16장에 언급된 여러 그리스도인이 이 그룹에 속한다고 볼 수 있다.

바울 팀의 구성을 보면 몇 가지 중요한 특징을 발견할 수 있다. 이 팀은 인종적, 신분적, 성적 경계를 뛰어넘어 다원적으로 구성되어 있었다. 하나씩 살펴보자면, 첫째로 이 팀에는 유대인과 이방인이 섞여 있었다. 앞에서도 언급했지만, 이것은 이방인들에게 효과적으로 복음을 전할 수 있는 전략이었다. 1차 여행 때 루스드라에서 합류한 디모데는 유대인 어머니와 헬라인 아버지 사이에서 태어났기 때문에 두 가지 문화에 모두 익숙해 있었다. 에라스도는 틀림없이 이방인이었을 것이다. 반면에 브리스길라와 누가는 이방인으로 추정된다. 그리고 사도행전과 바울의 서신을 보면 정확하게 인종적 배경을 밝히지 않은 많은 사람이 바울 팀과 동역하였다. 그들이 설령 유대인일지라도 그들 중 상당수는 이미 헬라 문화에 익숙한 디아스포라 유대인이었을 것이다.

둘째로 팀 구성원 중에 노예 출신이 있었다는 사실은 그 팀이 사회적 신분의 한계를 극복했음을 보여준다. 이 상황에 해당하는 사람은 오네시모였다(골 4:8-9; 몬 10 이하).

셋째로 바울 팀에는 여성이 포함되어 있었다. 대표적인 예로 고린도에서 만난 브리스길라를 들 수 있는데, 그녀는 남편과 함께 천막 만드는 일에 종사하면서 바울 팀의 사역을 도왔다. 그녀는 후에 남편과 함께 에베소로 건너가 아볼로에게 하나님의 도를 자세히 풀어 가르쳐 주기도 하였다(행 18:26). 또한 루디아는 지역의 후원자로서 바울을 도와 빌립보 교회를 세우는 데 크게 이바지하였다.

요컨대 바울 팀의 구성은 팔레스타인의 지리적 한계뿐만 아니라 유대교의 문화적 한계를 뛰어넘는 특징을 보여주고 있다. 또한 헬라 사회의 중요한 가치 중 하나였던 다원성을 잘 드러내고 있다. 이런 다원적 구성에도 불구하고 이 팀은 헬라 사회에 이미 고착된 사회 경제적 차별을 극복함으로써 예수 그리스도 안에서 경험할 수 있는 새로운 사회 질서의 가능성을 보여주었다. 이런 모습은 그들이 증거하고

자 했던 복음의 내용과도 일치하는 것이었으며, 그들이 개척할 교회 공동체를 예시하는 것이기도 하였다.

3) 팀 리더십과 구성의 변화

1차 선교 여행이 시작되었을 때 바울 팀의 구성원은 바울, 바나바, 요한 마가였다. 이 시기에 팀을 이끌었던 인물은 구브로 출신의 바나바(행 4:36)였던 것으로 보인다. 마가는 바나바의 조카였다(골 4:10). 선교 여행의 시작 부분에서 누가는 팀 리더십의 이름을 "바나바와 바울"(행 13:7) 순으로 표기한다. 팀 내에서 마가의 비중은 바울과 바나바에 비해 상대적으로 약했을 것이다.

그런데 구브로 섬의 바보에서 밤빌리아 지방의 버가로 가는 길에 내부적으로 팀의 조직 개편이 있었던 것으로 보인다. 누가는 사도행전 13:13에서 "바울과 및 동행하는 사람들"이라는 표현을 사용하면서 이름의 순서를 바꿔 놓는다. 이렇게 이름의 순서가 바뀌는 현상은 사도행전의 저자 누가의 의도에 의한 것이었다. 이는 이때부터 팀의 리더가 바나바에서 바울로 바뀌었음을 시사한다. 어떤 사람들은 이 일이 생긴 연유가 바울과 바나바 사이의 갈등 때문이라고 추론한다.[9] 이런 해석은 여행에 요한 마가를 동반했기 때문에 둘 사이에 갈등이 빚어졌다는 점을 고려할 때 어느 정도 이해할 수 있다(행 15:36-41). 그러나 성경 어디에서도 갈등의 원인에 관해 언급한 곳을 찾을 수 없다는 점에서 이 해석에 대한 신뢰성은 떨어진다. 오히려 사건 해석의 실마리를 바나바의 위대한 성품에서 찾는 것이 합리적으로 보

---

9   N. Taylor, *Paul, Antioch and Jerusalem* (Sheffield, UK: JSOT, 1992), 94.

인다. 그는 일찍이 바울에게 위대한 지도자가 될 잠재력이 있음을 파악하고서 그를 다소에서 수리아 안디옥으로 데려왔다. 이런 맥락에서 보면 리더십이 바뀐 사건은, 바울이 그의 선교 능력을 드러낼 수 있도록 바나바가 자발적으로 팀 리더의 자리를 그에게 넘겨준 것으로 해석하는 것이 자연스럽다.

요한 마가가 1차 선교 여행 때 구성한 첫 사역 팀에서 중도 이탈한 것은 불행한 일이었다. 그의 이탈 원인에 관해서는 많은 추론이 있다. 리처드 롱에네커(Richard N. Longenecker)는 마가가 예루살렘에서 일어난 이방인 선교의 영향을 걱정했기 때문에 팀에서 이탈했을 것으로 추측한다.[10] 피터 와그너는 마가가 "높은 수준의 영적 전쟁"에 대해 부정적이었기 때문에 여행을 포기했다고 주장하지만,[11] 그의 주장은 다소 지나치다. 바울의 여정을 따라 버가에서 비시디아 안디옥에 이르는 지역을 직접 다녀본 탐방객들은 마가가 예루살렘에서 로마 시민권을 가진 부유한 유대인 집안의 한 청년이었다는 점을 전제로 그가 향수병이나 풍토병에 걸려 떠났을 것이라고도 하고, 당시에 강도가 많고 험난한 타우루스(Taurus)산맥 넘기를 두려워하여 떠났을 것이라고 말하기도 하지만, 어느 것이나 사실을 확인할 수는 없다. 반면에 바울의 출현에 대한 불쾌한 감정과 이방인들에게 복음을 전해야 한다는 바울의 확고한 원칙이 유대인 중심적이었던 마가를 떠나게 만든 원인이 되었을 것이라는 설명은 나름대로 합리적인 추론으로 보인다.[12] 이 추론은 마가의 목적지가 이방인 선교의 중심지인 수

---

10 Richard N. Longenecker, *The Ministry and Message of Paul* (Grand Rapids, MI: Zondervan, 1971), 43.
11 C. Peter Wagner, *Acts of the Holy Spirit*, 295.
12 R. Alan Culpepper, "Paul's Mission to the Gentile World: Acts 13-19," *Review and*

리아의 안디옥이 아니라 예루살렘이었다는 사실에 의해 뒷받침될 수 있다.

바울은 2차 선교 여행을 준비하면서 첫 여행에서 얻은 경험을 바탕으로 더욱 강화된 팀을 조직하고자 했다. 그러나 그들은 처음부터 의견이 갈리는 불행한 사태에 직면해야 했다. 팀을 개편하는 과정에서 바나바는 조카 마가를 데리고 가려고 했지만, 바울은 중도에 팀을 이탈한 마가를 배제하고 대신 실라를 선택하였다. 실라는 예루살렘 회의에서 결정된 내용을 전달하기 위해 바사바라 하는 유다와 함께 안디옥으로 파송 받은 인물이었다(행 15:22). 바울이 마가를 배제하고 실라를 선택한 이유는 그가 혈연관계보다 팀에 대한 적합성을 더 중요하게 생각했기 때문이었다.

더 나아가 바울은 두 번째 여행을 떠나면서 그들의 교회 개척 사역이 탁월한 효과를 내기 위해서는 팀을 더 강화해야 한다고 느꼈다. 이를 위해 그는 루스드라에 들렀을 때 그곳에서 디모데를 선택하여 바나바의 빈자리를 채웠다. 디모데는 어머니가 유대인이었고 아버지가 헬라인이었기 때문에 이중문화, 곧 유대인 문화와 헬라 문화 모두에 익숙한 사람이었다. 이 팀은 2차 여행에서 소아시아의 서쪽 끝에 있는 드로아로 여행 경로를 잡았고, 그곳에서 의사 누가가 네 번째 팀원으로 합류하였다. 누가는 "잘 훈련된 헬라인이었으며 동시에 유럽의 전문직업인이기도 하였다. 그는 그 지역 사람(an insider)으로서 헬라-유럽적인 문화를 매우 잘 알고 있는 사람이었다."[13] 이런 점들을 고려할 때 바울 팀의 교회 개척 사역은 바울에 의해서만 수행된 것이

Expositor 71(4) (1974): 488.
13 데이빗 쉔크 · 얼빈 슈트츠만, 『초대교회 모델을 따라 교회를 개척하라』, 62

아니라 바울과 다른 많은 동료가 함께 이룬 사역이었다고 평가할 수 있다.

3. 교회 개척을 위한 네트워크

바울 팀은 효과적인 교회 개척 사역을 위해 비공식 네트워크를 가지고 있었다. 그 네트워크는 바울 팀이 개척한 지역교회들, 특히 그 교회들의 지도자들과 연결되어 있었다. 오늘날 선교사 또는 교회 개척자와 지역교회들 사이의 관계는 매우 공식적이며, '선교단체'로 불리는 기관들이 이 두 주체 사이의 행정적인 업무를 담당한다. 그러나 바울은 결코 현대적인 의미의 선교단체를 설립하기를 원하지 않았다. 롤런드 앨런은, 현대 기독교 역사에서 선교단체들이 토착 교회 설립에 어떻게 비효율적으로 작용했는지를 설명하면서, 이런 기독교 역사의 사례와는 달리 바울이 설립한 것은 선교본부가 아니라 교회였다고 강조한다.[14] 그의 지적은 오늘날 교회와 선교단체 사이의 관계, 그리고 교회의 선교적 본질에 관한 논의에 매우 중요한 시사점을 던진다.

바울을 중심으로 형성된 네트워크는 결코 제도화된 조직이 아니었다. 그것은 오히려 느슨하게 연결된, 일종의 비제도적 시스템이었다. 네트워크 안에서 각 주체는 계층적이지 않고 상호 협력적이었다. 이런 종류의 네트워크는 바울과 그의 동료들 사이에만 형성된 것이 아니라 바울 팀과 안디옥 교회 사이, 그리고 바울 팀과 예루살렘

14　Roland Allen, *Missionary Methods: St. Paul's or Our?*, 83.

교회 사이에도 형성되었다.

1) 후원 교회들과의 네트워크

바울의 동반자 중 한 사람인 바나바는 바울과 예루살렘 교회 사이에서 중재하는 역할을 하였다. 바나바를 통해 바울은 예루살렘 교회와 좋은 관계를 유지할 수 있었다. 예루살렘 교회에서 인지도가 높았던 바나바는 새롭게 형성된 안디옥 교회로 파견된 뒤 다소에 있던 바울을 데려와 함께 목회하였다. 바나바는 안디옥 교회에서 권위주의적인 방식으로 일하지 않았다. 그는 바울을 포함하여 다른 세 명의 지도자와 함께 집단 지도 체제를 구축하고 모든 것을 함께 의논하며 사역하였다. 이 집단 지도 체제 안에서 바나바가 보여준 자세는 그리스도인들이 팀 사역에 참여하고 운영하는 데 필요한 지혜를 가르쳐 준다.

바울과 바나바가 교회 개척 사역을 위해 파송된 것은 전적으로 성령에 의해 이루어졌다. 그 일은 그들이 "주를 섬겨 금식할 때에"(행 13:2) 일어났다. 그들은 삼위일체 하나님과 함께 있는 동안에 선교 사역자로 부름을 받았다. 이것은 교회를 개척하는 일이 인간이 사람의 생각을 따라 임명하거나 선택함으로써 가능한 것이 아니라는 점을 보여준다. 사역의 성공은 일꾼들이 오직 성령에 의해 선택될 때만 가능하다. 성령께서는 다섯 명으로 구성된 집단적 지도 체제에서 두 명의 지도자를 특별한 임무를 수행할 사역자로 선택하였다. 그들을 파송하는 것은 안디옥 교회에 심각한 손실이었지만, 교회는 성령의 부름을 인정하고 그들을 파송하였다.

여기서 성령이 다른 사람들을 배제하면서 바나바와 바울에게만 선교 명령을 내리지 않았다는 사실을 자세히 관찰해야 한다. 사도행전 13:2에 따르면 바나바와 바울을 교회 개척 사역자로 보내겠다는 성령의 명령은 안디옥 교회의 대표자 다섯 명 모두에게 주어졌다. 이것은 하나님의 선교 명령 또는 선교를 향한 소명이 일반적으로 파송될 후보자들에게만 해당하지 않고, 오히려 그들을 포함하여 그분의 선교 공동체에 주어진다는 점을 시사한다. 이렇게 파송 교회가 일정한 선교 네트워크 안에서 선교사나 교회 개척자와 함께 부름을 받는다는 사실을 인식할 때 사역 효과의 극대화를 기대할 수 있다.

바울은 안디옥 교회로부터 공식적인 파송을 받았으며, 선교 여행을 마칠 때마다 안디옥으로 돌아와 사역에 관해 보고하였다. 그는 안디옥 교회를 발판으로 삼고 떠난 세 번의 여행을 통해 교회 개척 사역을 수행하였다. 이런 바울의 사례는 선교사나 교회 개척자가 파송 교회와 적절한 관계를 유지하며 사역해야 한다는 것을 가르쳐 준다. 사도행전 14:27에 따르면 바울과 바나바는 수리아 안디옥으로 돌아가 함께 교회(회중)를 모았다. 그들은 교회의 최고 지도자들만이 아니라 모든 신자와 밀접한 관계를 맺었다. 그들은 "하나님께서 행하신 모든 일과 이방인들에게 믿음의 문을 여신 것"을 공유함으로써 신자들과 공감대를 형성하고자 노력하였다. 이들의 시도는 선교가 개인의 임무가 아니라 공동체의 임무라는 의식에 근거한다. 또한 바울이 교회 지도자들에게 보고하지 않고 신자들에게 보고한 사실은 안디옥 교회에 계층적 질서가 없었음을 보여준다.

그런데 오늘날의 교회들과는 달리 안디옥 교회는 바울 팀을 실질적으로 지원하지 않았다. 다시 말해서 안디옥 교회는 바울 팀이 선교 여행 중 어려움에 직면했을 때 전혀 도움을 주지 않았다. 또한 바울 역시 파송 교회인 안디옥 교회에 물질적인 지원을 요청하지 않았다.

그는 여러 사람과 교회에 기도 후원을 요청한 적은 있지만 물질 후원을 요청한 적은 없다.

바울은 교회 개척 사역을 하는 동안 천막 업자로 살았다. 그는 빌립보서 4:10-13에서 자족하는 삶에 관해 말한다. 그는 일차적으로 자기의 삶을 이끄시고 공급해 주시는 하나님을 철저하게 신뢰하고 있었다. 바울의 이런 사역 방식을 고찰하면서 롤런드 앨런은 오늘날 널리 보급된 물질적 지원 위주의 선교 사업 또는 교회 개척 사역에 대해 비판한다.[15] 앨런의 비판은 물질적인 지원이 사역자들을 타락시키며 자립정신을 약화한다는 삼자 원리에 근거하고 있다. 그러나 사실, 선교 지원과 사역 효과의 관계는 그렇게 간단하게 도식화할 수 있는 문제가 아니다.[16] 물질적인 지원이 항상 부정적으로만 작용하는 것은 아니며, 어떤 경우에는 사역의 효과를 높일 수 있는 기폭제가 될 수도 있다.

엄밀히 말하자면 바울은 사실 여러 개인과 교회로부터 물질적인 후원을 받았다. 바울과 지역교회 간의 이와 같은 물질적인 연결은 사역자와 여러 지역 공동체 간에 교회 개척을 위한 네트워크, 곧 불규칙적이지만 나름의 탄탄한 네트워크가 형성되어 있었음을 말해준다. 바울이 기본적으로 자비량으로 생활비를 조달하였지만, 그렇다고 해서 물질적인 지원을 전혀 받지 않은 것은 아니다. 그는 데살로니가와 고린도에서 사역할 때 마게도냐에서 오는 후원금을 받았으며(고후 11:8-9), 로마의 감옥에 있을 때는 마게도냐와 빌립보에서 보낸 후원금으로 생활하였다(빌 4:10-18). 어떤 경우에도 후원받지 않는 것은 결코 바울

15　Roland Allen, *Missionary Methods: St. Paul's or Ours?*, 49-61.
16　자금 지원의 이슈에 관해서는 다음 자료를 참조하라. 최동규, 『초기 한국교회와 교회 개척』, 234-241.

의 원칙이 아니었다. 그는 고린도의 신자들에게 보낸 편지에서 자신이 개척한 교회로부터 물질적으로 후원받을 권리가 있음을 밝히기도 하였다(고전 9:1-14). 이렇게 볼 때 물질적인 후원의 문제는 사역자와 사역자가 처한 상황에 따라서 융통성 있게 판단하는 것이 적절해 보인다.

2) 지역교회 지도자들과의 네트워크

앞에서 말한 바와 같이 바울 팀의 사역은 지역교회들과의 협력 속에서 이루어졌다. 조지 피터스의 지적에 따르면 바울과 그의 지역교회들 사이에는 "파트너십 관계"가 있었으며, "바울은 자신이 개척한 교회들과 분리되어 있다는 생각을 한 번도 하지 않았다."[17] 바울은 자신이 설립한 교회들과 좋은 관계를 유지하려고 노력하였으며, 동시에 그 교회들이 외부의 유혹으로 인해 흔들릴 때는 책망하고 가르침으로써 지도하였다. 구체적으로 말하자면 바울의 그런 활동은 모두 지역교회 지도자들과의 일정한 관계 속에서 수행되었다.

비록 신약성경에서 고정된 제도적 또는 목회적 질서를 찾을 수는 없지만, 사도들과 지역교회 지도자들 사이에는 비공식적인 관계 구조가 있었음이 분명하다. 사도적 네트워크 안에서 바울과 지역교회 지도자들이 가지고 있던 권위는 "어떤 특별한 지위나 직책에서 비롯된 것이 아니라 그들이 지닌 특별한 은사와 그것의 활용에서 비롯된 것이다."[18] 네트워크의 주도권은 대체로 사도에게 있었다. 바울은 사도

---

17 George W. Peters, "Pauline Patterns of Church-Mission Relationships," 48.
18 Robert Banks, *Paul's Idea of Community*, 149.

적 권위를 가지고 지역교회 지도자들을 임명했으며, 멘토로서 특히 개인의 성격과 사역의 갈등에 관하여 그들에게 조언해 주었다. 롤런드 앨런은 이들의 멘토링 관계를 이렇게 추정한다. "그들은 더는 사도[바울]에게 의존하지 않았지만, 그렇다고 해서 완전히 독립적이지도 않았다. 때때로 그는 자신이 설립한 교회에 대한 권위를 주장하고, 그 권위를 주님께 직접 받았다고 주장하기를 주저하지 않았다."[19]

누가는 바울이 얼마 전에 복음을 전한 도시들에 생겨난 작은 기독교 모임들을 가리켜 '교회들'이라고 하였다. 바울은 전체 회중 가운데서 약간의 신자들을 선택하여 장로로 임명하였다. 사도행전 14:23, "각 교회에서 장로들을 택하여"라는 구절에 근거해 볼 때, 장로 선출과 임명은 세 도시, 곧 루스드라, 이고니온, 비시디아 안디옥에서 수행되었을 것으로 추측된다. F. 브루스는 이 점에 대해 이런 해설을 덧붙인다. "아마도 현대의 많은 선교사는 최근에 기독교로 개종한 사람들을 장로로 임명하는 것이 현명하지 않은 처사라고 생각할 것이다. 바울과 바나바는 기독교 공동체 안에 계신 성령의 현존과 능력을 더욱 느꼈다."[20] 바울은 교회 지도자들을 임명할 때 제도, 전통, 인맥, 규모 등과 같은 인간적인 요소보다 성령의 인도에 더 우선순위를 두었다.

에른스트 헨첸(Ernst Haenchen)과 같은 학자들은 사도행전 14:23이 저자 누가가 신학적, 역사적으로 윤색한 결과라고 주장한다.[21] 다시 말해서 누가가 자신이 속한 공동체의 내적 역동성을 투영하고 있다

---

19   Roland Allen, *Missionary Methods: St. Paul's or Our?*, 111.
20   F. F. Bruce, *Commentary on the Book of the Acts*, 296.
21   Ernst Haenchen, *The Acts of the Apostles: A Commentary*, trans. Bernard Noble and Gerald Shinn (Philadelphia, PA: Westminster, 1965), 436.

는 것이다. 다른 한편, 존 게이저(John G. Gager)는 "바울의 서한이 항상 전체 공동체에 보내졌으며, 그의 권면이 한 번도 교회의 권위자들에 의해 중개된 적이 없다"는 점을 들어 바울의 교회들에는 오늘날과 같이 "확립된 직위를 가진 자들"(established officials)이 없었다고 주장한다.[22] 문서비평을 성경 해석의 기본 수단으로 삼은 이런 유의 해석은 모두 바울 팀의 사역을 폄훼하는 결과로 이어진다. 이런 해석에 따르면 결국 사도행전은 객관적 사실이 담긴 역사서가 아니라 허구적인 내용으로, 재미있게 구성한 역사소설 정도로 전락할 수밖에 없다. 그런데 지면 관계상 자세한 본문 분석과 해석을 뒤로 미뤄두고서 볼 때, 사실 바울이 갓 형성된 어린 교회에서 떠날 때 그 교회에 리더십이 없음을 염려하여 적절한 지도자들을 세웠다는 설명은 매우 자연스럽지 않은가!

바울 팀의 전도로 말미암아 다수의 새로운 신자들로 구성된 기독교 집단이 여러 도시에 생겨남으로써 비록 느슨한 형태이기는 하지만 그들 사이에 어떤 상호 의존적인 네트워크가 형성되었을 것이다. "신약에는 고정된 목회 질서가 제시되어 있지 않지만, 지역의 필요에 맞춘, 어떤 형태의 목회적 감독(episkope)이 교회의 복지에 없어서는 안 될 것으로 여겨졌다."[23] 사도행전 14:23, "각 교회에서 장로들을 택하여 … 주께 그들을 위탁하고"에서 "그들"은 각 교회에서 임명된 장로들을 가리킨다. 바울과 바나바는 각 도시의 교회마다 복수의 장로들을 세우고 신앙 공동체의 유지와 발전을 맡겼던 것으로 보인다.

바울 팀은 처음부터 각 지역에 토착적 교회가 개척되어야 한다고

---

22   John G. Gager, *Kingdom and Community: The Social World of Early Christianity* (Englewood Cliffs, NJ: Prentice-Hall, 1975), 70.
23   John R. W. Stott, *The Message of Acts*, 236.

생각하였다. 사도행전 14:23에서 바울과 바나바가 "각 교회에서" 장로들을 선택했다는 사실에 주목할 필요가 있다. 이것은 비록 바울과 바나바가 교회를 개척했지만, 자신들이 떠난 뒤에는 각 교회가 그들의 고유한 환경에 맞게 운영되어야 한다고 생각했음을 암시한다. 어떤 획일적인 규제나 통일성을 강요하는 형태가 아니라 각각 개별 교회의 고유한 실정을 고려하려는 뜻이 있었다고도 볼 수 있다.

장로들을 임명할 때 바울은 다른 누구의 도움 없이 오직 자신의 권위와 판단에 의존하였다. 바울이 임명한 장로들은 성찬과 세례를 베풀었을 뿐만 아니라 바울이 했던 것과 같이 거룩한 질서를 위한 임명권을 가졌다. 이것은 누가의 기록과 바울의 서한 그 어디에도 "바울이 자신이 개척한 교회에서 또다시 장로들을 임명했다는 기록이 전혀 없다는 사실"을 통해서도 확인할 수 있다.[24] 각 교회에서 장로들은 언제나 복수로 임명되었으며, 그들은 신자들을 다스리는(돌보는) 일과 가르치는 일을 담당하였다(딤전 5:17). 종종 오늘날의 감독 제도와 장로 직분 체계가 성경 시대의 직분을 이해하는 데 방해 요소가 되기도 한다. 성경 시대에 감독과 장로는 서로 호환될 수 있는 직분 명칭이었다.[25] 어떤 이들은 오늘날의 장로 직분 체계를 잣대로 삼아 성경 시대에 다스리는 장로와 가르치는 장로가 구분되어 있었다고 주장하지만, 이런 이해 방식은 옳지 않다. 아직 충분하게 발전하지 않은 초기 교회의 상황에서 장로들은 "목사와 교사" 같이(엡 4:11) 신자들을 목양하고 가르치는 일을 하였다.

바울을 중심으로 형성된 비공식 네트워크는 그가 자신이 개척한

---

24 Roland Allen, *Missionary Methods: St. Paul's or Our?*, 103.
25 장로와 감독에 관해서는 다음 자료를 참조하라. 벤자민 L. 머클, 『장로와 집사에 관한 40가지 질문』, 최동규 역 (서울: CLC, 2012).

지역교회들을 방문하는 활동과 관련이 있었다. 많은 고통과 박해가 기다리고 있었지만(고후 11:23-27), 바울은 복음을 전하고 어린 교회들이 세워진 도시들을 다시 방문하였다. 그의 방문은 크게 두 가지 이유에서 이루어졌다. 첫째는 개척된 교회의 새 신자들에게 고난을 잘 참고 믿음에 굳게 서도록 권면하기 위해서였으며(행 14:22), 둘째는 직분자들을 임명하여 회중을 조직하고 교회가 효율적으로 발전할 수 있는 기초를 마련하기 위해서였다(행 14:23). 두 번째 선교 여행을 시작할 때 바울과 바나바는 그들이 첫 선교 여행 중에 개척한 교회들을 다시 방문하려고 계획했었다. 그러나 그들은 마가를 데려가는 문제로 심하게 논쟁한 뒤 서로 갈라서고 말았다. 바나바는 마가와 함께 구브로로 떠났으며, 바울은 미리 계획한 대로 "수리아와 길리기아로 다니며 교회들을 견고하게" 하였다(행 15:36-41).

바울 팀이 개척한 어린 교회들이 어려운 문제에 직면할 때, 종종 팀원 중 한 사람이 파견되기도 하였다. 이는 그 팀이 사역에 전문화된 사람들로 구성되어 있었고 바울의 강력한 권위 아래 일사불란하게 움직이고 있었기에 가능했다. 로버트 뱅크스에 따르면 바울 팀은 "내부 지향적이기보다 외부 지향적"이고, "교회와는 달리 … 초점을 사람들의 **집단**에 두지 않고 **한** 사람, 곧 바울에게 두고 있었다."[26] 개척된 어린 교회들을 돌보기 위해 바울이 팀원들을 활용한 방법은 크게 두 가지로 구분된다. 하나는 개척 사역이 끝난 뒤 해당 도시에 팀원을 남겨놓는 방법이고, 다른 하나는 나중에 문제나 필요가 생겼을 때 파견하는 방법이었다.

바울은 교회를 개척한 뒤에 종종 그곳에 동료 중 한 사람을 남겨두

---

26 Robert Banks, *Paul's Idea of Community*, 161.

고 일정 기간 그 교회를 돌보게 하였다. 바울은 2차 여행 중에 데살로니가로 떠나면서 누가를 빌립보에 남겨두었다. 이것은 누가가 빌립보 사역까지는 "우리"라는 단어를 사용하다가 바울 일행이 빌립보를 떠나 데살로니가에 들어간 때부터는 "그들"(바울과 실라)(행 17:1)로 화자(話者)의 인칭을 바꿔 사용하고 있는 것에서 알 수 있다. 5년 후 누가는 빌립보에서 바울과 그의 동료들을 다시 만나 드로아로 함께 떠났다(행 20:6). 누가는 이 기간에 빌립보 교회와 그 일대에 흩어져 있는 교회들을 돌보았던 것이다.

또한 바울은 동료들을 사도-앞에서 설명한 바와 같이 열두 사도와는 구분된 이차적 사도 그룹에 속한다-또는 임시 목회자의 신분으로 지역교회로 보내기도 하였다. 예를 들어 그는 디모데를 아덴에서 데살로니가로 보냈다(살전 3:2). 그는 또한 디모데를 고린도에 한 번 보냈고(고전 4:17), 그곳에 디도를 최소한 두세 번 보냈다(고후 2:13; 12:18). 그런데 바울이 파송한 이들의 역할은 지역교회에서 임명된 장로들의 역할과 구별해야 한다. 이들은 바울이 맡긴 임시적인 임무를 수행하기 위해 파송되었기 때문에 그 지역에 영구적으로 거주하면서 사역하는 지역교회의 장로들과는 역할이 달랐다. 때때로 그들은 바울을 대신해서 장로들을 임명하는 사역을 하기 위해 파송되기도 하였다(딛 1:5). 그들은 바울의 대리자로 파송된 것이었다.[27] 바울의 편

---

27 디모데, 디도, 실라 등 바울이 보낸 사람들의 정체성은 다양하게 정의된다. 대부분 학자는 그들을 오늘날의 선교사들과 비슷하다고 생각한다. 이런 의견에 관해서는 다음 자료들을 참조하라. F. J. Jackson and Kirsopp Lake, eds., *The Beginnings of Christianity, Part I: The Acts of the Apostles* (London: MacMillan, 1933), 50; John R. W. Stott, *Baptism & Fullness: The Work of the Holy Spirit Today* (Downers Grove, IL: Inter-Varsity, 1976), 99; David J. Hesselgrave, *Planting Churches Cross-culturally*, 96. 반면에 헤이는 그들을 전도자로 분류한다. Alex R. Hay, *The New Testament Order for Church and Missionary*, 303-305. 이런 온건한 견해들과는 달리 최근 피

지를 참조하면 그들에게 다양한 영적, 행정적 문제를 자신의 의지로 처리할 수 있는 능력이 부여되었음을 알 수 있다. 이 능력은 시간이 지나 교회 안에서 제도적으로 확립되었을 것이다. 그 외에도 바울은 다른 임시적 임무를 수행하도록 동료들을 보냈다(고후 8:18; 빌 2:19, 23, 25, 28; 골 4:8-9; 몬 12; 엡 6:22).

그러나 바울은 각 지역 회중의 필요를 충족시키기 위해 파견할 사람들을 양성할 목적으로 훈련 아카데미를 설립하지 않았다. 대신 그는 개별 멘토링을 통해 자신이 가진 지식과 지혜로 그들을 지도하였다. 오늘날의 신학기관으로 간주할만한 아카데미가 있었다면 아마도 두란노 서원이 그것에 해당할 것이다. 바울은 두란노 서원에 머물면서 여러 지역에서 온 사람들을 훈련하였다. 그러나 이 방식이 복음을 더 넓은 지역으로 전파하는 데는 효과적이었지만, 특정 교회 지도자들을 훈련하는 데 효과적인지는 판단하기 어렵다.

앞에서 지적한 바와 같이 바울과 지역교회 지도자들의 관계는 지배와 의존의 관계가 아니라 협력의 관계였다. 그런데 바울과 지역교회 목사 또는 교회 지도자들의 관계에는 약간 애매한 측면이 있었다. 공식적으로 지역교회 지도자들은 바울에게 종속되어 있지 않았기 때문에 어떤 사안이 발생했을 때 얼마든지 스스로 판단하고 결정할 수 있었다. 롤런드 앨런 역시 바울이 교회 전체를 통제할 수 있는 "그 어떤 중앙집권적 권위"를 수립하려는 생각을 거부했다고 지

터 와그너를 중심으로 형성된 '신사도적 개혁교회'(New Apostolic Reformation Churches)는 사도의 위상을 지나치게 부풀리는 경향이 있다. C. Peter Wagner, *The New Apostolic Churches* (Ventura, CA: Regal, 1998); David Cannistraci, *The Gift of Apostle* (Ventura, CA: Regal, 1996), 58-59 참조.

적한다.[28] 바울은 사도로서 분명히 카리스마적인 권위를 가지고 있었다. 하지만 그는 그 권위를 지역교회 지도자들을 억압하거나 힘들게 하는 방편으로 사용하지 않았다. 그는 "주께서 [자기에게] 주신 권세는 너희를 무너뜨리려고 하신 것이 아니요 세우려고 하신 것"이라고 고백한다(고후 10:8).

그러나 바울을 중심으로 한 사역 팀이 그 교회들을 개척했고 그들을 임명했기 때문에 바울의 의견은 개척 이후에도 여전히 유효하게 작용하였다. 따라서 바울과 지역의 지도자들 사이에는 "비공식적인 통제 방식"이 있었다고 말할 수 있다.[29] 바울은 기회가 있을 때마다 주저 없이 자신이 개척한 교회에 권위를 행사하였다(고전 7:17; 11:34; 고후 13:1-2). 그가 이렇게 할 수 있었던 것은 자신이 가지고 있는 권위가 주님에게서 받은 것이라는 의식이 있었기 때문이었다.

3) 사도들 사이의 네트워크

바울 팀의 2차 선교 여행이 시작되기 직전에 예루살렘 회의가 열렸다. 이 회의는 유대인 기독교 공동체를 대표하는 지도자들과 이방인 기독교 공동체를 대표하는 지도자들 사이의 갈등 문제를 해결하기 위해 마련되었다. 이 회의에는 사도들만이 아니라 예루살렘 교회와 안디옥 교회에 속한 장로들도 참여하였다. 논의의 주제는 이방인-그리스도인들의 할례와 율법 준수에 관한 것이었다. 유대인 지도자들은 할례와 구원을 직접적인 연관성을 강조하였다. 그들의 입

28　Roland Allen, *Missionary Methods: St. Paul's or Ours?*, 131.
29　Wayne A. Meeks, *The First Urban Christians*, 136.

장은 누구든지 그리스도인이 되기 이전에 유대인이 되어야 한다는 것이었다(행 15:1). 반면에 이방인 지도자들은 할례를 받지 않기를 원했다. 다행히 두 그룹의 지도자들은 신중한 토론 끝에 구원이 외적인 의식에 의해서가 아니라 오직 하나님의 은혜와 믿음으로 주어진다는 사실을 확인함으로써 갈등을 해결하였다.

초기 교회는 당시에 교회 지도자들 간에 나타나는 갈등을 해결하고 문제를 조정하는 방법으로 공적 회의 방식을 선택하였다. 예루살렘 회의는 그 가운데서 첫 번째 공적 회의였다. 회의 중에 베드로가 일어나 이방인 선교 원칙에 관한 중요한 발언을 하였다. 하지만 예루살렘 회의에서 모임을 관장하고 궁극적으로 최종 결정을 내린 인물은 베드로가 아니라 주님의 형제 야고보였다. 그는 사도가 아니었지만, 예루살렘 교회에서 가장 존경받는 지도자 중 한 사람으로 인정받고 있었다. 사도행전 12장에 보면 헤롯 아그립바 왕의 박해로 말미암아 체포된 베드로가 기적적으로 구출된 뒤 교인들에게 자기의 사건을 보고하도록 지시하는 이야기가 나온다(행 12:16-17). 이것은 마치 아랫사람이 윗사람에게 보고하는 상황을 연상시킨다. 바울이 예루살렘으로 올라와 가장 먼저 야고보를 방문한 이야기를 살펴보면 야고보가 초기 그리스도인 공동체에서 얼마나 중요했었는지를 짐작할 수 있다(행 21장).

이처럼 초기 기독교 세계에서 야고보의 권위와 지위는 확고했지만, 그의 리더십 행사 방식은 결코 강압적이지 않았다. 예루살렘 회의만 보더라도 그는 상당히 합리적인 의사 결정 과정을 유지했다. 이런 점들을 미루어 볼 때 사도는 결코 통제와 의존의 관계에 기초한 계층적 조직에서 가장 높은 위치와 권력을 가진 직분을 뜻하지 않는다는 것을 알 수 있다. 아실 초기 교회에서 직분은 위치 지향적이지 않고 기능 지향적이었다. 따라서 공동체의 민주적인 의사 결정을 존중했던 초기 교회의 지도자들은 공동체 내에서 일어나는 여러 가지 갈등 문제를 해결하기 위해 아마도 크고 작은 회의를 활용했을 것이다.

이런 원리는 예루살렘 교회의 경우에도 마찬가지였다. 예루살렘 교회는 첫 교회와 모 교회로서 특정한 권위를 가지고 있었고 다른 교회들에 많은 영향을 끼쳤지만, 그들을 통제하거나 지배하지는 않았다. 예루살렘 회의의 목적은 당면한 선교 문제를 해결하는 것뿐만 아니라 지도자들 간에 일정한 의사소통 채널을 확보하고 상호 협조를 위한 네트워크를 형성하는 데 있었다. 참석자들은 의사 결정의 진정한 권리가 일부 사람에게 있지 않고 "성령과 우리"에게 있다고 보았다(행 15:28). 예루살렘 교회와 다른 교회들은 지배자와 지배받는 자의 관계가 아니라 상호 협력 관계 안에 있었다. 이런 관계는 바울과 다른 지역교회 지도자들 사이뿐만 아니라 예루살렘의 지도자들과 수리아 안디옥의 지도자들 사이에도 적용될 수 있었다.

6장
초기 교회의 구조와 삶

지금까지 기원후 1세기에 펼쳐진 교회 개척 사역의 역사적 배경과 과정을 살펴보았다. 특히 바울과 그의 동역자들을 중심으로 전개된 사역은 교회 개척에 관한 중요한 원리들을 알려주기에 충분했다. 이제는 여기에서 한 걸음 더 나가 개척된 교회들의 구조와 삶에 대해서 살펴보고자 한다.

당시에 전략적 요충지마다 세워진 교회들은 성령의 강한 인도에 따라 분명한 선교적 비전을 가지고 헌신한 사역자들의 수고로 만들어졌다. 그리고 지중해 연안과 소아시아, 발칸 반도 끝자락에 세워진 각 지역의 교회들은 그 시대의 사회문화적 상황에 적합한 모델이었다. 초기 교회는 "마치 자라나는 청소년처럼 정서적으로는 상처 받기 쉽지만, 열정적이고, 신실하며, 폭발적인" 에너지를 가지고 있었다.[1] 이 교회가 가진 역동적인 에너지는 그 공동체의 연조나 규모에 있지 않았다. 오히려 짧은 연조와 작은 규모에도 불구하고 처음부

---

1   David Garrison, *Church Planting Movements* (Midlothian, VA: WIGTake Resources, 2004), 219.

터 구성원들이 강하게 복음에 붙들리고 뚜렷하게 구별된 삶을 살아냄으로써 그 시대에 엄청난 영향을 미칠 수 있었다.

하나님께서 세우신 건강하고 역동적인 교회는 어느 때나 그 시대와 사회에 맞는 옷을 입는다. 초기 교회 역시 마찬가지다. 앞에서도 살펴본 바와 같이 1세기 교회들은 풍부한 물질적 번영과 다원적 문화를 가지고 있었던 로마 제국에서 아주 미약한 세력으로 시작되었다. 하나님께서 헬라 세계에서 복음을 확산하기 위해 전형적이면서도 핵심적인 도구로 선택한 회중 모델은 가정 중심의 모임이었다.

1. 가정 모임의 출현

신약성경에 따르면 복음의 전파는 주로 가족 관계를 통해 이루어졌다. 이것에 대한 예는 사도행전에서뿐만 아니라 공관복음에서도 확인할 수 있다. 예수의 어머니 마리아는 세례 요한의 어머니 엘리사벳의 친척이었으며(눅 1:36), 예수의 형제 야고보와 그의 어머니 마리아는 예수를 따르는 사람들이 되었다. 또한 베드로와 안드레, 세베대의 아들인 야고보와 요한은 함께 예수의 제자가 된 형제들이었다(마 4:18, 21-22).

이와 비슷한 방식으로, 복음이 이방인들에게 전파될 때도 '오이코스'(*oikos*, 집)가 활용되었다. 로저 게링(Roger W. Gehring)에 따르면 '오이코스'라는 단어는 두 가지 방식, 곧 "(a) 거주지, 거주하는 건물, (b) 가족, 확대 가족 또는 씨족으로서의 집"으로 사용되었다.[2] 그러나 이

2　Roger W. Gehring, *House Church and Mission* (Peabody, MA: Hendrickson,

용어를 일반적으로 부모와 자식이라는 두 세대로 구성된 현대적인 가족 개념과 혼동해서는 안 된다. 산업화 이전 사회에서 '오이코스'는 경제 활동에 기반을 둔 다양한 사회적 관계를 포함하고 있었다.

1세기의 가정은 초기 교회의 형성에 중요한 기초가 되었다. 그런데 초기 교회의 기초 단위였던 '오이코스'는 축소된 가족을 뜻하는 오늘날의 '가정'보다 훨씬 확대된 의미의 가족, 곧 '집안'(household)에 가까웠다. 이런 배경에서 초기 교회 신자들은 교회를 '하나님의 가족'(household of God)(엡 2:18-19; 3:14-15; 5:1; 6:23)으로 이해하였다. 이처럼 1세기의 가정교회는 혈연관계를 넘어선 환경에서 형성되고 번성하였다.

가정 모임들은 기독교가 헬라 세계의 도시로 퍼지기 이전에-좀 더 구체적으로는 오순절 성령 강림 사건 직후에-예루살렘에서부터 이미 시작되었다. 예루살렘의 초기 그리스도인들은 유대교와 갈등이 없었기 때문에 자유롭게 성전에 드나들 수 있었다. 그런데도 그들에게 성전 외에 또 다른 모임 장소, 곧 사적인 가정 공간이 필요한 이유는 무엇이었는가?

그 당시 성전은 여러 곳에 흩어져 있던 가정 단위의 모임들이 함께 모여 "큰 규모의 경축 모임"(a larger celebration event)을 할 수 있는 장소로 활용되었다.[3] 그러나 성전은 너무 넓어서 개인적인 친밀감을 키울 만한 곳이 못 되었다. 래드 지데로(Rad Zdero)에 따르면 실제로 성전 마당이나 회당과 같은 "공공장소들은 주로 유대인-그리스도인들이

2004), 8.

[3] Stuart Murray, *Church Planting: Laying Foundations* (Scottdale, PA: Herald, 2001), 190. 다음을 참조하라. 데이빗 쉔크 · 얼빈 슈트츠만, 『초대교회 모델을 따라 교회를 개척하라』, 130-131; 크레이그 밴 겔더, 『교회의 본질』, 250.

유대인 동료들을 그리스도를 믿는 믿음으로 이끌기 위해 설교와 (또는) 치유 행위와 같은 전도 활동을 하는 공간으로 사용되었다."[4] 따라서 초기 그리스도인들에게는 새로 입교한 신자들이 거부감 없이 갓 탄생한 종파-기독교가 유대교의 한 분파로 여겨졌음을 전제로-또는 종교를 접할 수 있는 공간이 필요하였다. 또한 교회 지도자들의 관점에서는 이들을 집중적으로 가르칠 수 있는 공간이 필요하였다. 이런 목적에는 어느 정도 작고 폐쇄적인 공간이 효과적이었다. 이렇게 교인들 사이의 깊은 교제와 새신자 교육이 가능한 공간으로 큰 집의 거실이 선택되었다.

'오이코스'는 바울과 그의 동료들이 헬라 세계에 복음을 전하고 교회들을 개척할 때도 중요한 역할을 하였다. 물론 그들이 처음부터 '오이코스'를 복음 전도와 교회 개척 사역의 가장 중요한 발판으로 생각한 것은 아니었다. 오히려 초기에는 회당을 중요한 장소로 여겼다. 하지만 회당에서 복음 선포에 집중했는데도 자주 유대인들의 저항에 부딪히고 어려움을 겪게 되자 복음 선포 장소를 회당에서 집안의 거실로 옮겼다.

빈센트 브래닉(Vincent P. Branick)은 초기 그리스도인들이 그들의 집에서 함께 모이는 "실용적 필요성"에 관해 다음과 같이 설명한다.

> 초기 확장 단계에 있는 대부분의 '이질적인' 종교 집단들과 마찬가지로 기독교 집단이 개인 가정에서 모임을 했던 이유도 실질적인 필요성 때문일 것이다. 그리스도인들에게 회당은 빠르게 출입 금지구

4　Rad Zdero, *The Global House Church Movement* (Pasadena, CA: William Carey Library, 2004), 22.

역이 되었다. 이교도 사원에서는 너무도 많은 불미스러운 교제가 일어났다. 그리고 위풍당당한 공회당은 몇 세기 동안 버려져 있었다. 반면에 개인 가정은 초기 그리스도인들에게 사생활, 친밀감, 안정을 위한 장소를 제공하였다.[5]

앞에서 언급한 바와 같이 신약성경에 나오는 '에클레시아'는 개별적인 모임 자체를 넘어 좀 더 넓은 지역에 속한 회중을 포괄한다. 그리고 회중의 모임을 위해서는 가정뿐만 아니라 다양한 공간이 활용되었다. 학계에서는 당시 회중 모임이 가정에서뿐만 아니라 "공장, 창고, 식당, 가게 등의 상업적 공간이나 손님 접대, 여가 활동을 위해 사용되던 다양한 장소"에서 이루어졌을 가능성을 인정하고 있다.[6] 그러나 그렇다고 해서 여러 가능성 중에서 신자들의 주된 모임 장소가 가정이었다는 점을 부정하는 것은 아니다. 사회적 공간이 다양하지 않았던 1세기의 사회문화적 상황에서 가정은 신자들이 가장 쉽게 모일 수 있는 공간이었을 것이다.

실제로 사도행전에는 복음이 처음 전파된 이후 교회가 '주로' 집(household)에서 시작되었음을 짐작하게 하는 사례가 많이 있다. 복음이 선포되고 사람들이 회심하는 이야기에 나오는 "너와 네 집" 또는 "그와 온 가족" 등과 같은 표현들은 교회가 복음을 들은 사람들의 집에서 시작되었을 가능성을 암시한다. 사도행전에 나오는 백부장 고넬료의 집(행 10:22, 24; 11:14), 빌립보의 상인 루디아의 집(행 16:15), 빌립보에 사는 한 간수의 집(행 16:31, 33-34), 고린도의 회당장 그리스보

---

5 Vincent P. Branick, *The House Church in the Writings of Paul*, 14.
6 박영호, 『우리가 몰랐던 1세기 교회』, 70-71.

의 집(행 18:8)도 이런 사례에 포함될 수 있다. 가장 강력한 증거는 바울이 자신이 보낸 편지들의 끝에서 주택 소유자의 이름을 붙인 교회들을 언급한 것이다(롬 16:5; 고전 16:19; 골 4:15; 몬 2).[7] 사도행전 20:20에서 바울은 에베소에 있는 교회 장로들에게 자신이 행한 사역에 관해 설명한다. "유익한 것은 무엇이든지 공중 앞에서나 **각 집**에서나 거리낌이 없이 여러분에게 전하여 가르치고"(굵은 글씨는 필자의 강조 표시임). 이 구절에 의하면 바울의 설교와 가르침이 개인의 집에서 이루어졌음을 알 수 있다.

2. 가정 모임의 사회학적 특성

동서고금을 막론하고 가정은 사회의 가장 중요한 토대를 형성하는 공동체다. 이 점은 1세기 헬라 세계에서도 마찬가지였다. 당시 로마 사회에는 세 가지 중요한 기관이 있었다. 도시 공동체로서의 '폴리테이아'(*poloteia*), 가정 공동체로서의 '오이코노미아'(*oikonomia*), 자발적인 협회로서의 '코이노니아'(*koinonia*)가 그것들이다.[8] 로마 사회는 정치적으로나 경제적으로 급격한 변화를 겪었지만, 가정은 여전히 사회를 지탱하는 중요한 제도였다. 뤼어만(D. Lührmann)에 따르면 "[고대 오이코스]는 여러 가지 사회 경제적 형태 중의 하나였을 뿐만 아

---

7   사도행전과 바울의 편지에는 집에서 설교, 회심, 세례가 행해졌다고 보고하는 구절이 많이 나온다(행 10:2; 11:14; 16:15, 31-34; 18:8; 20:8; 고전 1:16; 16:15). 더욱이 신약성경에는 가정 모임을 유추할 수 있는 '집'이라는 표현이 많이 등장한다(롬 16:10ff; 고전 1:11; 빌 4:22).

8   Derek Tidball, *The Social Context of the New Testament*, 76-89.

니라 고대 세계와 신약 시대를 넘어 모든 산업화 이전의 좌식 문화를 위한 기본적인 사회 경제적 형태다."[9] 이런 설명은 고대 사회의 가정을 이해할 때 현대의 핵가족 체제를 기준으로 판단해서는 안 된다는 점을 가르쳐 준다.

고대 사회에서 가족이란 대가족 체제를 가리키는 개념이었다. 그것은 "혈연관계, 노예, 가신(家臣), 친구로 구성된" 것으로 이해되었기 때문에 그 당시에 기독교로 개종한 가정 공동체는 자연스럽게 모든 관계를 포함할 수 있었다.[10] 당시 로마 사회에는 자발적 집단의 성격을 띤 클럽이 많았으며, 장인과 상인들의 동업 조합을 뜻하는 길드도 많이 있었다. 그런데 가정 모임은 기본적으로 가족들을 기초로 하면서도 이웃과 친구, 동업자, 노동자, 노예 등 가족과 연결된 좀 더 넓은 범위의 사람들이 모인 모임이었다. 박영호는 고넬료, 루디아, 빌립보 간수와 같이 부유한 사람들의 가족 전체가 회심한 사건을 "친밀한 관계에 있던 한 조합의 구성원들이 다 함께 복음을 듣고 집단 회심하여 함께 세례를 받는 상황"으로 이해할 수도 있다고 말한다.[11] 이런 이해는 조합이 대가족 내에 귀속되어 있었음을 전제로 한다. 그러나 모든 가정 모임이 조합을 포함하고 있었다고 보기는 어렵다. 오히려 가정 모임을 로마 사회에서 종종 클럽이나 조합과 같은 사회 집단들과 유사한 것으로 여겨지거나 동등한 수준에서 평가하는 것이 더 합리적일 것이다.

---

9   D. Lührmann, "Neutestamentliche Haustafeln und anike Ökonomie," *New Testament Studies* 27 (1981): 83-97." [Roger W. Gehring, *House Church and Mission*, 17 에서 재인용]
10 Michael Green, *Evangelism in the Early Church*, 321.
11 박영호,『우리가 몰랐던 1세기 교회』, 54-55.

일반적으로 가정 모임은 당시의 클럽이나 길드 등과 뚜렷하게 구분된 사회 집단이었다. 가정 모임을 다른 집단들과 구별시켜 주는 가장 핵심적인 특징은 집단 가입 절차에 해당하는 세례 의식에 있었다. 가정 모임은 세례에 의한 재사회화 과정을 통해 "다른 이교도 분파들의 모임보다 배타적이고 전체주의적인" 특성을 나타냈다.[12] 그리스도인들에게 세례는 그리스도 안에서 형성된 새로운 가족 관계 안으로 들어가는 것을 의미했다. 따라서 기독교 공동체들이 다른 사회 집단들과 뚜렷하게 구별된 의식과 행위를 자신들의 정체성을 드러내는 표징으로 삼는 것은 전혀 이상한 일이 아니었다. 이런 배타성과 전체주의적인 성향은 각 가정 모임 구성원들이 다른 어떤 사회 집단에서보다 강력하고 친밀한 관계를 경험할 수 있게 해 주었다.

1세기 로마 사회에서 집안의 수장은 집안 전체를 통제할 수 있는 절대적인 권한을 가진 주요 의사결정자로서 주로 남성 연장자에게 주어졌다. 이것은 고넬료의 경우와 같이 만약 집안의 수장이 어떤 종교를 새롭게 받아들이면 집안의 온 식구가 종교를 바꾼다는 것을 의미하였다(행 10:1-24). 이런 계층적 구조에서 온 식구를 이끄는 남성 연장자는 자연스럽게 가정 모임의 지도자가 되었다.[13] 반면에 가부장이 아닌 구성원이 기독교로 개종하면-비록 바울이 하나님께서 개종한 사람을 통해 다른 식구들에게 선한 영향력을 미치게 하려고 계획하고 있다고 가르쳤지만(고전 7:16)-온 가족이 회심하기가 쉽지 않았다.

이렇게 볼 때 바울 팀에 의해 헬라 세계로 확장된 교회의 작용 구조를 "가족적인 사랑의 가부장제"(a familial love-patriarchalism)로 규정

---

12 Wayne A. Meeks, *The First Urban Christians*, 78.
13 Roger W. Gehring, *House Church and Mission*, 194.

한 게르트 타이센(Gerd Theissen)의 지적은 적절해 보인다. 이는 그리스도를 믿는 모든 신자가 평등하다는 혁명적인 사상이 기존의 보수적이고 계층적인 가족 체계와 묘한 방식으로 공존하고 있었음을 의미한다.[14] 그러나 분명히 이 문구의 무게중심은 가부장제에 있지 않다. 초기 교회가 가부장제 중심의 운영 방식을 채택한 것은 이미 그것이 그 당시 사회에 보편적으로 받아들여지고 있었기 때문이었다. 초기 교회를 1세기의 다른 사회 집단들과 구별시켜 주는 것은 가족과 같은 친밀한 사랑의 관계였다.

3. 가정 모임의 구조와 실천

1세기의 초기 교회 신자들은 주로 집에서 모였기 때문에 종교 활동을 위한 특별한 건물의 필요성을 느끼지 않았다. 실제로 기원후 3세기까지는 그리스도인들이 모임을 위해 특별한 건물을 세웠다는 증거가 없다.[15] 하지만 초기 그리스도인들이 모인 장소에 관해서 성경은 구체적으로 알려주지 않는다. 다만 여러 정황으로 볼 때 가정에서 모였을 가능성이 가장 높다고 볼 수 있다.

유대 회당을 설립하는 데 필요한 최소 인원이 10명이었고, 부유한

---

14 Gerd Theissen, *The Social Setting of Pauline Christianity: Essays on Corinth*, ed. and trans. John H. Schütz (Philadelphia, PA: Fortress, 1982), 37. 같은 책 107-110쪽과 다음 자료를 참조하라. Ernst Troeltsch, *The Social Teaching of the Christian Churches*, vol. Ⅰ, trans. Olive Wyon (Louisville, KY: Westminster, 1931), 69-89.

15 Howard A. Snyder, *Church Structure in a Technological Age*, 69. 다음 자료들도 참조하라. Robert Banks, *Paul's Idea of Community*, 35; Derek Tidball, *The Social Context of the New Testament*, 82.

집안의 잘 꾸며진 거실에 약 30명 정도가 안락하게 앉을 수 있었다는 점을 고려하면 당시 가정 모임의 참석자 수를 10명에서 30명으로 추정해 볼 수 있다.[16] 모든 교회가 그런 것은 아니지만, 고린도 교회와 같이 여러 곳의 작은 가정 모임들이 연합적으로 모이는 경우는(고전 14:23; 롬 16:23) 50명 이상으로 추정하기도 한다.[17] 이런 가정 모임의 특징은 가족들이 실내 응접실에 모이는 장면을 연상할 때 느껴지는 따뜻한 이미지와 같았다. 일반적으로 가족들이 따뜻하고 친밀한 관계를 유지하는 것처럼 초기 교회 신자들에게 친밀한 관계는 교회 생활에서 매우 중요한 요소였다.

모임을 위한 집은 회중에 속한 구성원들을 충분히 수용할 수 있을 만큼 넓어야 했다. 따라서 그 집의 주인은 지역 사회에서 유력한 사람일 가능성이 크다. 데릭 티드볼에 따르면 "그들은 의심할 여지 없이 부, 교육 및 능력을 갖춘 사람이었으며, '하나님을 경외하는 이방인'으로서 이미 자신이 독립적인 생각을 하는 사람"이었을 것이다.[18] 그러나 바울이 개척한 곳마다 항상 부유하고 사회적으로 힘이 있는 사람이 있었을 것이라고 쉽게 일반화할 수는 없다. 형편에 따라 가난한 사람들끼리 모이는 신앙 공동체는 어쩔 수 없이 그들의 열악한 삶의 공간들을 활용할 수밖에 없었을 것이다.

집은 신자들의 삶에서 다양한 목적으로 사용되었을 것이다. 마이

---

16 Robert Banks, *Paul's Idea of Community*, 35-36.
17 박영호, 『에클레시아』, 297-305. 바울은 그가 고린도에서 쓴 것으로 추정되는 로마서 끝부분(16:23)에서 가이오가 바울과 "온 교회"에 호의를 베풀었고, 에라스도가 "성의 재무관"이었다고 보고한다; 로버트 뱅크스는 이 구절을 근거로 이 두 가정이 전체 교회를 위한 모임 장소를 제공했을 것으로 추측한다. Robert Banks, *Paul's Idea of Community*, 32.
18 Derek Tidball, *The Social Context of the New Testament*, 83.

클 그린은 사도행전의 사례들을 분류하고 있는데, 그의 설명은 초기 교회에서 그리스도인의 집이 어떤 용도로 쓰였는지 짐작하게 해 준다. 그에 따르면 사도행전에 기독교 가정은 "기도 모임(12:12), 기독교적인 교제의 밤(21:7), 성찬식(2:46), 밤샘 기도, 예배 및 가르침(20:7), 즉흥적인 전도 모임(16:32), 기독교 복음을 듣기 위해 미리 계획한 모임(10:22), 탐구자를 위한 후속 조치(8:26), 체계적인 교육(5:42)"을 위해 사용되었다.[19] 초기 교회 신자들에게 가정은 신앙생활을 위한 종합적인 공간이었다.

가정 모임의 중요한 특징 중 하나는 공동체 안에서 계급과 지역을 구분하지 않고 모든 사람을 환대했다는 것이다. 초기 교회는 로마 사회에서 소수 집단에 속하는 여성과 노예에게 종교 활동에 참여할 기회를 제공하였다. 또한 순회하는 사도들이 환자를 치료하고 집에서 복음을 선포하기 위해 방문할 때 그들에게 충분한 음식과 공간을 제공하기도 하였다.

4. 가정 모임과 확장된 교회와의 관계

일정한 지역을 중심으로 형성된 가정 모임들은 제각기 독립적이었기 때문에 서로 간섭하지 않았다. 하지만 그들은 좀 더 큰 공동체 안에서 서로 연합하였다. 이 시기가 아직 기독교 역사의 초기 단계였으므로 개별적인 모임들 자체는 오늘날 우리가 생각하는 것만큼 조직적이고 체계적이지 않았다. 이와 같은 맥락에서 그들의 연합 역시 엄격

---

19   Michael Green, *Evangelism in the Early Church*, 408.

하게 조직된 체제가 아니었으며, 오히려 느슨한 형태로 관계를 형성하고 있었다고 보는 것이 옳을 것이다. 신약성경의 여러 문서를 검토해 볼 때 초기 교회는 편의상 세 종류의 교회 공동체, 곧 도시 공동체(the city-wide community), 지방 공동체(the regional community), 전체 교회(the whole church) 구조로 구분해 볼 수 있다.

1) 도시 공동체

어느 지역에서 복음의 역사가 강하게 일어나 믿는 이가 많아지면 한 도시에 하나가 아니라 복수의 모임이 형성되는 경우가 많았다. 각 모임은 기본적으로 개별적이고 독립적이었다. 그렇다고 해서 그 모임들이 도시 내에서 각각 고립된 회중으로 존재했던 것은 아니었다. "안디옥, 에베소, 고린도, 로마와 같은 도시에 출현한 교회들은 또 다른 형태의 지역 회중을 탄생시켰다."[20] 이것은 집이나 기타 장소에서 모이는 여러 회중이 연합하여 더 큰 신앙 공동체를 형성했음을 의미한다. 로버트 뱅크스는 자발적인 사교(邪敎) 집단들의 사례를 바탕으로 한 달에 한 번 정도 큰 규모의 모임이 열렸을 것이라고 가정한다.[21] 그러나 당시의 교회는 어리고 시설이 불충분했기 때문에 그

---

20 크레이그 밴 겔더, 『교회의 본질』, 255. 학자들에 따라 도시에 속한 여러 회중의 연합 모임을 다르게 부르기 때문에 다소 혼동이 있을 수 있다. 빈센트 브래닉은 이것을 단순히 "지역교회"(the local church)라고 부르는 대신에 가정교회를 "단일한 가족 교회"(the single family church)라고 부른다. Vincent P. Branick, *The House Church in the Writings of Paul*, 22. 스튜어트 머레이 는 1차 수준에 해당하는 셀 그룹(약 12명)과 3차 수준에 해당하는 대규모 경축 행사(도시 전체 모임) 사이에 중간 수준에 해당하는 회중(약 175명)을 추가한다. Stuart Murray, *Church Planting*, 190. 하지만 그의 주장은 요한 마가의 다락방에 근거한 것으로 보이며, 그 주장을 바울이 방문한 도시들에 적용하면 맞지 않는다.

21 Robert Banks, *Paul's Idea of Community*, 34.

런 가정은 합리적이지 않다. 오히려 그들이 불규칙하게 모였다고 가정하는 것이 더 자연스럽다.

도시 전체 회중의 존재는 바울이 고린도 교회에 보내는 두 개의 편지 첫 부분마다 도시의 그리스도인들에게 인사하면서 '교회'라는 단어에 도시 이름을 붙였다는 사실로써 확인할 수 있다(고전 1:2; 고후 1:1; 참조, 살전 1:1; 살후 1:1). 그 밖에도 바울은 로마에 있는 그리스도인들에게 뵈뵈를 추천할 때 "겐그레아 교회"를 언급하고(롬 16:1), 자신의 편지를 돌려보라고 말할 때는 "라오디게아인의 교회"를 언급한다(골 4:16). 그는 또한 빌립보서 4:15에서 "빌립보 사람들아, 너희도 알거니와 복음의 시초에 내가 마게도냐를 떠날 때에 주고받는 내 일에 참여한 교회가 너희 외에 아무도 없었느니라"라고 말함으로써 간접적이기는 하지만 빌립보에 있는 전체 교인을 교회로 언급한다.

도시 차원의 모임이 존재했다는 주장에 대한 또 다른 증거가 있다. 바울은 자기의 편지에서 "온 교회"라는 표현을 사용하여 도시 전체 교인이 모이는 모임을 언급한다. 로마서 16:23에 나오는 "온 교회"라는 표현은 고린도에 그리스도인 전체 모임이 있었다는 주장을 간접적으로 지원한다. 바울은 고린도전서 14:23에서 "온 교회가 함께 모여"라고 말한다. 로버트 뱅크스는 이 구절에 관해 "이 표현은 고린도에 있는 그리스도인들이 다른 때는 소그룹으로, 아마도 '교회'로서 모였다는 것을 암시한다."라고 말함으로써 개별적인 모임들을 교회로 보는 관점을 대변하고자 한다.[22] 고린도의 모든 그리스도인이 종종 주의 만찬을 위해 함께 모였다고 말하는 고린도전서 11:20도 도시 공동체 수준의 교회를 시사한다.

---

22 Ibid., 32.

그러나 도시 차원의 전체 회중이 존재했다고 해서 개별적인 지역 교회가 그 도시 교회에 속해 있었다는 뜻은 아니다. 도시의 전체 회중은 개별적인 공동체들이 가입된 단체나 조직이 아니었다. 그렇다고 해서 오늘날의 노회나 지방회처럼 개별적인 지역교회보다 상위에 있거나 더 큰 어떤 조직을 가리키는 것도 아니었다. 그것은 단지 에클레시아의 또 다른 표현이었을 뿐이었다. 이것은 초기 그리스도인들이 에클레시아를 성직 계급의 질서나 가시적인 건물이 아니라 그리스도 안에서 함께 모인 사람들로 규정했다는 사실에서 추론할 수 있다.

다른 한편, 도시 내에 그리스도인들의 연합 모임이 있었다는 것에 관해서 부정적인 견해를 보이는 사람들도 있다. 한 예로 데릭 티드볼은 도시의 "온 교회"가 함께 모인 적은 거의 없었다고 주장한다.[23] 그러나 바울은 분명히 교회 전체가 함께 모인 경우를 언급하고 있다 (고전 14:23). 따라서 이를 근거로 보면 티드볼의 주장은 옳지 않다. 만약 "로마의 '온 교회'는 한곳에 모인 적이 없다"라고 말한 로버트 뱅크스의 주장이 옳다면 티드볼의 주장이 아예 틀렸다고 말하기는 어려울 것이다.[24] 학자들이 주장하는 것처럼 모든 도시에서가 아니라 일부 도시에서만 전체 회중이 모였다고 하더라도 도시 공동체의 존재는 초기 교회의 '에클레시아' 연합적 정체성과 특성을 이해하는 데 매우 중요한 역할을 한다.

---

23 Derek Tidball, *The Social Context of the New Testament*, 82.
24 뱅크스는 로마가 너무 큰 도시였기 때문에 그리스도인들이 한자리에 모이기 어려웠을 것으로 추측한다. Robert Banks, *Paul's Idea of Community*, 34; 반면에 박영호는 부유한 신자의 넓은 거실에서 도시의 전체 회중이 모인 경우는 신약성경에서 고린도 교회밖에 없다고 주장한다. 박영호, 『에클레시아』, 297-305.

2) 지방 공동체

신약성경에는 도시보다 더 넓은 지리적 영역의 그리스도인들에 대해 언급한 구절들이 있다. 이 영역은 여러 개의 도시가 포함된 일종의 지방 정도에 해당한다. 누가는 사도행전 9:31에서 "온 유대와 갈릴리와 사마리아 교회"라는 표현을 사용한다. 바울은 그의 편지에서 "갈라디아 교회들" 또는 "갈라디아 여러 교회들"(고전 16:1; 갈 1:2), "아시아의 교회들"(고전 16:19), "마게도냐 교회들"(고후 8:1), "유대의 교회들"(갈 1:22) 또는 "유대에 있는 하나님의 교회들"(살전 2:14)과 같은 표현을 통해서 더 넓은 지역의 교회들을 언급한다. 크레이그 밴 겔더는 일정한 지방에 있는 이런 종류의 교회를 "지방 클러스터"(a regional cluster)라고 부른다.[25]

그러나 신약성경에 나오는 이런 표현들이, 오늘날 우리가 알고 있듯이, 일정한 영역에 속한 지역교회들을 하나로 묶는 조직적 틀이나 구조를 가리키는 것 같지는 않다. 그리고 적어도 이 표현들이 가리키는 지역 범위, 다시 말해서 도시보다 넓은 지방에 속한 신자들이 한 곳에 모였을 리도 없다. 로버트 뱅크스는 이 표현들이 특정 지역에서 가끔 교회들을 집단으로 묶기 위해 사용되었으며, "지방을 아우르는 교회 행정 체제가 있었음을 암시하지는 않는다"라고 말한다.[26] 이렇게 넓은 지역에 에클레시아의 개념을 적용하는 초기 교회의 언어 표현 방식은 현실적 행정 체계보다 신학적 관점으로 이해하는 것이 더 타당하다. 다시 말해서 이런 넓은 범위의 교회를 언급하는 표현들 속

---

25 크레이그 밴 겔더, 『교회의 본질』, 250.
26 Robert Banks, *Paul's Idea of Community*, 42.

에서 정치적 또는 교리적 차이와 상관없이 하나 됨을 추구하였던 1세기의 교회 일치 분위기를 파악할 수 있다.

3) 전체 교회

바울은 때때로 어떤 지리적 명칭도 언급하지 않고 단순히 복수형을 사용함으로써 세계 교회(a world-wide church)를 암시하는 말을 한다. 이것에 가장 부합하는 표현은 "모든 교회"(고전 7:17; 14:33; 고후 8:18; 11:28)라는 용어일 것이다. 바울은 또한 때때로 "모든 성도가 교회에서"(고전 14:33), "그리스도의 모든 교회"(롬 16:16), "하나님의 모든 교회"(고전 11:16), "하나님의 여러 교회"(살후 1:4)와 같이 특별한 단어들을 추가하여 세계 교회를 암시하는 말을 하기도 한다.

그러나 그렇다고 해서 이런 표현들을 근거로 바울이 보편적 교회(the universal church)를 주장하고 있다고 속단해서는 안 된다. 바울이 '하나의'(one) 또는 '보편적인'(catholic) 교회를 상정하고 있었다는 생각은 어쩌면 후대의 교리적 관점을 초기 교회에 덧씌운 결과일 수도 있기에 주의해야 한다. 뱅크스에 의하면 "'보편적 교회'라는 이 사상은 결코 바울의 저술에서 발전되지 않았다."[27] 바울이 교회를 지칭하기 위해 쓴 단어들이 복수형임을 고려하면 그는 분명히 지역교회나 모임을, 일정한 시간과 공간에 있는 "그분 자신의 지상적, 역사적 형태의 존재"를 뜻하는 것으로 생각하였을 것이다.[28] 왜냐하면 바울에게 일차적으로 중요했던 교회는 추상적인 교회가 아니라 현실에 붙

---

27 Ibid., 39.
28 Karl Barth, *Church Dogmatics*, vol. IV/1, trans. G. W. Bromiley (Edinburgh, UK: T. & T. Clark, 1958), 643.

박고 살아가는 역사적인 교회였기 때문이다.

그런데 바울은 교회를 언급할 때 종종 지리적 명칭 없이 단수형을 사용하기도 한다(고전 6:4; 12:28). 또한 자신이 박해한 유대인-그리스도인들을 언급하기 위해 단수형 표현을 사용하기도 한다(고전 15:9; 갈 1:13; 참조, 빌 3:6). 뱅크스의 부정적인 견해에도 불구하고, 이런 언급들은 '하나의 보편적인' 교회를 추론할 근거가 있는 것으로 보인다. 특히 에베소서와 골로새서에는 이런 보편적인 교회 개념을 뒷받침하는 근거들이 나온다. 이 두 책에서 "그리스도의 몸은 전체 교회를 가리킨다."[29] 바울은 이 두 책에서 그리스도의 몸인 각 지역교회가 머리되신 그분에게 속해 있다고 말한다. 그리고 모든 지역교회는 그리스도 안에서 '하나'가 된다. 교회는 하나님의 경륜에 따라 그리스도 안에서 하나로 지어져 가며, 그 공동체의 영적 싸움은 우주적이다. 이런 정황을 볼 때 교리적으로 아직 충분히 발전되지는 않았지만, 바울이 보편적 교회를 염두에 두고 있었다고 볼 만한 충분한 근거가 있다.

5. 초기 교회의 리더십 구조

어떤 사역이든지 효과를 발휘하려면 일정한 조직과 구조의 도움을 받아야 한다. 이 원리는 헬라 세계에서 실천된 교회 개척에도 똑같이 적용된다. 그렇다면 1세기에 각 지역과 도시에 새로운 신앙 공동체를 설립하기 위해 사용된 리더십 구조는 무엇이었는가? 좀 더 구체적으로 말해서 그 조직의 지도자들은 교회 개척과 어떤 관계를 맺고 있

---

29 Hans Küng, *The Church*, 230.

있는가? 만약 성경에서 탁월하게 사역했던 지도자들의 정체성과 역할이 무엇인지 파악할 수 있다면 오늘의 현장에서 사역이 어떻게 전개되어야 하는지, 특히 지도자들이 효과적인 교회 개척을 위해 어떻게 유기적으로 연결되어야 하는지를 이해하는 데 도움이 될 것이다.

초기 교회의 직분들은 많은 경우에 유대교로부터 영향을 받았다. 하지만 성경 시대의 그리스도인들은 "새로운 사역을 만들고 오래된 사역을 변화시킴으로써 놀랍도록 자유롭게 자신의 다른 본성을 강조하였다."[30] 그들은 이미 그 시대와 세계를 지배하고 있었던 유대교나 헬라 사회로부터 영향을 받았지만, 무조건 상대의 문화를 수용하지는 않았다. 예를 들어 1세기 그리스도인들은 성령 강림 이후 새롭게 탄생한 에클레시아를 구축해 나가는 과정에서 유대교와 헬라의 여러 제도와 용어를 가져왔지만, 그것들을 그대로 사용하기보다는 자신들만의 독특한 것으로 발전시켰다.

1) 오중 사역

1세기의 교회 개척 사역을 수행한 사람들은 누구인가? 근대 이후 선교 현장에서 일정한 전략과 목표를 가지고 새로운 교회들을 세워 나가는 사람들을 '교회 개척자'(church planter)라고 부른다. 그러나 이 명칭은 교회를 개척하는 사람을 가리키는 일반적인 용어일 뿐 제도적인 차원에서 널리 인정된 직분은 아니다.

초기 교회 당시에도 교회 개척 사역을 전담하는 직분이 따로 존재

---

30 Eduard Schweizer, *Church Order in the New Testament*, trans. Frank Clarke (London: SCM, 1961), 202.

하지는 않았다. 하지만 다양한 직분이 직간접적으로 교회 개척 사역과 연관을 맺고 있었다. 기본적으로 1세기 상황에서 다섯 개의 직분, 곧 사도, 선지자, 복음 전도자, 목사, 교사가 교회 개척 사역과 관련이 있었다고 보는 것이 적절할 것이다. 현대적인 관점에서 이 직분들의 기능과 역할은 '오중 사역'(the fivefold ministry)이라는 용어로 재해석되고 있다. 이 오중 사역은 바울이 에베소 교회에 보낸 편지에서 언급한 내용을 근거로 삼고 있다.

> 그가 어떤 사람은 사도로, 어떤 사람은 선지자로, 어떤 사람은 복음 전하는 자로, 어떤 사람은 목사와 교사로 삼으셨으니 이는 성도를 온전하게 하여 봉사의 일을 하게 하며 그리스도의 몸을 세우려 하심이라(엡 4:11-12).

이 직분을 가진 사람들은 대체로 교회가 태동하던 시기에 활동한 것으로 보인다. 이 다섯 가지 중에서 사도와 전도자는 지역교회를 초월하여 사역했지만, 나머지 직분들-선지자, 목사, 교사-은 지역교회 범위 안에서 활동하였다. 선지자, 목사, 교사가 지역교회 내에서 활동한 증거는 신약성경 여러 곳에서 발견할 수 있다. 그러나 이런 사역들이 처음부터 지역교회 안에 정착되었던 것은 아니다. 웨인 믹스는 초기 교회 지도자들과 그 역할에 관한 암시가 들어 있는 신약성경 여러 본문(고전 12:8-10, 28-30; 롬 12:6-8, 엡 4:11)을 분석한다. 그에 따르면 그 당시에 몇 개의 역할은 어느 정도 "형식화"(formalization)되기도 했지만, 대부분은 여전히 제도화되지 않았다.[31] 2세기 초에 작성

---

31 Wayne A. Meeks, *The First Urban Christians*, 135.

된 것으로 추정되는 문서 『디다케』(Didache)에는 떠돌아다니는 사도, 예언자, 교사에 관해 언급하고 있는데, 이로 미루어볼 때 2세기를 지나서도 여전히 이런 사역자들이 건재했던 것으로 보인다.[32] 어느 정도 시간이 지난 뒤에는 이들 중에서 지역교회에 정착한 사람들도 있었을 것이다.

지역교회 측면에서 볼 때 개척된 지 얼마 되지 않은 어린 교회는 이런 사역자들을 보유하기 어렵다. 따라서 개척된 교회들이 어느 정도 성장하기까지 교회를 개척하는 팀에서 필요한 사람들을 파송하거나 교회가 성장한 뒤에 자생적으로 양성되었을 가능성이 크다. 어쩌면 바울의 팀과 직접적으로 상관없는 순회 사역자들 가운데 이 사역을 수행한 사람들이 있었을 수도 있다.

교회 개척은 일반적으로 복음의 불모지에서 전도하고, 회심한 사람들을 돌보며 신앙 공동체를 세워나가는 과정을 모두 포괄하기 때문에 효과적인 사역을 위해서는 다섯 가지 사역 은사가 모두 필요하다. 하지만 바울의 팀에서 보듯이 1세기에 교회 개척 팀은 처음부터 계획적으로 조직되지 않았으며, 구성원의 변동이 거의 없는 고정된 형태로 운영되지도 않았다. 따라서 현실적으로 오중 사역을 완벽하게 갖추고 활동하기가 어려웠을 것이다. 오히려 그들은 유연한 방식으로 오중 사역을 활용하였을 것이다. 바울 팀에서 구성원들이 여행 중에 여러 가지 이유로 팀을 이탈하거나 합류한 사실은 이 팀의 구성적 유연성을 말해준다.

앞에서 언급한 바와 같이 오중 사역은 제도 속에 고착된 직책이 아니었다. 그것들의 무게중심은 직책에 있지 않고 사역 기능에 있

---

32 『열두 사도들의 가르침: 디다케』, 정양모 역주 (왜관: 분도출판사, 1993), 79-91.

었다.[33] 엄밀히 말해서 이 다섯 가지 사역을 하나의 범주로 묶어 해석하려는 시도는 현대적인 관점에 의한 것이다. 최근에 전 세계적으로 확산하고 있는 선교적 교회 운동의 한 갈래를 주도하고 있는 마이클 프로스트(Michael Frost)와 앨런 허쉬(Alan Hirsch)는 오중 사역을 은사적, 기능적 관점에서 재조명하고 있다. 그들은 오중 사역을 성숙한 교회로 발전하려는 의지를 가진 교회들이 반드시 갖춰야 할 사역 매트리스(matrix)로 이해한다.[34] 따라서 이 직분들을 지나치게 제도적 관점에서 보는 것은 오중 사역의 본질을 흐리는 결과를 초래할 수도 있다.

(1) 사도

사도(apostle)에 관해서는 기독교 역사에서 다양한 신학적 해석이 제시되었다. 따라서 성경에서 그 단어와 사역이 어떻게 사용되고 발전되었는지에 관한 설명도 다른 직분보다 풍부한 편이다. 그러나 아쉽게도 많은 이론에 비해 그것을 설명해 줄 성경의 기록은 빈약한 편이다.

사도를 뜻하는 헬라어 '아포스톨로스'(*apostolos*)는 특정한 목적을 위해 누군가에 의해 보냄을 받은 사람을 가리킨다. 사도는 메신저일 뿐만 아니라 그를 보내는 사람의 대리자이기도 하다. 그에게는 임무가 맡겨지고, 그에 상응하는 권한을 부여받는다. 이 단어의 일반적인 의미는 요한복음 13:16에 나오는 "보냄을 받은 자"라는 용어에 잘

---

33 Everett Ferguson, *The Church of Christ: A Biblical Ecclesiology for Today* (Grand Rapids, MI: Eerdmans, 1996), 297.
34 Michael Frost and Alan Hirsch, *The Shaping of Things to Come* (Peabody, MA: Hendrickson, 2003), 165-173.

담겨 있다(히 3:1 참조). 신약의 '아포스톨로스'와 짝을 이루는 구약의 히브리어는 '파견된 자,' '사자'를 뜻하는 '샬리아'(*shaliach*)다. 이 단어는 애굽의 바로에게 보냄을 받은 모세(출 6:11), 아합에게 보냄을 받은 엘리야(왕상 18:1) 등에게 사용되었다.

'아포스톨로스'가 공관복음서 몇 곳에 사용된 것으로 보아(마 10:2; 막 6:30; 6:12-13; 9:10) 예수께서 이 호칭을 열두 제자에게 사용했을 가능성이 있다. 하지만 그것은 어떤 공적인 지위를 뜻하기보다 일반적인 호칭 또는 형식에 불과했을 것이다. 그렇다고 해서 예수께서 이 용어를 유대교의 전승에 따라 사용했다고 단정하기는 어렵다. 마태복음이나 마가복음과는 달리 누가복음에서는 어느 정도 고정된 형태의 호칭이 사용되고 있는 것으로 보아(22:14; 24:10) 누가가 좀 더 후대의 발전된 개념을 반영하고 있는 것으로 보인다.[35] 이렇게 보면 '아포스톨로스'라는 호칭은 교회 시대 이전부터-어쩌면 예수 시대부터-부정확한 의미로, 그리고 특수한 조건에서 사용되다가 교회 시대에 접어들면서 점차 뚜렷한 의미로 쓰이게 되었다고 볼 수 있다.

사실 예수의 추종자들이 새로운 선교적 상황에 직면하고 사도의 선교적 특성을 새롭게 인식하기 시작한 시기는 오순절 성령 강림 사건 이후, 곧 초기 교회가 시작된 이후다. 그러나 사도의 개념을 좀 더 구체적으로 선교 현장과 연결하여 재해석하고 발전시킨 인물은 바울이었다. 특히 이방인을 향한 선교가 활발하게 진행되면서 그는 12명의 특별한 제자들을 넘어 넓은 범위에 속한 사람들에게 이 용어를 적용

---

35 Karl H. Rengstorf, "apostolos," in *Theological Dictionary of the New Testament*, vol. I, eds. G. Kittle and G. Freidrich, trans. Geoffery W. Bromiley (Grand Rapids, MI: Eerdmans, 1964), 428; M. H. Shepherd, Jr., "apostles," in *The Interpreter's Dictionary of the Bible*, vol. 1 (New York: Abingdon, 1962), 172.

하였다. 그러나 "바울 당시에 이 용어는 어떤 직책을 나타내지 않았으며 단지 그리스도인들의 선교 사역에서 특정한 임무에 권위를 부여하는 역할을 했을 뿐이다."[36] 따라서 교회가 생겨난 이후에 사도의 호칭이 전체 공동체 안에서 일반적으로 사용되었지만, 여전히 그 의미는 발전하는 과정에 있었다고 보아야 한다.

그런데 시간이 지나면서 새로운 종류의 사도들이 등장하기 시작하였다. 이들은 주로 바울의 선교팀과 관련이 깊었는데, 바울이 사역의 필요에 따라 특정한 임무를 수행할 사람들을 곳곳에 파송하면서 그들을 사도로 불렀기 때문이다. 이렇게 되자 표면적으로 두 부류의 사도, 곧 "다른 사람들이 가질 수 없는, 하나님으로부터 받은 영구적인 우위성을 소유한, 예루살렘의 사도들과 바울에 의해 단지 그리스도의 도구, 종, 설교자, 사자(使者)로 여겨지는 사도들"이 존재하는 것처럼 보였다.[37] 그러나 바울의 사도 개념을 예루살렘의 사도들과 대비하는 것은 역할과 기능에 따라 사도들을 구분하는 좋은 방법이 될 수도 있지만, 초기 교회 상황에서 두 부류가 뚜렷하게 구분된 집단으로 존재한 것처럼 오해받을 소지도 있다. 사실 바울이 사도의 개념을 확대하고 발전시키기 이전에 예루살렘의 열두 사도가 이미 독점적인 지위를 보유하고 있었던 것 같지는 않다.

이런 정황을 종합해 볼 때 사도의 호칭과 직무의 발전을 크게 4단계로 구분해 볼 수 있다. 첫째, 부활절 이전에는 예수께서 열두 제자를 사도로 부르고 그들을 파송하였으나, 이때 사도의 의미는 당시 사회에서 통용되던 의미와 큰 차이가 없었고 그 역할이 일시적인 임무

---

36 Wayne A. Meeks, *The First Urban Christians*, 131.
37 Rudolf Schnackenburg, *The Church in the New Testament*, 27.

수행에 제한되었으므로 딱히 논쟁의 여지가 없었다. 둘째, 이런 전례를 따라 예수의 승천과 오순절 성령 강림 이후 열두 제자를 예수 운동의 정통성을 계승한, 권위를 가진 자들로 여기는 것 역시 별 이견 없이 자연스럽게 받아들여졌다. 셋째, 그러나 이방인 선교에 나선 바울이 사도의 의미를 새롭게 해석하여 적용 범위를 넓히자 문제가 불거지기 시작하였다. 넷째, 기독교가 헬라 세계로 확대되고 조직화의 필요성이 대두되자 혼란을 피하려고 사도의 공적 지위를 강조하고 사도를 열두 제자로 제한하려는 경향이 나타났다. 결국 바울은 이 호칭을 다양한 인물에게 적용함으로써 사도직의 기능적 분화를 통한 발전을 가져오기도 했지만, 초기 교회에서 사도직 계승에 관한 논쟁을 불러일으키기도 하였다.

이제 한 걸음 더 나아가 사도에 관한 문제를 신학적으로 정리해 보자. 신약성경에서 사도라는 호칭은 두 부류에 적용되었다. 그중 한 부류는 열두 제자인데, 엄밀히 말해서 가룟 유다가 죽은 뒤에 선출된 맛디아를 포함하면 열두 명이 아니라 열세 명이다. 이들을 1차 사도 집단이라고 할 수 있는데, 이들은 선지자들과 함께 교회의 기초를 이루는 사람들로 여겨진다(엡 2:20). 교회의 기초를 이루는 이들의 역할은 기독교 역사에서 결코 반복될 수 없는 것이었다. 이들은 흔히 '예수의 사도'로 불렸다. 이들이 이런 특별한 권리를 가지는 것은 그들이 부활하신 주님을 직접 만났고 그분으로부터 직접 사명을 위임받았다는 사실에 근거한다.

어떤 사람들은 이 부류에 바울을 포함하기도 한다. 이는 바울이 자신도 부활하신 주님을 친히 뵈었고(갈 1:16; 고전 9:1-5; 15:1-10), 그분으로부터 사명을 받았다고 반복적으로 주장하고 있기 때문이다(롬 1:1; 고전 1:1; 갈 1:1, 15 이하). 그러나 엄밀한 의미에서 바울을 교회의 기초 역할을 하는 열두 사도의 범주에 포함하기는 어렵다. 다만 그가 열두 사도와는 달리 특수한 선교, 곧 이방인을 향한 복음 전파의 사명을 받았다는 것만큼은 그의 독특성으로 인정해 주어야 있다(롬 11:13; 참조, 롬 1:5-7, 13-15). 그를 열두 사도 외의 사도 부류에 포함하는 것이 적절하다.

신약성경에는 열두 사도 외에 사도의 호칭이 적용된 두 번째 부류의 사람들이 있다. 이들은 2차 사도 집단이라고 일컬어진다. 이들 중 10명의 이름이 알려져 있는데, 위에서 언급한 바울 외에 바나바(행 14:1, 4-5, 14, 26; 참조, 고전 9:5 이하), 야고보(갈 1:19), 아볼로(고전 4:9), 실루아노(실라)와 디모데(살전 2:7), 디도(고후 8:23), 에바브로디도(빌 2:25), 안드로니고와 유니아(롬 16:7)-놀랍게도 이 두 사람은 여성이었다-가 그들이다. 그 밖에도 이름을 알 수 없는 복수의 사도들(고후 8:23)이 있다.

그렇다면 1차 사도 집단과 2차 사도 집단은 무엇이 다른가? 이 두 그룹 사이의 가장 큰 차이는 전자가 직분 중심적인 데 비해 후자는 사역 중심적이라는 것이다. 전자는 역사 속에서 반복될 수 없지만, 후자는 반복될 수 있다. 추가로 바울을 비롯하여 2차 사도 집단에 속한 사람들은 주님이 아니라 교회가 파송하였다는 점도 두 집단 사이를 구분하는 핵심 내용에 속한다. 교회가 파송하였기 때문에 이들은 주로 "교회의 사자(使者)"로 불렸다.[38] 이렇게 볼 때 똑같이 사도라는 호칭이 사용되었지만, 두 집단 사이에는 뚜렷한 질적 차이가 존재하는 것처럼 보인다.

---

38 고린도후서 8:23과 빌립보서 2:25에서 '사자'는 헬라어 '아포스톨론'(*apostolon*)과 '아포스톨로이'(*apostoloi*)에서 번역되었다.

하지만 이런 구분의 타당성은 초기 교회사의 어느 시점에서 사도를 이해하느냐에 따라 달라진다. 어떤 사람들은 초기 선교 시대에 사도들의 역할의 범위가 명확하게 규정되어 있지 않았다고 본다. 이들에 따르면 두 부류의 사도를 상정하고 이들의 질적 차이를 주장하는 의견은 이미 열두 사도의 위상이 훨씬 높아진 후대의 것이다. 이처럼 사도들에 관한 연구는 상당히 많은 논쟁적 주제를 포함하고 있으며, 따라서 쉽게 단언해서 말하기가 어렵다.

그런데 우리의 관심은 열두 사도의 유일무이한, 반복될 수 없는 직분이 아니라 복음의 확장을 위해 활동했던 사도들과 그들의 역할에 있다. 이들의 사역은 오늘날의 선교사와 교회 개척자가 하는 사역과 비슷하다. 열두 사도는 교회의 기초를 이루는 공적인 지위를 지니고 있으면서 동시에 교회 개척자의 임무를 수행하기도 하였다. 반면에 2차 집단은 교회를 중심으로 이루어지는 선교 사역과 관련되어 있었다.

교회 개척자로서 사도들이 수행했던 직무는 크게 4가지로 정리된다. 그것은 (1) 복음을 증거하는 일, (2) 교회를 설립하는 일, (3) 교육과 훈련을 통해 교회를 튼튼하게 세우는 일, (4) 기존 지도자들을 멘토링하고 새 지도자들을 세우는 일이다. 이것들은 예나 지금이나 교회 개척 사역의 핵심적인 내용을 이룬다. 또한 이것들은 복음의 불모지에서 선교사들이 행하는 전통적인 선교 과정의 핵심으로 이해되기도 한다. 한 예로 해롤드 풀러(Harold W. Fuller)가 말하는 선교회와 현지 교회의 4단계 역할-개척자(Pioneer), 부모(Parent), 동역자(Partner), 참여자(Participant)-도 위의 네 직무와 유사하다.[39] 이런 관점에서 보면 교

---

39 Harold W. Fuller, *Mission-Church Dynamics: How to Change Bicultural Tensions*

회 개척 사역은 단순히 복음을 전하고 교회를 설립하는 단계를 넘어 현지의 리더십을 공고하게 세우고, 그들의 선교 재생산을 돕고 지원하는 단계까지를 아우른다고 볼 수 있다.

교회 개척자로서 사도들의 역할은 고정된 장소에서 일하는 지역교회 목사들과 뚜렷하게 달랐다. 그들은 1세기에 견유학자들처럼 여러 곳을 순회하며 여행하였다. 그들의 사역은 지역 전도에 근거한 토착 교회 설립과 밀접한 관련이 있었다. 바울은 자신의 사도직을 이방인 선교 관점에서 이해하였다. 구체적으로 말해서 그가 생각하는 사도직의 개념은 다른 사도들이 일하지 않는 곳에서 새로운 선교의 기초를 놓는 것을 의미하였다(롬 15:20). 그러나 사도들의 사역은 결코 홀로 이루어지지 않았다. 그들의 사역은 여러 다양한 형태의 동역자와 함께하는 팀워크를 통해 수행되었다.

(2) 선지자

선지자를 뜻하는 헬라어 '프로페테스'(*prophētēs*)는 '대언자, 말하는 자, 예언자'를 뜻하는 히브리어 '나비'(*nabi*)를 번역한 단어다. 선지자는 구약 시대에 이스라엘 백성들에게 하나님의 메시지를 전달하는 매체로서 기능하였다. 그들은 하나님의 영으로부터 받은 계시를 무아경 상태에서 말하거나 하나님의 말씀을 받아들인 뒤 선포하는 일을 하였다. 그들은 왕, 제사장과 더불어 하나님의 기름 부음을 받는 사람들이었다. 그러나 이 선지자의 직무는 예수께서 그리스도로서 구약의 삼중직을 완전하게 수행하신 이후 초기 교회에서 다른 직분들

---

into Dynamic Missionary Outreach (Pasadena, CA: William Carey Library, 1980), 127-133.

에 비해 그다지 주목받지 못했다.

하지만 예언은 각 지역에 형성된 지역교회들 가운데 보편적으로 나타난 은사였던 것으로 보인다. 예루살렘 교회 탄생의 모체가 된 마가의 다락방에서 120명의 제자는 성령의 충만함을 받고 각각 다른 나라 언어로 예언하였다(행 2:1-4). 그리고 바울의 일행이 예루살렘으로 가는 길에 전도자 빌립의 집에 들렀을 때 그의 네 딸을 만났는데, 그들은 모두 처녀로서 예언하는 사람들이었다(행 21:8-9). 또한 고린도 교회에 보낸 바울의 첫 번째 편지 14장에 의하면 예언이 평범한 신자들에게도 나타났음을 알 수 있다(고전 14:4-6, 24, 29, 31, 39). 특별히 고린도전서 14:5에서 바울은 모든 교인이 예언하기를 바란다고 말하고 있다.

다른 한편, 선지자들은 지역교회에서 중요한 지도자로 활동하기도 하였다. 존 쾨니그(John Koenig)는 사도행전의 여러 자료를 근거로 떠돌이 선지자들이 점차 지역교회 내에 머물며 리더십을 발휘했을 것으로 추정한다.[40] 예루살렘 교회에 있었던 선지자 중 한 사람이었던 아가보(행 11:28)와 안디옥 교회의 지도자 집단에 속해 있었던 선지자들(행 13:1)이 대표적인 사례가 될 수 있다. 또한 예루살렘 회의 이후에 결정된 내용을 안디옥 교회에 전하기 위해 바나바와 바울을 파송할 때 동반했던 유다와 실라도 예루살렘 교회의 선지자들이었다(행 15:22-33).

그런데 기원후 1세기 초기 교회에는 다른 유형의 선지자 집단이 있었다. 선지자들에게 환대를 베풀라는 예수의 말은 팔레스타인에 떠돌이 선지자들이 존재하고 있었음을 입증해 준다(마 10:41-42). 당시

---

40   John Koenig, *New Testament Hospitality: Partnership with Strangers as Promise and Mission* (Philadelphia, PA: Fortress, 1985), 95-103.

헬라 세계의 순회 설교자들과 비슷하게 초기 기독교 세계 내에는 "떠돌이 은사자들"(wandering charismatics)이 있었다.[41] 특별히 부활절 이후에 떠돌이 선지자들은 사도, 교사와 더불어 떠돌이 은사자 집단을 형성하였다. 사도행전은 이들이 어떤 특정한 교회에 속해 있다고 말하지 않는다. 누가는 이미 예루살렘에 예언자들이 존재하고 있었음을 알려준다(행 11:27). 그중에 아가보가 있었는데, 그는 자주 옮겨 다니며 사역하였다(행 11:28; 21:10). 유다와 실라는 예언자로서 예루살렘 회의의 결정 사항들을 전하기 위해 바울과 바나바와 함께 파송되었다(행 15:32).

지역교회에 속하지 않았던 선지자들은 종종 여행하며 사역하는 사도들과 함께 언급되기도 한다(눅 11:49; 고전 12:28 이하; 엡 2:20; 3:5; 4:11; 계 18:20; 참조, 마 10:40 이하). 에베소서 2:20에 따르면 교회는 "사도들과 선지자들의 터 위에 세우심을" 입었다. 이로 보건대 초기 기독교 세계에서 떠돌이 선지자들은 독자적으로 활동하기보다는 사도들과 함께 다니면서 그들의 사역을 보조하는 역할을 했을 것으로 추측된다. 한 걸음 더 나아가 이것은 선지자들이 교회 개척 팀에 속해서 함께 사역했을 것이라는 추론으로 이어진다.

일반적으로 예언의 기능은 인간을 향한 하나님의 뜻을 분별하는 것과 관련된다. 제임스 버철(James T. Burtchaell)에 따르면 "선지자는 인간의 마음 안에서 그들의 진정한 양심의 상태를 분별할 수 있었으며, 인간사(人間事) 속에서 하나님의 의도를 분별할 수 있었다."[42] 하지만 "완전히 새로운 진리의 원천을 제시하는 것"이 그들의 핵심적인 임

---

41 Gerd Theissen, *The First Followers of Jesus: A Sociological Analysis of the Earliest Christianity*, trans. John Bowder (London: SCM, 1978), 9.

42 James T. Burtchaell, *From Synagogue to Church*, 299.

무가 아니었다. 오히려 그보다는 "이미 이스라엘의 역사와 그리스도 안에 계시된 진리를 새롭게 분별하는 것"이 그들의 주된 역할이었다.[43] 이런 의미에서 그들의 사역은 사도들이 선포한 하나님의 말씀에 종속된다.

궁극적으로 선지자들의 역할은 교회를 세우는 일에 집중된다. 바울은 고린도전서 14:4에서 개인의 덕을 세우는 방언과 대조적으로 예언을 교회의 덕을 세우는 것으로 말한다. "방언을 말하는 자는 자기의 덕을 세우고 예언하는 자는 교회의 덕을 세우나니." 선지자들의 사역은 "사람에게 말하여 덕을 세우며 권면하며 위로하는 것"이다(14:3). 또한 그들의 사역은 불신자들의 죄악을 드러내고 책망함으로써 그들이 죄인임을 깨닫게 하는 데 있다(고전 14:24-25). 이런 선지자들의 기능은 사역 팀이 교회를 개척하기 위해 불신자들에게 복음을 전하고 개척된 기존 교회들을 강화하는 데 유익했을 것이다.

(3) 복음 전도자

전도자를 의미하는 헬라어 '유앙겔리스테스'(*euangelistēs*)는 일반적으로 좋은 소식을 선포하는 자를 가리킨다. 불행하게도 신약성경은 전도자에 관해 명확하게 말해주지 않는다. 사도행전에서 이 용어는 사도들이 특별한 집단으로 구분되기 시작한 때와 거의 비슷한 시기에 등장한다. 이 호칭이 처음 사용된 인물은 일곱 집사 중 한 사람이며 사마리아 지방에 가서 헌신적으로 복음을 전한 빌립이었다(행 21:8; 참조, 행 6:5; 8:5). 하지만 에두아르트 슈바이처(Edward Schweizer)처럼 빌

---

43 Thomas C. Oden, *Pastoral Theology: Essentials of Ministry* (San Francisco: Harper & Row, 1983), 76.

립의 사례를 근거로 삼아 초기 예루살렘 교회에서 임명된 일곱 집사가 모두 전도자였다고 단정하는 것은 지나친 판단이다.[44] 그 밖에 에베소서 4:11과 디모데후서 4:5에도 이 용어가 등장한다.

본래 전도는 예수께서 이 세상을 떠나면서 남긴 가장 큰 명령으로서 모든 제자가 수행해야 할 임무에 해당한다(마 28:18-20). 일반적으로 말하자면 복음을 전해야 할 사명은 모든 그리스도인에게 주어졌다. 그들은 일상적인 생활 속에서 변화된 그리스도인의 모습을 통해 복음을 증언한다. 반면에 전도자들은 성령으로부터 전도를 위한 특별한 은사를 받아 좀 더 적극적으로 불신자들에게 다가가 복음을 전하는 사람들이다.

복음의 열정으로 뜨거운 초기 교회의 선교 상황에서 전도자의 필요성은 분명하였다. 하지만 아직 교회 체제와 제도가 충분히 발전하지 않은 시기였으므로 사역자들 가운데 순수하게 전도자 역할만 하는 사람은 많지 않았다. 디모데의 경우처럼(딤후 4:5) 다른 직분 또는 임무를 수행하는 사람들이 전도자 역할을 병행하는 것이 일반적이었다. 이 시기에는 사도들과 전임 순회 사역자들, 교회 공동체 내에서 사역하였던 목사와 교사들이 모두 복음 전도자의 삶을 살았다.[45] 이들 중 정해진 사역지 없이 자유롭게 돌아다니는 사람들은 지역 회당, 광장 등과 같이 공개된 장소에서 담대하게 복음을 외쳤으며, 지역교회에 정착하여 사역하는 사람들은 그들의 선한 성품과 진심 어린 권면을 통해 복음을 전했다.

역할의 구분을 직분의 발달 과정에 따라 구체적으로 살펴보면 다

44　Eduard Schweizer, *Church Order in the New Testament*, 200.
45　Michael Green, Michael Green, *Evangelism in the Early Church*, 234-242.

음과 같다. 본래 초기 교회 시대에 존재했던 직분들은 모두 선교적 특성을 띠고 있었다. 그런데 교회의 제도와 조직이 발전하고 사역이 나뉘면서 직분이 기능에 따라 전문화하기 시작하였다. 교회 안에 있는 기존 신자들은 주로 목사와 교사들이 담당하고, 교회 밖의 불신자들은 전도자들이 담당하게 되었다.[46] 목사와 교사들은 기존 신자들의 신앙 성숙을 위해 주로 가르치는 일을 하였다. 물론 앞에서 말한 바와 같이 이들도 복음 전도자의 삶을 살았다. 반면에 전도자들은 전적으로 공동체 밖의 불신자들에게 복음을 전하고 회심시키는 일을 맡았다. 이것이 그들의 일차적인 관심사였으며, 따라서 "그들이 회심시킨 사람들을 반드시 지역교회로 조직할 필요는 없었다."[47] 이들의 역할은 전도를 사역의 기초로 삼으면서도 교회를 개척하고 세우는 일을 주된 목표로 삼는 사도들의 역할과도 달랐다.

기독교의 역사가 시작된 이후 교회 안에 전도자들이 생겨나는 것은 지극히 자연스러운 현상이었다. 그런데 유형적으로 볼 때 이들과는 달리 처음부터 여러 지역을 여행하며 사역하는 전도자들이 있었다. 그들은 여러 교회에서 전도할 자격이 있는 사람들로 인정받았으며, 사도적 네트워크 안에서 복음을 더 널리 전파하는 데 긴요한 역할을 감당하였다. 한편 바울의 교회 개척 팀 중에서 명시적으로 이 직무를 감당한 사람은 디모데였다. 디모데후서 4:5에 의하면 바울은 디모데에게 '전도자'의 삶을 요구한다. 바울의 팀에서 전도자의 역할은 사도 수준에 미칠 정도는 아니었지만, 그런데도 상당히 컸다. 에드먼드 클라우니(Edmund P. Clowney)는 디모데와 함께 디도를 이 전도자 범주

---

46 C. H. Dodd, *The Apostolic Preaching and Its Developments*, 7-8.
47 Craig L. Blomberg, "Holy Spirit, Gifts of," in *Baker Theological Dictionary of the Bible*, ed. Walter A. Elwell (Grand Rapids, MI: Baker Books, 1996), 351.

에 포함하는데, 그는 디모데와 디도가 전도자로서 장로들을 임명했다는 사실을 논거로 제시한다(딤전 5:22; 딛 1:5).[48] 아마도 그는 지역교회의 리더들을 세우기 위해 바울의 팀에서 파송한 대표들을 염두에 두고 있었던 것 같다.

(4) 목사

목사는 교인들에게 하나님의 말씀을 가르치고, 그들이 세속에 물들지 않도록 격려하며, 올바르면서도 효과적인 복음 사역을 위해 지역 내의 다른 목사들과 연대하는 사람이다. 에베소서 4:11에 나오는 단어 '포이멘'(*poimēn*)은 목자(牧者, shepherd)를 뜻한다. 목자가 양들을 돌보고 기르는 것에서 알 수 있듯이 '포이멘'의 핵심적인 역할은 목회적 돌봄과 양육에 있다.

앞에서 여러 차례 언급한 바와 같이 성경 시대는 직분들이 제도적으로 정착되는 시기였기 때문에 직분들의 기능이 서로 중복되는 경우가 많았다. 가장 대표적인 사례가 목사, 장로(*presbyteros*), 감독(*episkopos*)인데, 1세기 성경 시대에는 목사로 불리는 사람이 장로 또는 감독으로 불리기도 하였다. 신약성경에서 목사의 호칭이 단 한 번밖에 나오지 않는다는 사실은 이 직분들의 동일성을 주장하는 데 불리하게 작용할 수도 있다. 하지만 벤자민 머클(Benjamin L. Merkle)의 설명처럼 이 직분들이 초기 교회에서 모두 같은 역할을 했다는 사실 자체가 그것들의 동일성을 말할 수 있는 가장 강력한 근거가 된다.[49] 이 직분에 해당하는 사람들은 지역교회를 중심으로 목양과 교육을 담당하였다.

---

48 Edmund P. Clowney, "The Biblical Theology of the Church," in *The Church in the Bible and the World*, ed. D. A. Carson (Grand Rapids, MI: Baker Book House, 1987), 86.
49 벤자민 L. 머클, 『장로와 집사에 관한 40가지 질문』, 84-85.

바울은 이것들을 디모데전서 5:17에서 다스리는 사역과 가르치는 사역으로 표현한다.

바울이 감독의 자격을 제시하면서 장로와 목사의 자격은 제시하지 않는다는 점도 동일성 주장의 근거가 될 수 있다.[50] 이 논리는 바울이 감독의 자격을 장로와 목사의 자격으로 활용했을 것이라는 논리적 추론에 기초한다. 한편 슈바이처는 '목자'와 '감독'이 나란히 나오는 베드로전서 2:25에 근거하여 신약 시대에 "감독과 목사의 사역은 하나이며 같다."라고 말한다.[51] 한편 목사는 교사와도 역할을 공유한다. 가르치는 역할을 놓고 보면 목사의 역할은 교사의 역할과 겹친다. 이처럼 초기 교회 상황에서 지역교회 내에서 목양과 교육을 담당하는 지도자는 목사 외에 다른 여러 호칭으로도 불렀다. 이런 점은 당시 교회의 직분 체계가 아직 충분히 발전하지 않은 상태였음을 반영한다.

세 직분 중에서 장로와 감독이 같은 직분을 가리킨다는 주장에 대한 성경적 근거는 목사의 경우보다 많은 편이다. 가장 강력한 증거는 장로와 감독이라는 용어를 교체하여 사용한 성경 본문들이다(행 20:17, 28; 딛 1:5, 7; 벧전 5:1-2).[52] 이 본문들은 모두 목양의 자세에 관한 내용을 담고 있다. 그런데 이 본문들은 둘 중 어느 한 용어를 사용하다가 무의식적인 양 자연스럽게 다른 용어로 바꾸어 사용한다. 이런 표현 방식이 가능했던 이유는 이미 본문에 나오는 사람들 사이에, 그리고 글의 저자와 수신자 사이에 용어를 서로 바꿔 사용해도 아무런 문제가 없었기 때문이었다. 디도서와 베드로전서의 본문에서도

50　Ibid.
51　Eduard Schweizer, *Church Order in the New Testament*, 200.
52　벤자민 L. 머클, 『장로와 집사에 관한 40가지 질문』, 122-123.

용어의 혼용이 드러나지만, 사도행전의 본문은 세 가지 용어의 연결성을 확인할 수 있다는 점에서 의미 있다. 바울은 3차 선교 여행을 마치고 예루살렘으로 떠나기 직전에 에베소 교회의 "장로들"을 불러 마지막으로 권면하였다(행 20:17). 이 자리에서 바울은 이들의 직분인 '장로'를 '감독자'로 바꿔 표현하고 그 기능을 '목사'와 같이 교회를 보살피는 것으로 진술한다(행 20:28).

세 가지 직분의 위계가 역사의 흐름 속에서 변질하였다고 보는 존 스토트의 설명은 상당히 설득력이 있다. 그는 주교, 장로, 집사라는 서로 연관될 수 없는 삼 단계 질서를 유지하고 있는 성공회(the Episcopal Church)와는 달리 초기 교회에는 단 두 개의 직분, 곧 장로와 집사만 있었다고 주장한다. 그가 이렇게 주장하는 데에는 장로와 감독이 같은 직분을 가리킨다는 확신이 전제되어 있다. 그리고 '목사'라는 용어는 "그들[장로 또는 감독]의 역할을 설명하는 일반적인 용어"에 지나지 않는다.[53] 목사라는 직책 또는 호칭을 이렇게 기능적인 것으로 해소하는 스토트의 이해 방식은 하나의 역할에 다양한 용어가 등장함으로써 생기는 혼란을 피할 수 있게 해 준다.

초기 교회에서 같은 사역에 대해 여러 가지 호칭이 사용된 이유 중에는 지역마다 선호하는 것이 달랐기 때문이라는 설명도 있다. 이것은 어느 정도 역사적, 문화적 배경을 고려한 설명이다. 이 관점을 옹호하는 사람들은 유대인 회중이 그들의 역사적 전통에 따라 장로라는 호칭을 선호하였고, 헬라파 회중은 감독이라는 호칭을 선호한 것으로 본다.[54] 실제로 바울의 글에서는 장로직에 관한 언급을 찾을 수 없다.

53　John R. W. Stott, *The Message of Acts*, 323.
54　Ibid., 127.

이것은 소아시아와 그리스 지역에 존재하였던 기독교 공동체에서는 주로 감독이라는 호칭을 사용하였음을 보여준다. 지역에 국한되었던 감독의 지위는 시간이 지나면서 이단에 대처하고 교회의 단결을 도모한다는 명분 아래 군주적 감독직(monarchical episcopate)으로 변모하였다. 그리고 결국에는 감독들이 더 나아가 사도적 전승(apostolic tradition)의 수호자라는 인식을 만들어 냈다.

바울 팀의 교회 개척 사역을 보면 대체로 교회를 개척한 뒤 어린 교회일지라도 복수의 장로들, 곧 목사들을 세워 교회를 돌보게 하였다. 때로는 바울이 어떤 문제가 생긴 교회를 돌보도록 사역자를 파송하기도 하였다. 지역교회 내에서 행한 목사의 역할에 관해서는 아래에서 장로에 관해 설명할 때 좀 더 자세하게 다룰 것이다.

(5) 교사

교사를 뜻하는 '디다스칼로스'(*didaskalos*)라는 단어는 단지 신약성경 몇 곳에 등장한다(행 13:1; 고전 12:28 이하; 엡 4:11; 약 3:1). 이 밖에 바울이 '가르치는 자'에 관해서 말하기도 하였다(롬 12:7). 교사는 장로와 함께 유대교의 관습에서 호칭을 빌려 온 대표적인 사례에 속한다. 유대교의 교사들은 "가르치고, 윤리적으로 훈계하며, 전통을 받아들이고, 보존하고, 전승하며, 성경을 해석하는 일"을 하였다.[55] 예수께서는 공생애 기간에 복음을 전하고 치유하는 사역과 더불어 가르치는 사역에 열중하였으며, 이로 말미암아 사람들로부터 유대교의 랍비로 여겨지기도 하였다(마 23:8; 26:25, 49; 막 9:5; 11:21; 14:45; 요 1:38, 49; 3:2, 26; 4:31; 6:25; 9:2; 11:8).

---

55 Vincent P. Branick, *The House Church in the Writings of Paul*, 82.

부활절 이후 초기에는 사도들이 직접 새 신자들을 가르쳤다(행 2:42). 하지만 공동체가 점점 성장함에 따라 사도적 직무와 가르침의 사역이 분리되는 것은 필연적인 수순이었을 것이다. 그런데 교회 내에서 교사라는 뚜렷한 직분이 부상했음에도 불구하고 사도들과 감독들에게 가르치는 사역은 여전히 중요한 주요 직무로 남아 있었다(딤후 1:11; 딤전 3:2; 딤후 2:2). 교사들은 일반적으로 예수의 전승들, 곧 예수의 행위와 말씀에 관한 이야기들을 모으고 전달하는 일을 하였다. 이들의 수고로 훗날 좀 더 발전된 교리의 밑바탕이 된 케리그마의 틀이 만들어지기 시작했을 것이다.

성경 시대에 교사는 선지자와 비슷한 방식으로 두 종류, 곧 지역교회에 상주하는 교사와 여행하는 교사로 구분된다. 바울은 갈라디아서 6:6에서 "가르침을 받는 자는 말씀을 가르치는 자와 모든 좋은 것을 함께 하라"라고 권면한다. 바울의 이 언급은 두 가지 가능성을 시사한다. 첫째는 교사들이 지역교회 안에서 가르치는 일에 헌신했을 가능성이다. 안디옥 교회에 이미 교사가 있었다는 사실이 이를 뒷받침한다(행 13:1). 또한 장로 중 몇몇이 가르치는 봉사를 수행하기도 하였다(딤전 5:17; 참조, 딤후 2:2). 그래서 교회 공동체에서 지도자가 되고자 하는 사람은 먼저 유능한 교사가 되어야 했다(딤전 3:2; 딤후 1:13; 2:1, 15; 딛 1:9). 그러나 그렇다고 해서 그들이 훗날 제도적으로 확립된 교회 조직 안에서 정기적으로 급여를 받는 사람처럼 일했다는 것은 아니다. 로널드 펑(Ronald Y. Fung)에 따르면 "바울의 권면은 '교사'가 신앙을 가르치는 전임강사는 아니었을지라도 최소한 고정된 지위를 가지고 있었음을 나타낸다."[56] 더 나아가 히브리서 5:12은 모

---

56 Ronald Y. K. Fung, *The Epistle to the Galatians* (Grand Rapids, MI: Eerdmans,

든 신자가 지역교회 안에서 교사로 양성되어야 한다는 것을 전제하고 있다.

둘째는 바울이 여행하는 교사들에게 적절한 환대를 베풀고 후원할 것을 요청했을 가능성이다.[57] 상주하는 교사들이 지역교회에 묶여 있었던 반면에 여행하는 교사들은 교회를 세우는 일과 깊은 관련을 맺고 있었을 가능성이 크다. 이 부류에 속한 사람으로 생각할 수 있는 인물로는 아볼로와 그에게 종교적 가르침을 준 브리스길라와 아굴라(행 18:24-28; 고전 16:12; 딛 3:13), 그리고 바울(딤후 1:11)을 꼽을 수 있다. 그러나 브리스길라와 아굴라, 바울은 자립적인 사역자들이었다. 또 바울이 자신의 직함을 세 가지, 곧 선포자, 사도, 교사로 언급한 사실로 미루어볼 때(딤후 1:11) 바울 시대에는 아직 사역이 충분히 전문화되지 않았음을 알 수 있다.

결론적으로 교사는 목사와 마찬가지로 각 지역에 세워진 교회들의 안정과 강화를 위해 필요한 사역자였다. 교사들은 어린 신자들을 신앙적으로 양육하고 훈련하는 역할을 담당하였다. 이들은 교회 내에 있는 신자 중에서 양성될 수도 있었으며, 때로는 여행하는 교사들이 이 역할을 담당하기도 하였다. 바울이 각 지역에 보낸 사역자 중 일부가 이런 교사의 역할을 담당했을 것이다.

1988), 293.

[57] Vincent P. Branick, *The House Church in the Writings of Paul*, 82-83.

2) 지역교회의 리더십: 장로와 집사

헬라 세계에 지역교회들이 세워지면서 자연스럽게 그 교회들을 돌보고 관리할 지도자들이 필요해졌다. 교회를 개척한 뒤 교회가 어느 정도 자리를 잡을 때까지는 교회 개척 팀이 회중을 인도했을 것이다. 그러나 시간이 지나 교회가 안정되면 교회 개척 팀은 다른 지역으로 떠나게 되고, 결국 남겨진 회중을 돌보고 이끌어갈 사람들이 필요하게 된다. 지역교회에서 이런 일을 담당했던 사람들이 장로들과 집사들이었다.

앞에서 말한 바와 같이 초기 교회에서 장로와 목사는 같은 직분이었다. 그리고 이미 목사에 관해 살펴보았지만, 목사에 관한 성경의 자료는 별로 없지만, 장로에 관한 자료는 비교적 많은 편이다. 이것은 존 스토트의 지적처럼 목사 호칭이 주로 기능적인 관점에서 사용되었지만, 장로와 감독은 실제적인 직책과 관련이 있었기 때문일 가능성이 크다. 따라서 여기서는 장로 직분을 중심으로 좀 더 깊이 지역교회 리더십을 살펴보고자 한다.

이 두 직분은 세월이 지나면서 앞에서 언급한 오중 사역의 일부 또는 전체를 감당하였으며, 점차 계급적 질서 속에서 중요한 직분으로 자리를 잡아 나갔다. 초기 교회의 문헌인 『디다케』는 감독들과 집사들이 예언자와 교사의 사역을 수행했다고 말하고 있다.[58] 따라서 이 두 직분은 교회가 형성되던 초기에 등장하여 꽤 오랫동안 교회에 남아 있었다.

하지만 이 두 직분이 처음부터 분명한 직무 기술(job description)을

---

58 『열두 사도들의 가르침: 디다케』, 97.

가지고 있었던 것은 아니었다. 박영호는 본래 두 직분이 "단순히 공동체의 현실적 필요를 섬기던 임원 혹은 일꾼들"에 불과했을 것이라고 주장한다.[59] 이 주장에는 두 직분에 대해 오늘날 일반적으로 알려진 관념들이 훨씬 후대에 형성되었다는 생각이 깔려 있다. 두 직분의 초기 의미를 너무 가볍게 보는 관점에는 동의할 수 없지만, 적어도 후대에 채색된 관념들을 걷어내야 한다는 주장만큼은 옳다.

이 두 직분이 대체로 행정적인 기능을 담당했던 것은 사실이지만, 그렇다고 해서 하르낙(Adolf von Harnack)의 의견처럼 비은사적이었던 것은 아니다.[60] 이 두 직분은 목사(엡 4:11) 또는 섬기는 자와 위로하는 자(롬 12:7-8)의 은사와 관련되어 있었다. 바울이 서신의 첫머리에서부터 "감독들과 집사들"을 언급한 것으로 볼 때(빌 1:1) 아마도 빌립보 교회가 바울 팀이 개척한 교회 중에서 이런 직제가 가장 발전된 교회였던 것으로 보인다.

(1) 장로

장로의 호칭을 이해하고자 할 때 유대파 그리스도인 공동체의 장로직과 헬라파 그리스도인 공동체의 감독직 사이에 뚜렷한 대조가 있었다는 사실에 주목해야 한다.[61] 새롭게 일어난 초기 기독교 공동체의 장로직은 유대교의 산헤드린과 회당에 이미 존재하고 있던 직분에서 그 용어를 빌려다 쓴 것으로 보인다. 또한 "예루살렘에 있는 사

---

59 박영호, 『우리가 몰랐던 1세기 교회』, 125.
60 Adolf von Harnack, *The Expansion of Christianity in the First Three Centuries*, vol. 1, trans. James Moffatt (New York: Book for Libraries Press, 1904), 398-461.
61 Günther Bornkamm, "Presbyteros," in *The Theological Dictionary of the New Testament*, vol. 6, Gerhard Friedrich, ed. (Grand Rapids, MI: Eerdmans, 1968), 663-664.

도들과 장로들"을 중심으로 열린 예루살렘 회의(행 15장)는 장로들을 포함한 백성의 대표들로 구성된 산헤드린처럼 최고의 판결 기구로서 기능하는 것처럼 보인다.

하지만 유대교의 장로와 초기 기독교의 장로 사이에는 여러 가지 뚜렷한 차이점이 있었다. 먼저 유대교의 장로들은 회당에서 예배에 대한 책임이 없었지만, 기독교의 장로들은 예배에 대한 책임 비중이 컸다. 그리고 유대교의 장로들은 회당에서 존경받는 자리에 있었지만, 구성원 중에서 선출로 장로가 되었다.[62] 반면에 기독교의 장로들은 누군가에 의해 임명되었다. 또한 유대교의 장로들은 유대교 전통에서 안수를 받고 임명되는 서기관들과는 달리 안수를 받지 않았다. 그러나 기독교의 장로들은 안수를 받았다(딤전 4:14; 5:22). 이 두 집단의 장로들 사이에는 기능적으로도 뚜렷한 차이점이 있었다. 야고보서 5:14은 기독교 공동체의 장로들에게 치유의 은사가 주어진 것으로 묘사한다. 하지만 유대교의 장로들에게서는 이런 기능을 찾아볼 수 없다.

초기 기독교 공동체에서 예루살렘 교회의 장로들은 주로 교회를 대표하는, 권위 있는 집단으로 평가된다. 이들은 종종 사도들과 동등하게 취급되었으며(행 12:17; 15:2, 4, 6, 22-23; 16:4), 아주 드물게 야고보와 같은 인물은 사도들보다도 우위에 있는 듯이 행동하기도 하였다. 예루살렘 회의에서 야고보는 사도들의 의견을 중재하고 결론을 내리는 위치에 있었던 것으로 보인다(행 15:13).

하지만 예루살렘 장로들이 임명된 과정에 관해서는 알려진 것이 전

---

62 M. H. Shepherd, Jr., "Elder in the New Testament," in *The Interpreter's Dictionary of the Bible*, vol. 2 (New York: Abingdon, 1962), 73.

혀 없다. 어쩌면 그들이 예루살렘 교회의 사도들이나 집사들처럼 투표로 선출되었을 수도 있다(행 1:21 이하; 6:3 이하 참조). 자료가 부족한 까닭에 그들의 역할을 정확히 알기도 어렵다. 사도행전의 여러 본문(11:30; 15장; 16:4; 21:18)에 나타나는 분위기로 볼 때 예루살렘의 장로들은 "단순히 예루살렘 교회의 대표자들이었으며, 따라서 유대교 회당회의(a Jewish synagogue council)와 비슷하였다."[63] 이런 모습은 초기 기독교의 직제가 형성될 때 유대교의 영향을 받았음을 보여준다. 그러나 그들이 초기에 주로 예루살렘에서 활동했던 사도들과 어떤 관계에 있었는지는 알 수가 없다. 애매한 관계 문제를 해결하기 위해서 사도들이 등장하지 않고 장로들만 등장하는 본문들(행 11:30; 21:18)을 후기의 자료로 평가하기도 하지만 정확한 것은 알 수가 없다.[64] 따라서 결론적으로 예루살렘 교회 장로들의 위상이 특별했다는 점은 분명하지만, 직제상 그들이 차지하고 있었던 정확한 위상과 역할에 관해서는 알 수가 없다.

반면에 바울 팀이 개척한 교회들에서 장로들의 정체성은 이와 달랐다. 이들은 예루살렘 교회 장로들과는 달리 지역교회를 돌보기 위한 기능적 집단의 성격이 강했다. 바울이 그들을 언급한 본문들을 보면 철저하게 기능적 관점을 취하고 있는 것을 알 수 있다. 바울의 공동체에 속한 장로들의 권위는 그들이 행하는 사역으로부터 나오며, 그들에게는 더 높은 권위에 대한 복종이 요구되었다. 그들이 해야 할 일 중의 하나는 교회 개척 팀이 떠난 뒤 남겨진 회중을 돌보는 것이었다(행 20:17-35; 딤전 3:5). 그들의 주된 임무는 "사도들의 유산을 관

---

63 Günther Bornkamm, "Presbyteros," 662-663.
64 Ibid., 663.

리하고, 그들의 모범을 따르고, 외부(행 20:29)와 내부로부터(행 20:30) 오는 공동체 파괴의 위험으로부터 교회를 보호하는 것"이었다. [65] 그들은 교회의 사역을 수행하기 위해 회중을 감독하고 훈계해야 했다(살전 5:12). 그들은 때때로 전도자의 역할을 하기도 했으며(딤후 4:5), 가르치는 역할을 하기도 하였다(딤전 3:2; 5:17; 딤후 2:2). 때때로 그들은 교회 재정을 맡아 관리하는 일을 하기도 하였다(벧전 5:2-3).

앞에서 살펴본 바와 같이 초기에는 집안의 수장이 장로가 되는 경우가 많았다. 당시 초기 교회들이 집안사람들을 중심으로 구성되었고 공동체 내부에 행정적인 경험과 능력을 갖춘 사람이 필요했다는 점이 이런 현상을 낳았을 것이다.[66] 그들은 일반적으로 예배와 성만찬을 주도하고, 공동체가 모일 수 있는 장소를 제공하고, 자기 능력으로 음식을 가져올 수 없는 사람들을 위해 음식을 제공하기도 했으며, 때때로 여행하는 사역자들을 위해 여행 자금과 숙식을 제공하였다. 이와 같은 장로의 역할과 그 특성에 관해서는 마이클 그린이 잘 요약해 주고 있다.

> 장로직의 주요 임무는 모든 구성원이 자신의 특정한 사역을 발견하고 수행할 수 있도록 돕는 방식으로 기독교 공동체를 세우는 것이었다. 장로 또는 감독은 교회에 주신 하나님의 선물로서 그 책무는 "성도를 온전하게 하여 봉사의 일을 하게 하는" 것이었고, 이런 면에서 그들의 기능은 외부적인 것이 아닌 내부적인 것, 세상 지향적인 것이 아닌 교회 지향적인 것이었다.[67]

65　Ibid., 665.
66　Vincent P. Branick, *The House Church in the Writings of Paul*, 91.
67　Michael Green, *Evangelism in the Early Church*, 239.

그러나 성경 시대는 아직 직제가 제도적으로 충분히 발전되거나 분화되지 않은 때였다. 따라서 초기 교회의 장로들을 부르는 호칭이 아직 제도적으로 확립되지 않았으며, 그들이 어떤 직책을 맡았다고 해서 특별한 권리를 가지고 있었던 것도 아니었다. 쉽게 말하자면 그들이 하는 일은 다른 교회 구성원들도 할 수 있었다. 한 예로 데살로니가전서 5:12에서 바울은 장로들을 "다스리며 권하는 자들"로 규정하고 있는데, 곧이어 14절에서는 일반 신자들에게 "게으른 자들을 권계하며 마음이 약한 자들을 격려하고 힘이 없는 자들을 붙들어" 주라고 권면함으로써 장로들의 역할과 유사한 일을 부탁한다.[68] 일반적으로 초기 지역교회를 이끌어가는 리더십은 복수의 장로가 맡았지만, 그들 가운데는 결코 우두머리 장로나 군주적 감독과 같은 존재가 없었다.[69] 그들은 자신들이 맡은 직책을 권위가 아닌 봉사의 자리로 생각하였으며, 그들 역시 다른 신자들과 함께 그리스도의 몸을 이룬다고 생각하였다.

사도행전 14:23은 교회 개척 초기에 장로들이 임명된 사례를 보여준다. 이와는 달리 목회서신의 본문들은 그 후 좀 더 시간이 지난 뒤에 사도 또는 그가 신뢰하는 대리자에 의해 임명되는 경우를 보여준다(딤전 5:17-22; 딛 1:5-9). 디모데전서 3:1 이하는 감독이 되는 데 필요한 자격요건을 나열하고 있으며, 빌립보서 1:1은 감독들과 집사들을 순서대로 열거함으로써 교회 내에 발전된 직분 체계가 존재했음을 보여준다. 그러나 이런 직분 체계를 후대, 곧 크리스텐덤(Christendom) 체제에서 볼 수 있듯이 집사들이 감독에게 종속되는 구조와 동일시할

---

68 Eduard Schweizer, *Church Order in the New Testament*, 198.
69 James T. Burtchaell, *From Synagogue to Church*, 299.

필요는 없다.

  어떤 지위가 강화되면 종종 그 지위가 왜곡되는 일이 발생하기도 한다. 교회들이 성장하고 기독교에 좀 더 체계적인 조직이 요구되자 장로의 지위가 강화되기 시작하였다. 특히 기독교가 조직화하면서 지역교회 안에서 예배나 행정적인 모임을 오랫동안 이끌어 온 소수의 사람이 자연스럽게 점차 강한 발언권을 가지게 되었을 것이다. 귄터 보른캄은 이 제도화의 과정을 다음과 같이 정리한다.

> 장로들(presbyteroi)이 이미 오래전에 공동체의 자연발생적 대표자들로서가 아니라 사도들(행 14:23) 또는 그들의 계승자들(딛 1:5)이 지역교회를 위해 임명한 지도자 그룹으로 여겨졌다는 사실, 그리고 모든 장로의 가부장적인 권위에도 불구하고 일정한 행정적 기능을 그들에게 맡겨야 했다는 사실이 이 과정을 쉽게 설명해 준다. 그러므로 전체 회중 안에서 감독들은 "다스리는 장로들"(presbyteroi proestotes) 또는 "보살피는 장로들"(presbyteroi episkopountes)로 여겨져야 한다. 어쨌든 이것은 처음부터 본질적인 것이 아니라 일종의 개발된 것으로 분별된다.[70]

  그리고 무엇보다도 카리스마적 지도자의 역할을 했던 사도들과 예언자들과 교사들이 죽은 뒤에 장로들과 집사들의 역할이 확대되었을 것이다. 앞에서 언급한 바와 같이 『디다케』(Didache)는 이 역할과 권위의 전이 과정을 이해하는 데 중요한 단서를 제공해 준다.[71] 이 점에

---

70 Günther Bornkamm, "Presbyteros," 668.
71 『열두 사도들의 가르침: 디다케』, 97.

관해서 페르디난트 한(Ferdinand Hahn)은 "카리스마적인 은사를 가진 사람들이 지도하던 초기 교회에서 제도적으로 조직된 교회로의 전환은 장로 직분의 출현을 통해 아주 잘 설명될 수 있다"라고 비판적으로 꼬집는다.[72] 그러나 이런 현상은 종교가 발전하는 과정에서 흔히 나타나는 현상이므로 장로 직분이 제도적으로 정착되는 것을 무조건 부정적으로만 볼 필요는 없다.

(2) 집사

집사를 의미하는 헬라어 '디아코노스'(diakonos)는 원래 종을 뜻하지만, 기독교에서는 하나님과 회중에 봉사하는 직분을 맡은 자를 의미한다. 그런데 집사는 신약성경에서 충분한 설명을 찾기 어려운 직분 중 하나이기 때문에 집사직의 기원에 관해서 정확히 말하는 것은 쉽지 않다. 사도행전 6:1-15에 '집사'라는 호칭이 사용되고 있지는 않지만, 일반적으로 이 본문은 집사직에 관한 가장 오래된 증거로 알려져 있다.[73] 만약 이 추정이 옳다면 집사직이 오순절 성령 강림 직후에 생겨났고 이 직분이 장로직보다 먼저 존재했다고 볼 수 있다.

그러나 사도행전 6장의 본문을, 역사적으로 집사직의 기원을 정확하게 설명하는 자료로 인정하기에는 여러 정황상 문제가 있다는 의견도 있다. 마르틴 헹엘에 의하면 "7인은 사실상 가난한 자들을 돌보는 사람들도 아니고 열두 사도에 종속되어 있지도 않았으며, 오히려

---

72 Ferdinand Hahn, *Mission in the New Testament* (London: SCM, 1965), 139.
73 한글 개역개정 성경은 행 21:8을 "이튿날 떠나 가이사랴에 이르러 일곱 집사 중 하나인 전도자 빌립의 집에 들어가서 유하니라."라고 번역함으로써 빌립이 집사였고, 따라서 사도행전 6장에서 안수받은 일곱 사람이 집사들이었음을 넌지시 암시한다. 하지만 '집사'라는 호칭은 헬라어 원문에 나오지 않으며, 이는 한글 성경에서 덧붙여진 것이다.

헬라파 신자들로 구성된 독립적 공동체의 선두 그룹이었다."[74] 이 직분이 사도행전 6장 이후에 거의 언급되지 않는다는 사실도 집사직에 관한 궁금증을 증폭시킨다. 이들의 역할이 애당초 그들에게 부여된 임무, 곧 행정적인 업무 처리나 봉사에 그치지 않고 사도들과 전도자들처럼 설교하고, 복음을 주제로 논쟁하고, 세례를 주는 일까지 확대된 것에 관해서도 설명이 필요하다. 가령 집사 중에서 스데반은 유대인들에게 직접 복음을 전하고 변증하였으며(행 6:8-8:1), 빌립은 전도자로서 활동하였다(행 8:5, 26, 40; 21:8).

집사직에 관한 의문은 많지만, 자료의 빈곤으로 인해 분명한 대답을 얻기는 쉽지 않다. 따라서 주어진 본문의 정확한 역사적 사실을 파악하기보다는 오히려 그 본문을 통해서 "교회에서 기능들이 어떻게 분화되었는지"를 이해하는 데 초점을 맞추는 것이 더 유익하다.[75] 이를 위해서는 집사직 출현의 배경에 헬라파 유대인들과 히브리파 유대인들 사이에 생긴 긴장이 있었다는 점에 주목할 필요가 있다. 헬라파 유대인들이 그들의 과부들이 매일 시행되는 구제 사역의 혜택을 받지 못하고 있다고 생각한 것이다. 사도들은 이 논쟁을 받아들이고 구제 사역을 담당할 사람들을 따로 세웠다. 이로써 식탁에서의 봉사와 매일의 음식 분배에 초점이 맞춰진 복지 업무를 담당하기 위해 일곱 명의 집사가 선발되었다.

이런 배경을 고려할 때 예루살렘 교회의 일곱 집사는 나중에 바울 팀에 의해 생겨난 교회들에 존재하였던 집사들과 여러 가지 면에서 구분되어야 한다. 이들은 유대인 집단을 대표하는 사도들과는 대조

---

74 Martin Hengel, *Between Jesus and Paul*, 12.
75 Lukas Vischer, "The Problem of the Diaconate: An Analysis of Early Christian Sources," *Encounter* 25 (1) (1964): 91.

적으로 헬라파 그리스도인들을 대표하는 성격을 지니고 있었다. 따라서 사도들의 직분처럼 그들의 직분은 역사 속에서 유일무이하며 교회 안에서 지속해서 반복되지 않는다고 보는 것이 적절할 것이다.[76] 비록 그들은 사도들에게 안수를 받았고 구제 사역을 계기로 세워졌지만, 그들은 초기 교회의 일정한 정치적 관계 속에서 사도들 못지않은 활약을 보여주었다.

사실 집사라는 용어는 처음에 정확하게 규정되지 않은 채 세속적인 언어에서 차용되었다. 그런데 다른 직분들과 마찬가지로 교회가 성장함에 따라 직제가 정비되면서 점차 고유한 개념과 역할을 확보하게 되었을 것이다. 구체적으로 말하자면 이 직분은 좀 더 시간이 지난 뒤에 특별히 감독직과의 밀접한 관계 속에서 영구적인 직제로 정착되었을 것이다.[77] 그 증거로 바울이 그의 사역 후기에 쓴 서신에서 집사라는 단어를 초기 교회의 직제를 가리키는 용도로 두 차례 사용한 것을 들 수 있다. 바울은 이 두 곳에서 집사를 감독이라는 단어와 함께 사용하고 있다. 그중 한 곳인 빌립보서 1:1에서는 빌립보 교회의 중요한 두 직분으로 "감독들과 집사들"을 말하고 있고, 다른 한 곳 디모데전서 3:1-13에서는 감독의 자격과 집사의 자격을 나란히 열거하고 있다.

이와 관련하여 한스 큉은 감독과 집사의 직분이 상당히 헬라적인 특성을 띠고 있었다고 지적한다. "만약 사도, 선지자와 교사의 사역이 특히 유대 전통으로 거슬러 올라갈 수 있다면 '감독'과 '집사'는

---

76 Ibid., 90; 또한 다음 자료를 참조하라. Hans Küng, *The Church*, 400.
77 H. W. Beyer, "Diakonos," in *The Theological Dictionary of the New Testament*, vol. 2, ed. Gerhard Kittel (Grand Rapids, MI: Eerdmans, 1964), 90-91.

헬레니즘 전통에서 영감을 얻은 것으로 보인다."[78] 어떤 이들은 빌립보서 1:1에서 '집사들'이란 단어가 '감독들'이란 단어의 뒤에 온다는 점과 디모데전서 3:1-13에서 집사의 자격요건이 감독의 자격요건 뒤에 온다는 점을 들어 집사직이 교직 구조에서 감독직에 종속되어 있었다고 주장하기도 한다.[79] 그러나 이것은 4세기 이후에 등장하는 기독교 세계의 관점이 적용된 섣부른 해석이다. 실제로 그 본문들은 그런 종속 관계에 관해서 아무것도 언급하고 있지 않다.

집사직의 주요 임무가 무엇이었는지에 관해서 신약성경은 정확하게 말해주지 않는다. 하지만 사람들은 대부분 그 임무가 교회의 행정과 실천적 봉사였을 것으로 생각한다. 사도행전 6장의 기사들이 이것을 지지한다. 이에 관해 쉐퍼드(M. H. Shepherd)는 빌립보서에서 바울이 자기가 받은 물질적 보조에 대해 감사를 표하고 있다는 점을 들어 그 편지의 수신인이 그의 필요를 위해 헌금을 모으고 보내는 책임을 맡은 사람들이었을 것이라고 추론한다.[80] 집사들은 그 밖에도 예배와 주의 만찬을 준비하는 역할을 했다. 베이어는 집사직이 원천적으로 이교도의 제의적 희생과 관련되어 있었다고 말하면서 그것이 후대의 기독교에서 어떤 역할을 했는지를 다음과 같이 말한다.

> 식사 시중을 드는 것에 대한 지속적인 인식은 그 기독교 직분이 공동체 생활의 중심에 있는 공동 식사, 곧 성만찬에서 기원했다는 사실에 반영된다. 우리는 오직 이런 식으로만 집사직의 후기 역사, 곧 집사

---

[78] Hans Küng, *The Church*, 400.
[79] Ibid.; Lukas Vischer, "The Problem of the Diaconate," 93.
[80] M. H. Shepherd, Jr., "deacon," in *The Interpreter's Dictionary of the Bible*, vol. 1 (New York: Abingdon, 1962), 786.

직이 항상 공동체의 외부 봉사뿐만 아니라 신적인 일을 돕는 사역으로 구성되어 있다는 점을 이해할 수 있다.[81]

자료가 충분하지 않은 까닭에 신약성경에서 집사직의 발전 과정을 충분히 파악하기가 어렵지만, 집사들이 적어도 사도 시대 내내 존재했다는 점만큼은 분명하다. 에두아르트 슈바이처에 의하면 초기 교회에서 "집사직의 초기 단계들이 아직 제대로 자리를 잡지 못했지만," 로마서 12:7에 나오는 "섬기는 일"(*diakonia*)(벧전 4:11 참조), 사도행전 19:22에 나오는 사도들을 "돕는 사람"(*ho diakonon*) 또는 사도행전 13:5에 나오는 그들의 "수행원"(*hypēretēs*)과 같은 용어들이 집사의 역할을 이해할 수 있는 단서들을 제공한다.[82] 하지만 집사의 직분이 장로의 직분만큼 유대교 회당으로부터 많은 영향을 받은 것 같지는 않다.

한편 로마서 16:1과 디모데전서 3:11에는 여자 집사들이 언급되고 있다. 이 구절들은 초기 교회에 여자 집사들이 존재했음을 입증해 준다. 아직 학자들 간에 논쟁이 있기는 하지만, 디모데전서 3:8-16에 나오는 '여자들'(11절)이 여자 집사들을 의미하는 것으로 간주할 수도 있다. 이런 추론은 어떤 직책이든지 간에 초기 교회에서 여자들도 교회 봉사에 자유롭게 참여하였다는 것을 전제로 한다.

---

81 H. W. Beyer, "Diakonos," 92.
82 Eduard Schweizer, *Church Order in the New Testament*, 199.

7장
종합: 효과적인 교회 개척을 위한 성경적 원리

기독교 선교에서 효율성과 적합성은 과거와 현재를 막론하고 언제든지 논쟁을 불러오는 핵심 주제 중 하나다. 다양한 선교 활동은 궁극적으로 무엇을 지향하고 있는가? 또한 그것은 가장 효과적인 방법으로 추진되고 있는가? 한 예로 현대 선교의 문제점을 제대로 인식한 롤런드 앨런은 "그[바울]의 행동과 우리의 행동 사이의 가장 두드러진 차이점은 우리는 '선교부'를 세웠는데, 그는 '교회'를 세웠다는 것이다"라고 지적한다.[1] 그의 이 말은 선교의 중심을 형성하는 사역이 무엇인지를 다시 한번 생각하게 만든다.

이제 다시 본서의 첫 부분에서 언급했던 말을 다시 복기해 보자. 필자는 본서에서 교회 개척과 관련하여 "시간과 공간의 제약을 넘어 더 많은 시대와 장소에서 보편적으로 사용될 수 있는 규범적 이치" 곧 보편적 원리를 찾고자 하였다. 그것은 다른 말로 교회 개척의 성경적 근거라고 말할 수 있다.

오늘날의 교회 개척 사역에 필요한, 현실적이고도 직접적인 전략과

1　Roland Allen, *Missionary Methods*, 83.

방법을 얻으려는 것이 이 연구의 주된 목적이 아니다. 각 현장에 필요한 전략과 방법은 현장 상황에 따라 달라질 수밖에 없기에 획일적으로 말할 수 없다. 사실 성경에 나오는 초기 교회의 사역은 소소한 문제에도 불구하고 매우 역동적이고 훌륭하다고 말할 수 있다. 그러나 그렇다고 해서 "성경으로 돌아가자"라는 구호 아래 1세기 초기 교회의 사례가 가장 모범적이므로 그 교회를 본받아야 한다는 주장은 자칫 위험한 논리와 사고에 빠질 수 있다. 가장 문제가 되는 것은 환원주의에 기초한 무분별한 사례 적용이다. 성경을 연구할 때 1세기와 오늘의 사회문화적 상황을 동일선상에 놓고 그 두 가지 상황을 마치 쉽게 호환할 수 있는 것으로 생각해서는 안 된다. 사회문화적 상황은 언제나 바뀔 수 있으므로 그것에 초점을 맞추기보다는 그 상황 속에서 작동했던 원리를 파악하는 데 더 초점을 맞춰야 한다. 그 원리를 오늘의 현장에 적용하기 위해서는 원리를 현장에 맞게 재해석하는 작업, 곧 적절한 상황화(contextualization) 과정이 필요하다.

그러나 1세기 초기 교회의 사역 현실을 관통하고 있는 원리를 파악하기 위해서는 그 반대의 수고가 필요하다. 그것은 가변적인 문화 상황으로부터 고정적인 원리를 추출하는 작업이 될 것이다. 하지만 그 작업은 고정적인 원리와 상황적 요소가 뒤섞여 있기에 그리 쉽지 않다. 물론 원리가 절대적 진리인 복음에 미치지는 못하지만, 복음과 문화의 상관관계는 어느 정도 원리와 문화의 관계에 적용될 수 있다. 이렇게 보면 가변적인 상황 속에서 고정적인 원리를 추출하는 작업은 마치 폴 히버트(Paul G. Hiebert)가 말하는, "성경적 메시지를 다른 문화의 인지적, 정서적, 평가적 차원으로 번역할 수 있는 메타 문화적 틀"을 얻는 과정으로 인식될 수 있다.[2] 이는 앞서 말했던 상황화 과정을 거꾸로 되짚는 과정이 될 것이다.

1세기 교회들의 삶과 사역자들의 활동 속에서 교회 개척의 원리를 얻는 작업도 마찬가지다. 여기서 중요한 질문들은 다음과 같다. 1세기 교회와 사역자들은 무엇을 중요하게 여겼는가? 열악한 환경과 조건 속에서도 그들이 탁월한 사역을 펼칠 수 있었던 데에는 어떤 요소들이 작용했는가?

교회 개척은 단순히 개척자가 교회를 설립하고 목회 행위를 한다고 해서 저절로 이루어지지 않는다. 효과적인 교회 개척은 여러 가지 핵심적인 요소가 제대로 작용할 때 가능해진다. 지금까지 신약성경에서, 특별히 사도 바울의 교회 개척 활동을 살펴보았는데, 이 과정에서 교회 개척을 위한 여러 가지 중요한 요소를 발견할 수 있다. 그 요소들을 정리하면 다음과 같다.

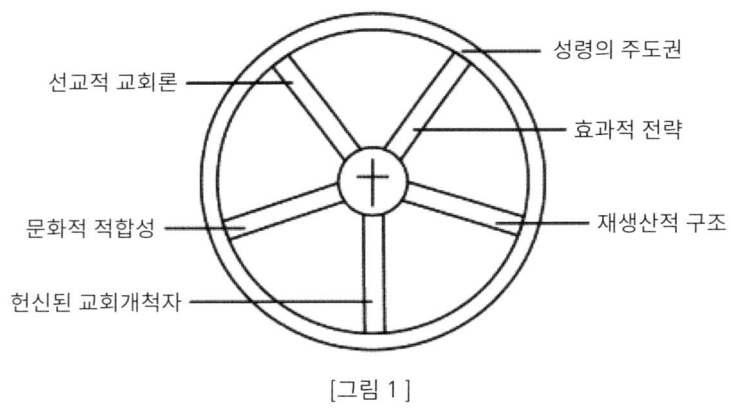

[그림 1]

---

2 Paul G. Hiebert, "Critical Contextualization," *International Bulletin of Missionary Research* vol. 11, no. 3 (July 1987): 109.

이 그림 형태는 그리스도께서 중심이 되고 성령께서 전체를 지탱하며 힘을 공급하는 구조를 표현하고 있다. 그리고 가운데 중심축과 바깥 원형 사이에 다섯 가지 요소들이 연결되어 있는데, 그것들은 각각 선교적 교회론, 효과적인 전략, 재생산적 구조, 문화적 적합성, 헌신된 교회 개척자를 가리킨다. 교회 개척은 이 여섯 가지 요소가 각각 제 역할을 할 때 효과적일 수 있다.

바퀴의 중심에 예수 그리스도가 있다는 것은 그분이 모든 교회 개척의 중심에 있음을 의미한다. 그리스도가 중심이 되지 않는 교회 개척은 결코 선교적 교회 개척이 될 수 없다. 예수 그리스도가 중앙에 있다는 것은 또한 그분이 모든 사역에 흔들리지 않고 변하지 않는 기초를 제공하신다는 것을 의미한다. 바퀴 전체를 둥글게 감싸고 있는 바깥 원형은 성령의 주도권을 뜻한다. 성령은 현재에 사역의 모든 요소에 개입하며, 전체 사역을 이끌어가는 분이시다. 더욱이 성령은 교회 개척 사역을 세속적인 프로그램이나 프로젝트와 구별하게 만드는 유일한 영적 요소다.

성령의 주도권과 예수 그리스도의 중심성 사이에서 다섯 가지 요소가 바퀴를 지탱하는 바퀴살을 형성한다. 선교적 교회 개척을 가능하게 하는 6가지 요소는 영적 요소, 인적 요소, 비인간적 요소의 세 가지 범주로 구분된다. 헌신된 교회 개척자는 교회 개척 사역에 참여하는 인적 요소다. 나머지 네 가지는 교회 개척 사역을 효과적으로 만드는 비인간적 요소, 곧 선교적 교회론, 효과적인 전략, 재생산적 구조, 문화적 타당성이다. 이 비인간적 요소는 교회와 관련된 요소와 세상과 관련된 요소로 나뉜다. 선교적 교회론, 효과적인 전략, 재생산적 구조는 교회와 관련되고, 문화적 관련성은 세상과 관련이 있다.

교회 개척 사역이 올바로 이루어지기 위해서는 이 6가지 요소가 균형을 이루고 각 요소가 최적으로 작동해야 한다. 만약 어느 것 하나가 다른 것보다 덜 발전하면 바퀴 모양이 완벽한 원을 이루지 않고, 그 결과 바퀴가 원활하게 굴러가지 않거나 움직이지 않게 된다.

1. 영적인 요소

교회 개척은 성령께서 복음을 전파하시는 중요한 방법 가운데 하나다. 그런데도 이런 노력에 없어서는 안 될 성령의 역할이 겉으로는 교회 개척의 성공을 보장하는 것처럼 보이는 기술적인 요인 때문에 희생되는 경우가 많다. 교회는 교회 개척의 주체이신 성령의 동역자일 뿐이다.[3] 그러므로 교회 개척은 인간의 사업이 아니라 하나님의 사업으로 인식되어야 한다. 인간은 세상에서 이루어지는 하나님의 구원 사역에 참여할 수 있을 뿐 그것을 주도할 수 없다. 이것이 바로 교회 개척 사역자들이 성공적인 사역을 보장하기 위해 성령의 인도하심에 의지해야 하는 이유다.

신약성경과 한국 역사는 성령이 주도하는 교회 개척 운동의 좋은 예를 제공해 주고 있다. 누가복음에 따르면, 예수께서는 제자들에게 마지막 사명을 주실 때 성령이 그들에게 임하시기까지 예루살렘을 떠나지 말라고 말씀하셨다(눅 24:49). 제자들은 예수님께서 승천하신 후 다락방에 모여 끊임없이 기도하였다. 그러나 테리 영(J. Terry Young)이 지적했듯이, "오순절 이전에도 교회가 있었지만, 어떤 의미에서는 불

---

[3] 크레이그 밴 겔더, 『교회의 본질』, 174-176.

완전한 교회였다."⁴ 다락방 교제가 그리스도의 참된 몸으로 기능하기 위해서는 성령의 임재가 필요하였다.

한국 개신교의 초기 역사 역시 성령의 역사가 교회 개척 사역에서 가장 중요한 요소임을 입증한다.⁵ 그 당시에 일어난 한국교회의 폭발적인 성장은 특히 20세기 개신교 선교의 가장 기적적인 현상 중 하나로 인식되었다. 교회 개척에 대한 기술적, 전략적 접근을 강조하기 시작한 것은 부흥의 역사에 따라 크게 성장한 이후에 나타난 현상이었다. 그러나 전체적으로 볼 때 한국교회의 놀라운 성장은 처음부터 성령께서 함께하셔서 한국 그리스도인들에게 기도하고 복음을 전하도록 격려하신 결과임이 분명하다.

성령께서는 항상 주도권을 가지고 모든 교회 개척 사역을 일으키신다. 실제 현장에서 활용되는 인간의 지혜와 기술은 성령의 인도를 받아야만 정당화될 수 있다. 진리의 영이신 성령께서는 예수님의 가르침을 통해 그리스도인들을 하나님의 구원 계획으로 인도하신다(요 14:16-17, 26; 16:13). 또한 성령께서는 삼위일체 하나님의 구속 의도를 신자들에게 전달하신다. 그리고 성령께서는 신자들에게 능력을 부여하심으로써 모든 사역과 선교적 노력을 이끄신다. 그러므로 선교적 교회 개척의 출발점은 언제나 성령이시다.

---

4   J. Terry Young, "The Holy Spirit and the Birth of Churches," in *The Birth of Churches*, ed. Talmadge R. Amberson (Nashville, TN: Broadman, 1979), 164.

5   이 점에 관해서는 최동규, 『초기 한국교회와 교회 개척』을 참조하라.

2. 인간적인 요소

교회 개척 사역자들은 선교적 교회 개척에서 인적 요소를 대표한다. 신자들은 이들과 함께 하나님의 선교, 특히 교회 개척과 관련된 사역에 참여하는 동역자들이다. 하나의 신앙 공동체가 형성되는 과정에는 다양한 상황적 요인이 작용하지만, 교회 개척자든지 신자든지 간에 이들은 모두 하나님의 섭리 가운데 자발적으로 교회 개척에 참여한다. 무엇보다도 교회 개척 사역에서 비인간적 요소의 효율성은 인적 요소의 적절한 활용에 달려 있다는 점에서 이들의 역할은 매우 중요하다.

물론 교회 개척 사역자에게는 몇 가지 특별한 자질이 요구된다. 성공적인 교회 개척 사역은 자격을 갖춘 우수한 교회 개척자와 밀접한 관련이 있다는 사실을 부인하기 어렵다. 그러므로 교회 개척에 종사하는 조직에서는 교회 개척 후보자를 선발하기 전에 후보자의 자격을 평가해야 한다.

피터 와그너	찰스 리들리
1. 헌신된 그리스도인 일꾼	1. 비전화(visionizing)의 역량
2. 자발적으로 행동하는 사람	2. 내적으로 동기가 부여된 사람
3. 외로움을 기꺼이 견디는 사람	3. 사역에 대한 주인의식
4. 적응력	4. 불신자들과 좋은 관계
5. 높은 수준의 신앙	5. 배우자의 협력
6. 배우자와 가족의 지지	6. 효과적인 관계 구축
7. 리더십의 의지와 능력	7. 교회 성장에 헌신된 사람
8. 친근한 성격	8. 공동체에 대한 반응성
9. 하나님께서 교회 개척을 위해 부르셨다는 확실한 소명	9. 타인의 재능을 활용하는 능력
	10. 유연성과 적응력
	11. 그룹 응집력을 구축하는 능력
	12. 탄력성
	13. 믿음을 행사하는 사람

[표 1] 교회 개척자의 핵심 자질[6]

위의 <표 1>은 교회 개척자의 두 가지 필수 자질 목록을 보여준다. 이것은 유용한 자료이긴 하지만, 항목 중에는 교회 개척 사역에 본질적이지 않은 것들도 있어서 다소 혼란스럽다. 한편 에드 스테처(Ed Stetzer)의 S.H.A.P.E. 모델은 좀 더 합리적인 범주들을 제시한다. 이 모델은 교회 개척자에게 필요한 자질을 영적 은사(S), 마음 또는 열정(H), 능력(A), 인격 유형(P), 경험(E)이라는 다섯 가지 범주로 분류한다.[7] 반면에 맥나마라(Roger N. McNamara)와 데이비스(Ken Davis)의

---

6   C. Peter Wagner, *Church Planting for a Greater Harvest: A Comprehensive Guide* (Ventura, CA: Regal, 1990), 51-56; Charles R. Ridley, *How to Select Church Planters* (Pasadena, CA: Fuller Evangelistic Association, 1988), 7-11.

7   Ed Stetzer, *Planting New Churches in a Postmodern Age* (Nashville, TN: Broadman &

세 가지 범주는 영적 자질, 특수 자질, 사회적 자질을 말한다.[8] 물론 이것들은 일반적이고 보편적인 자질들이기 때문에 특수한 상황적 변수들까지 통제할 수 있다는 뜻은 아니다. 사역자들이 처한 독특한 상황들은 그것에 적합한 자질들을 요구하기도 한다.

그러나 교회 개척 사역에서 인간적인 요소는 개별 교회 개척자에게만 국한되지 않는다. 효과적인 사역을 위해 교회 개척자들은 다양한 은사를 지닌 일꾼들을 활용하여 팀워크를 만들어 내야 한다. 팀 사역의 효율성을 보여주는 좋은 사례는 성경에서 얼마든지 찾을 수 있다. 하나님 나라의 복음을 위해 제자들과 함께하신 예수와 그분의 제자들은 팀 사역의 좋은 사례가 될 수 있다. 그뿐만 아니라 이미 앞에서 다루었듯이 바울의 사역 팀 역시 팀 사역의 효율성을 보여주는 좋은 사례다. 특히 바울의 팀 사역은 교회 개척 과정에서 팀 구성원들의 역할이 어떻게 효율적으로 작용하는지를 잘 보여준다.

최근 현대 기독교 사역에서 팀워크는 증가 추세를 보인다. 계획적이고 전략적인 프로젝트가 수행되는 교회 개척의 현대적 상황에서 혼자 교회를 개척하는 모델은 쇠퇴하고, 팀을 이루어 함께 교회를 개척하는 모델이 전면에 부상하고 있다. 팀워크를 통한 교회 개척에는 몇 가지 장점이 있다. 무엇보다도 이 방식은 팀원들에게 각자의 은사를 유용하게 사용할 기회를 제공한다. 또한 "매우 실제적인 의미에서 팀은 처음에 교회의 역할을 한다."[9] 팀 사역이 제대로 이루어지기 위해

Holman, 2003), 78.

[8] Roger N. McNamara and Ken Davis, *The Y · B · H(Yes, But How) Handbook of Church Planting* (n.p.: Xulon, 2005), 70-76.

[9] Tom Jones "Creating a Church Planting Team," in *Church Planting from the Ground Up*, ed. Tom Jones (Joplin, MO: College Press, 2004), 124; cf. 데이빗 쉔크 · 얼빈 슈트츠만, 『초대교회 모델을 따라 교회를 개척하라』, 57.

서는 구성원들이 서로 화합하고 조화를 이루어야 한다. 그리고 그것은 영적인 노력을 통하여 가능하다. 이런 모습은 교회 공동체의 특징을 그대로 반영한다.

마지막으로 후원자들 역시 교회 개척 사역에서 인적 요소의 한 측면을 담당한다. 그들은 중보기도 후원자, 물질적 후원자, 자원봉사자의 세 그룹으로 나뉜다. 그들은 새로 개척된 교회의 핵심 그룹으로 발전할 수도 있고, 교회 밖에서 단지 지원 그룹으로 남을 수도 있다. 종종 일부 후원자들은 교회 개척자들이 성공적인 교회 개척 사역을 위해 형성하는 협력 네트워크에서 중요한 역할을 한다. 후원자의 역할이 중요하다는 점은 협력이 강조되는 현대의 교회 개척 사역에서 점점 더 분명해지고 있다.

3. 비인간적인 요소

지금까지 한국교회 개척에 크게 영향을 끼친 것은 영적인 요소들이었으며, 인간적, 비인간적 요소들은 상대적으로 소홀히 여겨져 왔다. 그러나 최근 각 교단과 선교단체는 교회 개척 사역에서 인간적 요소와 비인간적 요소를 중요하게 인식하기 시작했다. 이런 추세는 현대의 교회 개척 사역이 과거보다 더 계획적이고 전략적인 방식으로 수행되고 있음을 보여준다.

교회 개척 사역을 위한 대표적인 비인간적 요소에는 네 가지가 있다. 선교적 교회론은 선교적 교회 개척의 방향을 이끄는 이론적 틀이다. 모든 실천적 노력은 올바른 신학에 기초할 때만 의미가 있다. 이와 마찬가지로 교회 개척은 올바른 선교적 교회론을 통해 이루어질 때 하나님의 선교에 이바지할 수 있다. 교회 개척이 열매를 맺기 위해서는 하나님 나라의 관점에서 이루어져야 한다. 그러나 선교적 교회론을 논의하는 주체가 학자들로 국한되어서는 안 된다. 오히려 선교적 교회론은 교회 개척 사역의 실무자와 행정가를 포함하여 더 넓은 범위의 사람들에 의해 논의될 필요가 있다.

선교적 교회론과 함께 효과적인 전략은 교회 개척 사역의 방향과 내용을 결정하는 중요한 요소다. 선교적 교회론이 교회 개척의 방향을 결정한다면, 효과적인 전략은 실용적이고 구체적인 방법을 제시한다. 그러므로 둘은 상호보완적인 관계로 기능해야 한다. 그러나 지금까지 한국에서 진행된 대부분의 개척 사역은 구체적이고 효과적인 전략에 기초하지 않았다. 여러 교단이 제시한 전략은 추상적인 아이디어에만 머물 뿐 실제적인 적용 가능성이 없었다. 이런 문제와 한계를 극복하기 위해서는 해당 선교 분야의 사회문화적 상황을 분석한 자료를 바탕으로 한 전략이 필요하다.

재생산은 건강한 교회의 유기체적 특성에서 나온다. 그런데 선교적 교회는 일회로 끝나는 개척이 아니라 지속적인 재생산을 추구하며, 이 재생산 구조에서 운동으로서의 선교적 교회 개척 사역이 일어난다. 교회 개척이 지속적인 운동으로 발전하기 위해서는 재생산 개념에 확고한 기반을 둔 체계적인 구조가 필요하다. 이렇게 재생산이 가능한 구조는 교회 개척 사역을 영속시키는 틀이나 시스템으로 기능한다. 효과적인 전략도 결국에는 이런 재생산 시스템에 연결될 수밖에 없다.

마지막으로 문화적 적합성은 목적과 가치를 정의하는 문화적 상황을 통해 복음이 전달된다는 인식에서 비롯된다. 우리가 예수 그리스도께로 인도하고 싶은 사람들은 교회 밖에 있다. 그러므로 우리는 그들에게로 가서 복음을 전해야 한다. 구체적으로 말하면 우리에게 낯선 문화로 들어가야 한다. 역사적 맥락에서 벗어난 전략은 절대로 제 효과를 낼 수 없다. 복음이 전파되고 사람들이 변화되려면 반드시 그들의 문화적 상황을 고려해야 한다.

참고 문헌

1. 한글 자료

김균진. 『기독교 조직신학 IV』. 서울: 연세대학교 출판부, 1993.
김세윤. 『복음이란 무엇인가』. 서울: 두란노, 2003.
데이빗 쉔크·얼빈 슈트츠만. 『초대교회 모델을 따라 교회를 개척하라』. 최동규 역. 서울: 베다니출판사, 2004.
도널드 맥가브란. 『교회 성장 이해』. 제3판. 최동규 외 3인 공역. 서울: 대한기독교서회, 2017.
박영호. 『에클레시아』. 서울: 새물결플러스, 2018.
_____. 『우리가 몰랐던 1세기 교회』. 서울: IVP, 2021.
벤자민 L. 머클. 『장로와 집사에 관한 40가지 질문』. 최동규 역. 서울: CLC, 2012).
에른스트 케제만. 『로마서』. 박재순 외 2인 공역. 서울: 한국신학연구소, 1982.
요하네스 니센. 『신약성경과 선교』. 최동규 역. 서울: CLC, 2005.
천세종. "바울의 갈라디아 선교와 남갈라디아 가설."「선교와 신학」제55집 (2021): 363-392.
최동규. 『미셔널 처치』. 서울: 대한기독교서회, 2017.
_____. 『초기 한국교회와 교회 개척』. 서울: CLC, 2015.
크레이그 밴 겔더. 『교회의 본질』. 최동규 역. 서울: CLC, 2015.
크레이그 A. 에반스. 『예수와 교회』. 김병모 역. 서울: CLC, 2016.
『열두 사도의 가르침』. 정양모 역주. 왜관: 분도출판사, 1993.

2. 영문 자료

Allen, Roland. *Missionary Methods: St. Paul's or Our?* Grand Rapids, MI: Eerdmans, 1962.

Anderson, Ray S. *Ministry on the Fireline: A Practical Theology for an Empowered Church*. Pasadena, CA: Fuller Seminary Press, 1998.

Banks, Robert. *Paul's Idea of Community: The Early House Churches in their Cultural Setting*. Peabody, MA: Hendrickson, 1994.

Barth, Karl. *Church Dogmatics*. Vol. IV, 1. Translated by G. W. Bromiley. Edinburgh, UK: T. & T. Clark, 1958.

Berkhof, Hendrikus. *Christian Faith: An Introduction to the Study of the Faith*. Revised edition. Translated by Sierd Woudstra. Grand Rapids, MI: Eerdmans, 1986.

Beyer, H. W. "Diakonos." In *The Theological Dictionary of the New Testament*. Vol. 2. Edited by Gerhard Kittel. Pp. 88-93. Grand Rapids, MI: Eerdmans, 1964.

Blomberg, Craig L. "Holy Spirit, Gifts of." In *Baker Theological Dictionary of the Bible*. Edited by Walter A. Elwell. Pp.348-351. Grand Rapids, MI: Baker Books, 1996.

Boff, Leonardo. *Church: Charism and Power*. Translated by John W. Diercksmeier. New York: The Crossroad, 1985.

Bornkamm, Günther. "Presbyteros." In *The Theological Dictionary of the New Testament*. Vol. 6. Edited by Gerhard Friedrich. Pp. 651-683. Grand Rapids, MI: Eerdmans, 1968.

_____. *Paul*. Translated by D. M. G. Stalker. Minneapolis, MN: Fortress, 1995.

Bosch, David J. *Witness to the World: The Christian Mission in Theological Perspective*. London: Marshall, Morgan & Scott, 1980.

_____. *Transforming Mission: Paradigm Shifts in Theology of Mission*. Maryknoll, NY: Orbis, 1991.

Bowman, John W. *The Intention of Jesus*. Philadelphia, PA: Westminster, 1943.

Branick, Vincent P. *The House Church in the Writings of Paul*. Wilmington, DE: Michael Glazier, 1989.

Brock, Charles. *Indigenous Church Planting: A Practical Journey*. Neosho, MO: Church Growth International, 1994.

Bruce, Alexander B. *The Training of the Twelve: Timeless Principles for Leadership Development*. Grand Rapids, MI: Kregel, 1908.

Bruce, F. F. *Commentary on the Book of the Acts*. Grand Rapids, MI: Eerdmans, 1954.

_____. *Paul: Apostle of the Heart Set Free*. Grand Rapids, MI: Eerdmans, 1977.

Burtchaell, James. T. *From Synagogue to Church: Public Services and Offices in the Earliest Christian Communities*. Cambridge, UK: Cambridge University Press, 1992.

Calvin, John. *The Acts of the Apostles*. Vol. 2. Translated by John W. Fraser. Grand Rapids, MI: Eerdmans, 1966.

Campenhausen, Hans von. *Ecclesiastical Authority and Spiritual Power: in the Church of the First Three Centuries*. Translated by J. A. Baker. Stanford, CA: Stanford University Press, 1969.

Cannistraci, David. *The Gift of Apostle*. Ventura, CA: Regal, 1996.

Chaney, Charles L. *Church Planting at the End of the Twentieth Century*. Revised and expanded edition. Wheaton, IL: Tyndale, 1991.

Clowney, Edmund P. "The Biblical Theology of the Church." In *The Church in the Bible and the World*. Edited by D. A. Carson. Pp. 13-87. Grand Rapids, MI: Baker Book House, 1987.

Costas, Orlando E. *The Church and Its Mission: A Shattering Critique from the Third World*. Wheaton, IL: Tyndale, 1974.

Culpepper, R. Alan. "Paul's Mission to the Gentile World: Acts 13-19." *Review and Expositor* 71 (4) (1974): 487-498.

Dodd, C. H. *The Apostolic Preaching and Its Developments*. London: Hodder and Stoughton, 1963.

New English Bible, The. New Testament 1961, Second edition 1970; Old Testament 1970.

Eusebius. *The Church History*. Translation and commentary by Paul L. Maier. Grand

Rapids, MI: Kregel, 1999.

Ferguson, Everett. *Backgrounds of Early Christianity*. Grand Rapids, MI: Eerdmans, 1993.

_____. *The Church of Christ: A Biblical Ecclesiology for Today*. Grand Rapids, MI: Eerdmans, 1996.

Frost, Michael and Alan Hirsch. *The Shaping of Things to Come*. Peabody, MA: Hendrickson, 2003.

Fuller, Harold W. *Mission-Church Dynamics: How to Change Bicultural Tensions into Dynamic Missionary Outreach*. Pasadena, CA: William Carey Library, 1980.

Fung, Ronald Y. K. *The Epistle to the Galatians*. Grand Rapids, MI: Eerdmans, 1988.

Gager, John G. *Kingdom and Community: The Social World of Early Christianity*. Englewood Cliffs, NJ: Prentice-Hall, 1975.

Garrison, David. *Church Planting Movements*. Midlothian, VA: WIGTake Resources, 2004.

Gehring, Roger W. *House Church and Mission*. Peabody, MA: Hendrickson, 2004.

Giles, Kevin. *What on Earth Is the Church?: An Exploration in New Testament Theology*. Downers Grove, IL: InterVarsity, 1995.

Goppelt, Leonhard. *Apostolic and Post-apostolic Times*. Translated by Robert A. Guelich. New York: Harper & Row, 1970.

Green, Michael. *Evangelism in the Early Church*. Revised edition. Grand Rapids, MI: Eerdmans, 2004.

Guder, Darrell L. ed. *Missional Church: A Vision for the Sending of the Church in North America*. Grand Rapids, MI: Eerdmans, 1998.

Haenchen, Ernst. *The Acts of the Apostles: A Commentary*. Translated by Bernard Noble and Gerald Shinn. Philadelphia, PA: The Westminster Press, 1965.

Hahn, Ferdinand. *Mission in the New Testament*. London: SCM, 1965.

Harnack, Adolf von. *The Expansion of Christianity in the First Three Centuries*. Vol. 1. Translated by James Moffatt. New York: Book for Libraries Press, 1904.

Harrison, Everett F. *The Apostolic Church*. Grand Rapids, MI: Eerdmans, 1985.

Hay, Alex R. *The New Testament Order for Church and Missionary*. 3rd ed. Audubon, NJ: New Testament Missionary Union, 1947.

Hengel, Martin. *Acts and the History of Earliest Christianity*. Translated by J. Bowden. Philadelphia, PA: Fortress, 1980.

_____. *Between Jesus and Paul: Studies in the Earliest History of Christianity*. Eugene, OR: Wipf and Stock, 2003.

Hesselgrave, David J. *Planting Churches Cross-culturally: North America and Beyond*. 2nd edition. Grand Rapids, MI: Baker Books, 2000.

Hiebert, Paul G. Hiebert. "Critical Contextualization." *International Bulletin of Missionary Research* Vol. 11, No. 3 (July 1987): 104-112.

Jackson, F. J. and Kirsopp Lake, eds. *The Beginnings of Christianity, Part I: The Acts of the Apostles*. London: MacMillan, 1933.

Jervell, J. *Luke and the People of God*. Minneapolis, MN: Augsburg, 1972.

_____. *The Theology of the Acts of the Apostles*. Cambridge, UK: Cambridge University Press, 1996.

Johnston, George. *The Doctrine of the Church in the New Testament*. London: Cambridge University Press, 1943.

Johnstone, Patrick. *The Church Is Bigger Than You Think*. Pasadena, CA: William Carey, 1998.

Jones, Tom. "Creating a Church Planting Team." In *Church Planting from the Ground Up*. Edited by Tom Jones. Pp. 122-134. Joplin, MO: College Press, 2004.

Josephus, Flavius. "The Antiquities of the Jews." In *The Works of Josephus*. Translated by William Whiston. Pp. 308-334. Peabody, MA: Hendrickson, [Ca. 100]1987.

Judge, E. A. "Early Christians as a Scholastic Community." *Journal of Religious History* 1 (1960-61): 4-15, 125-137.

Kane, J. Herbert. *Christian Missions in Biblical Perspective*. Grand Rapids, MI: Baker Book House, 1976.

Kee, Howard C. *To Every Nation under Heaven: the Acts of the Apostles*. Harrisburg,

PA: Trinity Press International, 1997.

Koenig, John. *New Testament Hospitality: Partnership with Strangers as Promise and Mission*. Philadelphia, PA: Fortress, 1985.

Koester, Helmut. *Introduction to the New Testament*. Volume One: History, Culture, and Religion of the Hellenistic Age. Philadelphia, PA: Fortress, 1982.

Kruse, Colin. *New Testament Models for Ministry: Jesus and Paul*. London: Marshall, Morgan & Scott, 1983.

Küng, Hans. *The Church*. Translated by Ray and Rosaleen Ockenden. New York: Sheed & Ward, 1968.

Lohse, Eduard. *The New Testament Environment*. Translated by John E. Steely. Nashville, TN: Abingdon, 1974.

Loisy, Alfred. *The Gospel and the Church*. Edited by Bernard B. Scott. Philadelphia, PA: Fortress, 1976.

Longenecker, Richard N. *The Ministry and Message of Paul*. Grand Rapids, MI: Zondervan, 1971.

Luz, Ulrich. *Matthew 8-20: A Commentary* (Hermeneia: A Critical and Historical Commentary on the Bible). Translated by James E. Crouch. Edited by Helmut Loester. Minneapolis, MN: Fortress, 2001.

Malherbe, Abraham J. *Social Aspects of Early Christianity*. 2nd edition. Philadelphia, PA: Fortress, 1983.

Marshall, I. Howard. *The Acts of the Apostles*. Tyndale New Testament Commentaries, Vol. 5. Grand Rapids, MI: Eerdmans, 1980.

McGavran, Donald A. *The Bridges of God: A Study in the Strategy of Missions*. Revised edition. New York: Friendship, 1981.

McGavran, Donald A. and Win Arn. *Ten Steps for Church Growth*. New York: Harper & Row, 1977.

McKechnie, Paul. *The First Christian Centuries: Perspectives on the Early Church*. Downers Grove, IL: InterVarsity, 2001.

McNamara, Roger N. and Ken Davis. *The Y · B · H(Yes, But How) Handbook of Church Planting*. n.p.: Xulon, 2005.

Meeks, Wayne A. *The First Urban Christians: The Social World of the Apostle Paul*. New Haven, CT: Yale University Press, 1983.

Miller, Donald G. *The Nature and Mission of the Church*. Richmond, VA: Knox, 1957.

Minear, Paul S. *Images of the Church in the New Testament*. Philadelphia, PA: Westminster, 1960.

Moltmann, Jürgen. *The Church in the Power of the Spirit*. Translated by Margaret Kohl. London: SCM, 1977.

Murray, Stuart. *Church Planting: Laying Foundations*. Scottdale, PA: Herald, 2001.

Nevius, John L. *The Planting and Development of Missionary Churches*. Philadelphia, PA: The Presbyterian and Reformed, 1958.

Newbigin, Lesslie. *The Gospel in a Pluralist Society*. Grand Rapids, MI: Eerdmans, 1989.

Oden, Thomas C. *Pastoral Theology: Essentials of Ministry*. San Francisco: Harper & Row, 1983.

Ogden, Greg. *The New Reformation: Returning the Ministry to the People of God*. Grand Rapids, MI: Zondervan, 1990.

Ott, Ludwig. *Fundamentals of Catholic Dogma*. Fourth edition. Edited by James Canon Bastible. Translated by Patrick Lynch. St. Louis, MO: Herder Book, 1960.

Patzia, Arthur G. *The Emergence of the Church*. Downers Grove, IL: InterVarsity, 2001.

Peters, George W. "Pauline Patterns of Church-Mission Relationships." In *Supporting Indigenous Ministries: With Selected Readings*. Daniel Rickett and Dotsey Welliver, eds. Pp. 46-52. Wheaton, IL: Billy Graham Center, 1997.

_____. *A Theology of Church Growth*. Grand Rapids, MI: Zondervan, 1981.

Ramsay, William M. *St. Paul the Traveller and the Roman Citizen*. Grand Rapids, MI: Baker Book House, 1962.

Ridley, Charles R. *How to Select Church Planters*. Pasadena, CA: Fuller Evangelistic Association, 1988.

Rengstorf, Karl Heinrich. "Apostolos." In *Theological Dictionary of the New Testament*. Vol. I. Edited by G. Kittle and G. Freidrich. Translated by Geoffery W. Bromiley. Pp. 398-447. Grand Rapids, MI: Eerdmans, 1964.

Schmithals, Walter. *The Office of Apostle in the Early Church*. Translated by John E. Steely. Nashville, KY: Abingdon, 1969.

Schnabel, Eckhard J. *Paul the Missionary*. Downers Grove, IL: InterVarsity, 2008.

Schnackenburg, Rudolf. *The Church in the New Testament*. Translated by W. J. O'Hara. New York: Herder and Herder, 1965.

Schweizer, Eduard. *Church Order in the New Testament*. Translated by Frank Clarke. London: SCM, 1961.

_____. *The Church as the Body of Christ*. Richmond, VA: Knox, 1964.

Shepherd, M. H. Jr. "Apostles." In *The Interpreter's Dictionary of the Bible*. Vol. 1. Pp. 170-172. New York: Abingdon, 1962.

_____. "Deacon." In *The Interpreter's Dictionary of the Bible*. Vol. 1. Pp. 785-786. New York: Abingdon, 1962.

_____. "Elder in the New Testament." In *The Interpreter's Dictionary of the Bible*. Vol. 2. Pp. 73-75. New York: Abingdon, 1962.

Snyder, Howard A. *Church Structure in a Technological Age*. Downers Grove, IL: Inter-Varsity, 1975.

Stambaugh, John, and David Balch. *The New Testament in Its Social Environment*. Philadelphia, PA: The Westminster Press, 1986.

Stark, Rodney. *The Rise of Christianity*. San Francisco, CA: HarperSanFrancisco, 1997.

Stetzer, Ed. *Planting New Churches in a Postmodern Age*. Nashville, TN: Broadman & Holman, 2003.

Stott, John R. W. *The Message of Acts: The Spirit, the Church & the World*. Downers Grove, IL: Inter-Varsity, 1990.

_____. *Baptism & Fullness: The Work of the Holy Spirit Today*. Downers Grove, IL: Inter-Varsity, 1976.

Taylor, N. *Paul, Antioch and Jerusalem*. Sheffield, UK: JSOT, 1992.

Teissen, Gerd. *The First Followers of Jesus: A Sociological Analysis of the Earliest Christianity*. Translated by John Bowder. London: SCM, 1978.

_____. *The Social Setting of Pauline Christianity: Essays on Corinth*. Edited and translated by John H. Schütz. Philadelphia, PA: Fortress, 1982.

Tidball, Derek. *The Social Context of the New Testament*. Cumbria, UK: Paternoster, 1983.

Towns, Elmer L. and Douglas Porter. *Churches That Multiply: A Bible Study on Church Planting*. Kansas City, MO: Beacon Hill, 2003.

Troeltsch, Ernst. *The Social Teaching of the Christian Churches*. Vol. 1 and 2. Translated by Olive Wyon. Louisville, KY: Westminster, 1931.

Van Engen, Charles. *God's Missionary People: Rethinking the Purpose of the Local Church*. Grand Rapids, MI: Baker, 1991.

Vischer, Lukas. "The Problem of the Diaconate: An Analysis of Early Christian Sources." *Encounter* 25 (1) (1964): 84-104.

Wagner, C. Peter. *Church Planting for a Greater Harvest: A Comprehensive Guide*. Ventura, CA: Regal, 1990.

_____. *Acts of the Holy Spirit*. Ventura, CA: Regal, 1994.

_____. *The New Apostolic Churches*. Ventura, CA: Regal, 1998.

Watson, David. *I Believe in the Church*. Grand Rapids, MI: Eerdmans, 1978.

Wilkins, Michael J. *Following the Master: A Biblical Theology of Discipleship*. Grand Rapids, MI: Zondervan, 1992.

Williams, Don. *Signs, Wonders and Kingdom of God: A Biblical Guide for the Reluctant Skeptic*. Ann Arbor, MI: Vine Books, 1989.

Young, J. Terry. "The Holy Spirit and the Birth of Churches." In *The Birth of Churches*. Edited by Talmadge R. Amberson. Pp. 163-179. Nashville, TN: Broadman, 1979.

Zdero, Rad. *The Global House Church Movement*. Pasadena, CA: William Carey Library, 2004.

Zikmund, Barbara B. *Discovering the Church*. Philadelphia, PA: Westminster, 1983.